新・MINERVA社会福祉士養成テキストブック

17

岩崎晋也・白澤政和・和気純子 監修

心理学と心理的支援

加藤伸司・松田 修 編著

ミネルヴァ書房

はじめに

　私たちは，中学校1年生の頃の担任の先生のことをいつも意識して生きているわけではないだろう。また高校生の頃の部活の顧問のことをいつも考えながら生きているわけでもない。しかし，改めて思い出してみると，その先生たちのことや，一緒に部活で練習したそのころの友達のことなどさまざまな思い出がよみがえってくるだろう。本書にも登場するアメリカの心理学者のジェームズ（James, W.）は，普段意識にのぼっていない過去の記憶で，意識的に思い出せる記憶を長期記憶と呼んだ。私たちの長期記憶を探ると，さまざまな人たちが登場する。それは幼なじみであったり，学校時代の先生や友人，親戚の人，近所の人たちなどさまざまである。そして私たちはその人たちからさまざまな影響を受け，さまざまな影響を与えながら生きてきたといえるだろう。このように私たちは，生涯にわたって多くの人との関係性の中で生きてきたわけであり，そしてこれから出会うであろうさまざまな人たちとの関係性の中で生きていくことになる。

　生涯で最初の人間関係は，親との関係であり，その後，家族全員を含めた人間関係に発展していく。学校に入学すると，教師や友人との関係も生まれるだろう。また大人になると，職場の同僚，配偶者，自分の子どもとの関係も生まれるようになるかもしれない。私たちは生まれてからどれだけ多くの人とかかわりを持って生きていくのであろうか。現在一人暮らしをしている人であっても，その人は独りで生きてきたわけではなく，多くの人たちとの関係性の中で生き，今を生きている。人との関係の中では，相手を理解することや相手から理解されることは大切である。特に対人援助にかかわる社会福祉士・精神保健福祉士は，一般の人に比べて，これから多くの人たちを理解することが必要になってくるだろう。

　人を理解するうえで役立つのが「心理学」の知識である。心理学を学ぶことによって，相手のすべてがわかるようになるわけではない。しかし，心理学を学ぶことによって，人を理解するために必要な知識と，人を理解しようとする態度を身につけることができる。

　人はどのように成長していくのか。人はどのように感じ，どのように考え，どのように行動するのか。また人との関係性の中ではどのような現象が起こるのかなど，心理学の基本的な理論を学ぶことは，対

人援助を行う人にとっては重要なことである。さらに人を援助するうえで，その援助に対する基本的な考え方から，具体的な援助技法まで幅広く学ぶことは，社会福祉士・精神保健福祉士としての実践に大きく役立つことになるだろう。

　人に対する支援は一律なものではなく，支援を必要としている個人の問題や，その人を取り巻くさまざまな人，その人を取り巻く環境，その人が生きてきた，あるいは生きている時代など，さまざまな事柄が影響していくことになる。しかし支援を必要としているのはあくまでも「個人」であり，その個人を理解し，その個人を取り巻くさまざまな影響を理解することが対人援助の原点であるということを忘れずに，多くの知識を身につけ，対人援助にあたるソーシャルワーカーとしての姿勢を身につけていってほしい。

　　2022年1月

編著者

目　次

■ 第7章 ■　現代の心を取り巻く課題

■ 第8章 ■　日常生活と心の健康

■ 第 11 章 ■　心理療法の概要と実際

■序 章■
心の理解と福祉的支援

☐ 心理学を学ぶ意義

　人を援助する仕事に欠かせないのは，人を思いやる気持ちと専門的な知識である。社会福祉士・精神保健福祉士を目指す人にとって，このことは非常に重要な意味を持つ。社会福祉士・精神保健福祉士は，ハートだけでも，知識だけでもなく，この両方を併せ持つ人物像が求められている。人を援助するうえで必要となるのは，自分を知り，人を知ることである。このために必要な知識を学ぶことが「心理学」を学ぶ意義であるといえるだろう。

　「心理学」という響きは，魅力的であるが怪しげでもある。心理学を学ぶと，人のことが何でもわかるようになるわけではない。しかし，心理学を学ぶことによって，人に対する興味が生まれ，自分のことや人のことを理解しようという姿勢が育ってくる。

　心理学というと，一般の人は「カウンセリング」や「心理テスト」を思い浮かべるかもしれない。これは臨床心理学の分野が扱う分野であるが，心理学が扱う範囲はもっと幅広く，感覚や知覚，学習，記憶，知能といった認知機能に関連するものから，人間の発達や人格の発達，社会との関係性にいたるまで，非常に幅広い分野を扱う学問である。つまり，心理学とは私たち人間の生活全般と関連している分野といってもよいだろう。したがって，心理学を学ぶことは，社会福祉士・精神保健福祉士を目指す人にとっては必要不可欠である。

☐ 本書の構成

　本書では，社会福祉士・精神保健福祉士として知っておきたい心理学の基本的知識と，対人援助にかかわる心理学アプローチについてまとめてある。第1章「心理学の歴史と対象」では，心理学という学問領域が誕生する前の歴史から，科学としての心理学がどのように誕生したのか，そしてどのように発展してきたのかについてまとめてある。

　第2章「心を探究する方法の発展」では，心を探究する心理学的な方法がその後どのような発展を遂げ，現代の心理学を形づくってきているのか，認知行動科学や，生態学的心理学，行動遺伝学の考え方を紹介し，進化心理学的アプローチの利点や注意点などを含め，社会福祉の課題と照らし合わせながら，少し専門的に解説してある。

　第3章「心の働きと行動」では，心の生物学的基盤としての脳の構造や神経機能などの解説を新たに加え，欲求，動機づけと行動，適応と不適応，感情と情動など，心理学が扱う基本的なテーマについて解説してある。

　第4章「認知と機能」では，感覚・知覚・認知と，学習と記憶，知

能と思考など，認知心理学が扱う基本的なテーマの解説に加え，感覚モダリティやアフォーダンス，認知バイアスなどの考え方を解説してある。

第5章「個人と社会」では，人と環境，人格・性格，他者と集団の各テーマに，対人関係や個人差，集団・組織という部分などについて解説してある。

第6章「人の成長・発達と心理」では，生涯発達の視点から，胎児から高齢期まですべてを網羅し，社会福祉士・精神保健福祉士がかかわることになるすべての人間の発達段階について解説し，また「障害と発達」として，障害が発達に与える影響や障害の受容，障害児・者への心理的支援について解説してある。

第7章「現代の心を取り巻く課題」では，近年問題となっている「発達障害」や「うつ」「児童虐待」「ドメスティック・バイオレンス（DV）」「高齢者虐待」「認知症」など，社会問題になっている事象を一つの章でまとめて解説してある。

第8章「日常生活と心の健康」では，ストレスの問題を大きく取り上げ，ソーシャルサポートとヘルスケアシステム，ストレスマネジメントについて解説した。レジリエンスや首尾一貫感覚など新しい考え方も加えている。

第9章「心理学的アセスメント」では，心理的援助の基本となるアセスメントについて解説していく。発達検査や知能検査，質問紙法や投影法の人格検査など，社会福祉士・精神保健福祉士が知っておくべき，心理テストの知識が得られるようになっている。

第10章「カウンセリングの概念と範囲」では，社会福祉士・精神保健福祉士にとって身近な援助技法である「カウンセリング」について，その目的，対象，方法についての詳細な解説があり，ピアカウンセリング，ブリーフ・セラピー，またカウンセリングとソーシャルワークとの関係についても言及している。

第11章「心理療法の概要と実際」では，心理療法における基本的な技法，ソーシャルワーカーにおける心理的支援，支持的精神療法，マイクロカウンセリング，動機づけ面接などについて解説してある。また，「精神分析」「遊戯療法」「行動療法」「家族療法」「心理劇」「SST」「集団療法」などを幅広く取り上げ，それぞれの専門的な立場からまとめてあるため，コンパクトながらそれぞれの心理療法の概要が理解できるように構成されている。

終章「心理的支援の課題と展望」では，社会福祉士・精神保健福祉士が行う心理的支援の将来展望についてまとめてあり，特に新たに国

家資格となった公認心理師の役割や社会福祉士・精神保健福祉士との関係性についても触れられている。

☐ 本書で学んでほしいこと

　九九を覚えたときのことを思い出してみよう。二一が二，二二が四，二三が六，……これにリズムをつけて丸暗記した記憶がないだろうか。あれは，小学校2年生だからできたことであり，丸暗記といわれる機械的記憶は，大人には不得意な記憶方法である。たとえば猫×犬が4，犬×羊が8，虎×パンダは81というような法則を百通り近く丸暗記しようとしても，それはとてつもなく大変なことであろう。

　したがって，試験のための勉強であったとしても，それを丸暗記しようとすることはあまり意味がないばかりではなく，実際に社会福祉士・精神保健福祉士として仕事をはじめたときには，言葉だけ知っているというような役に立たない知識になってしまう。

　本書は，単に社会福祉士・精神保健福祉士の養成課程に基づいてつくられているだけではなく，さまざまな領域の専門家がその専門領域の最先端の情報を織り込みながら執筆している。したがって，本書の内容を理解することは，資格取得のためだけではなく，実際の福祉の現場でも役立つものとなる。また心理学の知識は，すぐには役に立たなくても，社会福祉士・精神保健福祉士としての実践をとおして活かされていくこととなる。本書で学ぶ人は，納得しながら新しい知識として吸収していってほしいし，現に仕事をしながら学ぶ人は，実際の人間生活や福祉の現場の実情と照らし合わせて学んで，仕事上の課題を解決するための手がかりとして，本書を活用することができるだろう。

　人に対する支援は，一律なものではなく，その年代とその個人に応じた個別的な支援が必要となる。個人を支援するということは，その人の内面をサポートする心理学的な視点と，社会で支えるという社会福祉学的視点があり，この両面からの支援を絶え間なく継続していくことが必要となる。繰り返すが，対人援助に携わる人にとって必要なことは，温かい気持ちや優しい気持ちだけではなく，専門職としての正しい知識を併せ持つことである。本書で学ぶ心理学的な知識を今後ソーシャルワークに活用し，支援を必要としている多くの人に信頼される有能な社会福祉士・精神保健福祉士として活躍されることを期待している。

■第1章■
心理学の歴史と対象

① 近代心理学誕生以前の歴史

＊心理学前史から現在に至るまで非常に多くの人たちが登場するが,この章では重要な人物であっても取り上げきれない人たちも多くおり,また心理学が分化していく中で,年代順に紹介できない部分もある。

➡ プラトン(Platon: B. C. 427-347)

物質的な世界や身体を超えたところにイデアの世界があり,プシケーもイデアの世界に由来する不死のもので,人が生きている間は身体の中に閉じ込められているが,死ぬと肉体を離れてイデアの世界に戻ると考えた。

➡ アリストテレス (Aristoteles: B. C. 384-322)

『デ・アニマ(霊魂論)』という書で,プシケーと身体は本来一体のものであるとし,肉体から分離するものではなく身体と不可分な機能であると述べている。

➡ カント (Kant, I.: 1724-1804)

人間には時間や空間といった外界を認識する基本的な能力が備わっていることを指摘し,さらに個人の理性についても,個人の内部の現象に過ぎない心的過程を研究するうえで,心は観察可能な対象ではなく,実験が応用できないとして,自然科学としての心理学の成立は不可能だと考えていた。

☐ 哲学の中の心理学の時代

　サイコロジー(psychology)という言葉は,ギリシャ語でプシケー(psyche：心や魂)とロゴス(logos：真理や論理)を組み合わせた言葉である。心の問題を探求しようとする試みは,紀元前ギリシア時代の**プラトンやアリストテレス**などの哲学者の存在があった。17世紀から18世紀には,デカルト(Descartes)が,心の世界の独立性を主張し,ロック(Locke)は心が最初は白紙の状態であり,感覚器官から入ってくる刺激が連合することによって観念が生まれてくると考えた。また**カント**は,心は観察可能な対象ではなく実験が応用できないとして自然科学としての心理学の成立は不可能と考えていた。

　その後も哲学の分野では,人間の意識や認識に対する理論的な理解が進んでいくことになる。今日の心理学の主題の多くは,哲学の分野で論じられてきたが,哲学で論じられてきたのはあくまでも認識論的で倫理的なものであり,現代心理学における身体と心の区別や情動の分類とは大きく異なるものであった。

☐ 自然科学の影響

　自然科学は,18世紀から19世紀にかけてめざましい発展を遂げていくが,その中で人間の意識とは何か,心はどのような働きをしているのかという問題を他の自然科学のような立場で明らかにしようとする流れが生まれてきた。解剖学者の**ガル**による骨相学や,比較解剖学者の**フルーラン**による動物の解剖学的研究などが生まれ,人間の心理的な機能と脳を関連づけようとした発想は,後の神経心理学の原型ともいえるものである。

　また19世紀中盤には,**ミュラー**を中心として実験的な感覚生理学が盛んになっていく。ミュラーは,生命現象はすべて物理化学的過程に還元できるものではないという「生気論」の立場をとっていたが,門下生の一人であるヘルムホルツ(von Helmholtz, H. L. F.)は生気論に批判的であり,生命現象のすべてを科学的な現象として解き明かそうとしていた。当時ヘルムホルツの助手をしていたのが,科学としての心理学の創設者といわれるヴント(Wundt, W. M.)である。

☐ 進化論の影響

　ダーウィンが1859年に著した『種の起源』は，自然選択説が強調されているが，進化の過程では種内でさまざまな変異が起こることが前提とされている。この変異の考え方は，後のジェームズ（James, W.）やホール（Hall, G. S.）に影響を与えている。またダーウィンは，人間の心的能力と動物との違いは本質的なものではなく，量的な違いに過ぎないと述べている。

　ロマーニズ（Romanes, G. J.）は，膨大な量の動物行動に関する観察報告をもとに，1882年に「動物の知能」を著し，ダーウィンと同様に人間と動物の知的能力には質的な違いはないことを示し，進化論的視点を人間と動物の心に当てはめて考える「比較心理学」の創始者となった。このように進化論は比較心理学を基礎とした動物心理学の誕生に貢献した。

☐ 精神物理学の影響

　フェヒナーは，感覚や知覚といった心的過程を数量化して測定する「精神物理学」を確立した。生理学者のウェーバー（Weber, E. H.）は重さの弁別実験で，標準刺激と様々な比較刺激の重さの違いを判別する際の基準は絶対的な差ではなく，相対的な差であることを証明し，フェヒナーによってウェーバーの法則と名づけられた。これが心理学の歴史においてはじめて数量化された法則である。その後フェヒナーは，感覚の大きさは刺激の強さの対数に比例するというウェーバー・フェヒナーの法則を提唱した。さらに閾値（いきち）の分析を通して閾値を決定するための3つの測定方法を考案し，これは現在の実験心理学における「極限法」「恒常法」「調整法」に受け継がれている。フェヒナーの成果は1860年に「精神物理学原論」としてまとめられ，心理学を自然科学的な分野に近づけることに大きく貢献した。

➡ ガル（Gall, F. J.: 1758-1828）

解剖学者。人間の性格や能力は大脳の特定の部位と関係していると考え，頭蓋を観察することによってその人の能力や性格が判断できるとする骨相学を生み出した。

➡ フルーラン（Flourens, M. J. P.: 1794-1867）

比較解剖学者。ハトやイヌの脳の特定箇所を切除する方法を用いて，ガルによる脳の部位と能力や性格との対応が適切でないことを明らかにし，大脳皮質は記憶や判断，知覚，意志などの機能の座ではあるものの，全体で働くものだとした。

➡ ミュラー（Müller, J. P.: 1801-1858）

ベルリン大学の教授。ドイツの生理学の全盛期を築いた。五感のそれぞれに対応する感覚神経が存在していて，目や耳といった感覚器はその感覚特有のエネルギーを発生させるようになっているという特殊神経エネルギー説を提唱したことで有名である。

➡ ウェーバーの法則

100グラムと150グラムの重さの違いは弁別できるが，1キログラムと1キロ50グラムは弁別できず，弁別できるのは1キログラムと1キロ500グラムという相対的な比率になるという公式である。

➡ フェヒナー（Fechner, G. T.: 1801-1887）

ライプツィヒ大学で医学を学んだあと物理学に転じ，1824年からライプツィヒ大学で物理学の講義を担当し，1834年に物理学の教授になった。人間の感覚や知覚に強い興味を持ち，太陽の光による残像現象を研究する中で太陽の光を長時間にわたって直接見る実験が原因で1840年からの3年間は完全に視力を失って暗闇の生活で精神的にも大きなダメージを受け，抑うつ状態になったとされている。その後奇跡的に回復し1850年10月22日の朝，ベッドの中で，感覚・知覚といった心的過程を数量化して測定しようという「精神物理学」の着想を得たといわれている。

② 近代心理学の誕生

➡️ヴント（Wundt, W. M.：1832-1920）

ドイツ南西部の小さな町で牧師の子として生まれ，学校嫌いで落第して転校したこともあったようだが，ハイデルベルク大学で医学を学び，1856年に学位をとっている。1858年からの5年間はハイデルベルク大学でヘルムホルツの実験助手をしていた。1858年から1862年にかけて『感覚知覚論への寄与』を著し，1874年には，実験心理学の基本書として知られる『生理学的心理学要綱』を出版した。

➡️ティチェナー（Tichener, E. B.：1867-1927）

ヴントのもとで2年間学んで博士号を取得し，その後イギリスにもどって心理学の教授職を望んだがうまくいかず，アメリカのコーネル大学で教授となった。実験においてヴントと同様「内観」を重視したが，ヴントのように量的にその場で判断するということではなく，質的な面を重視している点が特徴的である。一方アメリカで主流であった機能主義的アプローチや応用心理学も認めなかった。その当時のアメリカ心理学は機能主義から行動主義への移行期であった。

☐ 科学としての心理学

多くのテキストでは，科学としての心理学の誕生を**ヴント**➡️の実験室が開設された年としているが，実際には1879年にライプツィヒ大学の正式カリキュラムとして「心理学演習」が加えられ，心理学が一つの独立した学問領域として教育制度の中で認められたときだと考えるのが正しい。ヴントの目指した心理学は，生理学的手法を心理学に取り入れ，実験心理学的な研究に活用しようとするものであった。

ヴントの方法は，外部から刺激に対する反応と，内部における経験をさまざまな実験器具を使用して生理学的な内観法に基づいて分析するもので，後に自ら実験心理学と称するようになった。ヴントが目指していたのは，意識過程を分析してその要素を発見し，複数の要素が結びつく原因やその法則を明らかにすることにあったため，「要素主義」や「構成主義」と呼ばれている。

またヴントは，各国から多くの弟子を受け入れている。ヴントの流れを継承した人たちの中には，アメリカの心理学研究の基盤をつくった**ティチェナー**➡️やキャテル，ホールなどがいる。また臨床心理学のウィトマー（Witmer, L.），応用心理学のミュンスターベルク（Münsterberg, H.）も，ヴントの教育を受け学位を取得している。ヴントの功績は，非常に多くの学生や研究者を育て，近代心理学を世界に広めたところにあるといえるだろう。

☐ アメリカにおける近代心理学

19世紀末のアメリカ心理学は機能心理学と呼ばれる。**ジェームズ**➡️は，自然科学としての心理学が人間を因果関係によって機械的に説明しようとする立場に疑問を抱き，人間には意志を自由に働かせ，自ら行動を選択する余地が十分にあると主張し，心理学の枠組みに意識の自発性や意志の自由を認めるという考えを示している。1890年に出版された『心理学原理』は執筆に12年かかったといわれ，アメリカの心理学に大きな影響を及ぼした。

ホール➡️は空間知覚の研究を行っていたが，やがて教育や発達を中心とした領域に移っていった。教育分野では，児童研究運動の中心的存在となり，1904年には『青年期』を著し，これが青年心理学研究のは

じまりとされている。1990年にクラーク大学の20周年記念にフロイトとユングを招いたことはよく知られており，アメリカに精神分析が広まるきっかけをつくった。またアメリカの心理学教育プログラムの整備を行い，世界で最初にアメリカ心理学会を設立して初代会長となり，学術雑誌の創刊などの基礎固めをした。

キャテルは，1886年にヴントのもとでアメリカ人としてはじめて博士号を取得した。個人差の問題に強い関心を持っており，個人差を超えた一般的な傾向を見出すことに関心を持っていたヴントは対照的であった。帰国後大学では様々な心理テストの開発に取り組み，学生の知能の測定の研究などを行っていた。研究の関心は一貫して個人差研究であり，能力の差は適応力の差を生み出すというのがキャテルの考えであった。

ソーンダイク（Thorndike, E. L.）は，ハーバード大学のジェームズの教えを受け，その後コロンビア大学に移って1898年に「動物知性——動物における連合過程の実験的研究」でキャテルの下で博士号を取得している。これは猫を用いた「**ソーンダイクの問題箱**➡」による学習の研究として有名であり，「試行錯誤学習」という考え方や，状況と行動の結合の強弱に関する「効果の法則」を提唱した。ソーンダイクの研究は，後のオペラント条件づけの先駆的実験として認められている。またハロー効果という言葉をはじめて使ったのもソーンダイクである。1914年に著した『教育心理学』（全3巻）は，長らく教育心理学の基本テキストとして用いられ，教育心理学の基本的な柱である学習，評価・測定の領域が確立されることに大きな影響を与えた。

アメリカでヴントの教えを受け継いだのは，イギリス人のティチェナーといわれており，構成心理学と呼ばれている。心理学の主題は意識的経験にあるとして，意識を最も単純な要素に還元すること，要素が連合する法則を見出すこと，その要素と生理学的条件を結びつけることが本質的問題であると考えた。イギリスで出版された全4巻の『実験心理学』は，実験心理学の授業の標準として広く用いられるようになり，現在の実験心理学教育に大きな影響を与えている。

➡ **ジェームズ
（James, W.:
1842-1910）**

ニューヨークで裕福な家庭の長男として生まれ，1歳年下の弟ヘンリージェームズは作家として有名である。ハーバード大学で化学を専攻したあと医学に転じた。若い頃から憂うつや体調不良に悩まされていたらしく，卒業後は医業につくことはなかった。1872年にハーバード大学で解剖学，生理学の講義を担当するようになり，1876年から生理学的心理の講義も開講している。1885年にハーバード大学哲学担当の教授となり，1889年に心理学の教授となった。心理学者として活躍したのは，1875年頃から1890年頃までの15年間であり，その後関心は哲学に移り，1897年には再び哲学教授となった。

➡ **ホール（Hall,
G. S.: 1844-1924）**

1878年にハーバード大学で空間知覚の研究で哲学の博士号を得るが，その後の研究は，教育，発達を中心とした領域に移動していった。進化論的な生物学を基礎とする発達的なアプローチを重視し，研究として形にするために，今日の質問紙法の原型をつくったことでも知られている。また青年期を「疾風怒涛の時代」と呼んだのは有名である。

➡ **ソーンダイクの問題箱**

箱の中の紐を引くと扉が空くしかけの箱に猫を入れ，外の餌をとるというもので，猫は何らかのきっかけで紐を引くと，扉が開いて餌をとることができる。猫は試行を繰り返すことで紐を引くという行為の時間が短くなるというものである。ソーンダイクは，動物の行動は，洞察のもとで行っているのではなく，試行錯誤によるものに過ぎないと強調した（試行錯誤学習）。そして，ある行動に対して満足な状況が得られれば状況と行動との結合は強まり，不快な状況をもたらすような場合は行動との結合が弱まるという「効果の法則」を提唱した。

③ 20世紀の心理学

□ ゲシュタルト心理学

　科学としての心理学が成立したおよそ30年後，ヴントの心理学に批判的な考えを示したのがゲシュタルト心理学である。ゲシュタルト（Gestalt）とは，ドイツ語で「形態」や「全体」という意味であり，英語でも日本語でもそのまま使われている。ヴントの要素主義に対し，人間は物事を認知するときには要素でではなく，全体のまとまりとしてとらえるというのが基本的な考え方である。ゲシュタルト心理学の成り立ちには，**ウェルトハイマー**➡とケーラー（Köhler, W.）コフカ（Koffka, K.）の３人の心理学者の存在が大きい。ウェルトハイマーに直接的に影響を与えたプラハ大学の**エーレンフェルス**➡は，全体が一つのまとまりとしての性質を持つものであり，これをゲシュタルト性質とよんだ。ウェルトハイマーは，この概念と用語を受け継ぎゲシュタルト心理学を創始した。ウェルトハイマーは，物理的に存在しない動きが見える現象（仮現運動）などを明らかにし，1912年に「運動視に関する実験的研究」という論文を発表した。これは後述するワトソン（Watson, J. B.）の「行動主義宣言」の前年のことである。また視野に与えられた図形が，全体として，最も単純で最も規則的で安定した秩序ある形にまとまろうとする傾向があり，これをプレグナンツの法則と称した。

　コフカは，1922年にゲシュタルト心理学を紹介した論文を英語で発表してからアメリカでも知られるようになり，1927年にアメリカのスミスカレッジで教授となり，定住することになる。また英語による『ゲシュタルト心理学の原理』（1935年）は，ゲシュタルト心理学の基本書のひとつとされている。特に３人の中で最初にアメリカに定住しており，アメリカにおいてゲシュタルト心理学を広めるきっかけをつくったことは評価されている。

　ケーラーは，1913年から北大西洋のカナリア諸島に派遣され，霊長類の研究施設でチンパンジーを用いた実験を行っていたが，チンパンジーが天井から釣り下がったバナナを試みたことがない方法でとる行動を観察し，これをこれまでの試行錯誤学習に対して「洞察学習」と呼んだ。この研究は1917年に『類人猿の知能検査』という本にまとめられ，広く読まれるようになった。この研究は，後の**スキナー**➡に影響

➡ウェルトハイマー
(Wertheimer, M.:
1880-1943)

プラハで生まれ，プラハ大学で法律や哲学を学んだが，エーレンフェルスの講義を受け，心理学に関心を持ったといわれている。その後ベルリン大学で学んだ後，1904年にヴェルツブルグ大学のキュルペ（Külpe, O.）のもとで博士号を得ている。

➡エーレンフェルス
(Ehrenfels, C. M.:
1859-1932)

プラハ大学の物理学者で心理学者でもあり，ゲシュタルト性質という概念を提唱した。楽曲のメロディが音符という要素から成り立っているが，移調した時に要素自体は変わってもメロディ自体は同じように聞こえることを例に，これは全体が一つのまとまりとしての性質を持つからであり，そのまとまりの性質をゲシュタルト性質とよんだ。エーレンフェルスは，ブルックナーの所で音楽を学んだこともある。

➡スキナー
(Skinner, B. F.:
1904-1990)

ペンシルバニア州に生まれた。ハミルトン大学で英文学を専攻し，作家を志望していたが，パヴロフやワトソンの著作を通して心理学に関心を持ち，ハーバード大学に入学し，その後ミネソタ大学やインディアナ大学を経てハ

を与えている。1922年にはウェルトハイマーやレヴィン（Lewin, K.）がいたベルリン大学の教授に就任し，ゲシュタルト心理学はベルリン大学を拠点に大きな盛り上がりをみせた。ケーラーは3人の中で一番長く活躍した人で，その影響力は大きく，1929年に英語で出版した『ゲシュタルト心理学』は，構成主義や行動主義を批判しながらゲシュタルト心理学の立場を記した書として知られている。その後3人のゲシュタルト心理学者にレヴィンが加わり，ドイツのゲシュタルト心理学は全盛期を迎えることになる。

　レヴィンは1944年に，自身が要望していたグループダイナミクス研究所の開設を引き受けてくれたマサチューセッツ工科大学の教授となった。レヴィンはゲシュタルト心理学を人間の集団行動に応用し，集団内における個人の行動は，その集団が持つ性質や成員などによって影響を受けると考え，グループダイナミクス（集団力学）を生み出した。グループダイナミクスは，後に感受性訓練などに応用されることになり，臨床的分野にも広がっていった。レヴィンは，実際のフィールドで行われた研究結果をもとに，統制された実験室で厳密にそれを検討し，その結果をもとにフィールド研究を行い，それを評価して次の段階の実験を企画するという手法をとった。このような研究方法はアクションリサーチと呼ばれ，現在も引き継がれている。

☐ 行動主義心理学

　行動主義心理学のはじまりは，1913年の**ワトソン**の論文による行動主義宣言だとされているが，これ以前にも，行動主義の基本となる条件づけの考え方を提唱していた人たちがいた。これは，19世紀後半のロシアの生理学者たちによる研究であり，この中でもよく知られているのが，ロシアの生理学者**パブロフ**である。メトロノームの音に対して唾液を分泌するパブロフのイヌの実験は有名であり，これまで無関係であった刺激が時間的な近接という一定の条件のもとに形成されることから，後に条件反射と呼ばれるようになった。

　ワトソン以前にも，マックドゥーガル（McDougall, W.）やピルスバリー（Pillsbury, W. B.），エンジェル（Angell, J. R.）らは，すでに行動の科学という言葉を使っていた。ワトソンは，シカゴ大学で動物を用いた比較心理学の研究を行っていたが，1908年にボールドウィン（Baldwin, J. M.）にジョンズホプキンス大学に招かれ，ほどなくボールドウィンがスキャンダルで辞任した後，若くして心理学部門の責任者となった。ワトソンは，心理学から意識や経験主観的言語を排除して，心理学を行動から研究する姿勢を打ち出し，その姿勢を行動主義と名

ーバード大学の教授となった。レバーを押すと餌が出てくるシンプルな箱（スキナーボックス）をつくり，ラットやハト等を使ってさまざまな実験を行った。箱の中で偶発的にレバーを押し餌を得る体験をしたネズミは，その後レバーを押す頻度が増えていくという。これをオペラント条件づけと呼んだ。

➡ ワトソン（Watson, J. B.: 1878-1958）

アメリカのサウスカロライナ州に生まれ，16歳で地元のファーマン大学に入学し，哲学や心理学を学んでシカゴ大学の大学院で学んだ。1913年，ワトソンが35歳のときに「行動主義者のみた心理学」という論文を発表し，これが「行動主義宣言」とされている。その後ワトソンは後に妻となる助手で大学院生のレイナー（Reiner, R.）とのスキャンダルが原因で，大学を辞職することとなり，その後は広告代理店に職を得てメディアを通して自身の主張を広めていくが，アカデミックな世界からは身を引くこととなった。

➡ パブロフ（Pavlov, I. P.: 1849-1936）

イヌを用いた胃液の分泌に関する研究で，1904年にノーベル医学・生理学賞を受賞した。50歳のときに本格的に条件反射の研究に取り組みはじめた。

づけた。そして客観的で観察可能な行動のみを研究の対象とし，本能と呼ばれるもののほとんどは，後天的に条件づけられたものと主張した。また，精神病や恐怖症などは外的刺激によって形成されることを主張し，さらに情動の発達の研究では，多くの乳幼児を観察し，生後1か月くらいまでの乳児には恐れ，怒り，愛という単純な3つの反応しかないが，それらが条件づけなどによってさまざまな場面に結びつけられ，複雑な感情状態や恐怖症などを形成すると考えた。情動に関する条件づけの研究で特に有名なのは，1歳に満たない男の子アルバートに対する恐怖の条件づけの実験（アルバートの実験➡）である。強烈な個性の持ち主であったワトソンに対する批判も多かったが，行動主義の流れはアメリカの心理学に大きな影響を与えた。

　1930年代になると，操作主義を取り入れた新行動主義が発展しはじめ，巧妙な動物実験の結果をもとに条件づけに関する理論体系をつくり上げ，学習理論と呼ばれるようになった。新行動主義の発展には，潜在学習実験で有名なトールマン（Tolman, E. C.）や，『行動の原理』，『行動の体系』で有名なハル（Hull, C. L.），らの存在が大きい。ハルは，心的概念を排除し，数式を用いることで機械論的な行動理論を体系的に組み立てようとした。新行動主義の最盛期だった1950年頃のハルの影響力は大きかったが，没後はその数式の重要性を疑問視されるようになり名声も急速に衰え，それに伴って新行動主義の時代は1960年代に終わりを迎えることとなる。

　その後スキナーは，これまでの行動主義や新行動主義とは違う立場をとり，行動に関する理論をつくること自体が意味をもたないと考える立場をとった。スキナーボックスというシンプルな箱を使った動物実験でオペラント条件づけ（道具的条件づけ）の研究を行い，パブロフのレスポンデント条件づけ（古典的条件づけ）と区別した。（本書第4章第2節参照）。スキナーは，行動と外部の環境の変化の間に内的な状況を仲介変数として挟むのではなく，あくまでもある行動とその時に起こった外部の環境の変化の相関関係に注目し，その関係を記述することに徹すべきであると主張し，徹底的行動主義と呼ばれた。行動主義が衰退していくなかでオペラント条件づけの研究は，学習におけるティーチングマシンの開発などに応用されていった。特にレスポンデント条件づけやオペラント条件づけの考え方は，その後の行動療法などに大きな影響を与えている（本書第11章4節参照）。

☐ 精神分析

　19世紀は，統合失調症や双極性障害などの概念が確立し，精神医学

➡ アルバートの実験
ワトソンが共同研究者のレイナーと1920年に行った実験。ラット（白ネズミ）を怖がらなかった1歳に満たないアルバートが，ラットに触れると耳元で不快な大音量の音（無条件刺激）が鳴らされることにより，ラットを見た時に恐怖反応（条件反応）を示すようになったという実験である。さらにアルバートは「白」という色や他の動物などに対しても恐怖反応を示すようになった。この実験は，倫理的な面で非難されることになる。

が発展した時代であったが，治療法に関しては行き詰まっていたことも事実である。

　このような状況のもとで，フロイト（Freud, S.）の精神分析の考え方は，20世紀の精神医学や心理学の大きな流れのひとつといえるだろう（本書第11章第2節参照）。フロイトは当初，催眠を中心としたヒステリーの治療を専門としていたが，その後，ブロイアー（Breuer, J.）のアンナの症例に関心を持ち，これを手がかりに，外傷的な記憶を無意識内に抑圧しきれなくなることでヒステリーなどの症状が出現するというフロイトの理論の基礎が構築され，1895年にヒステリー研究として出版された。これが精神分析研究の最初であり，翌年に「ヒステリーの病因について」の論文の中で自分の体系を精神分析と呼ぶようになった。また治療の中で夢について多く語られることに気づき，夢は無意識の願望であるが，刺激的な願望が形を変えて現れてくるため，その夢を中心に潜在的な内容について分析していくようになった。そして，1900年にはフロイトの最初の単著である『夢分析』が出版された。

　1902年には，アドラー（Adler, A.）ら親しい人たちと毎週水曜日に集会を開くようになり，これが後にウィーン精神分析協会に発展していった。この頃フロイトは，意識，前意識，無意識を中心とした心の構造論を展開し，性的なエネルギーであるリビドーの理論を発展させるようになった。1907年にはユング（Jung, C. G.）と出会い，1908年にはオーストリアのザルツブルグで第1回国際精神分析学会が開催された。1909年には，ホールに招かれ，ユングと共にアメリカで講演を行ったことによって精神分析が正式にアメリカ心理学界に導入されたといえるだろう。

　その後フロイトは，精神性的発達やエディプスコンプレックスなどを中心に理論を展開した。1920年代になって心の構造論は，意識と前意識，無意識に分類されていたものを，自我，超自我，無意識はエス（またはイド）と分類した。その後フロイトのいたオーストリアがドイツに併合されたことによってロンドンに渡り，1939年に亡くなっている。フロイトと密接に関係し，後に離れていった人としては，アドラーやユングがいる。フロイトのもとを離れた2人に共通しているのは，フロイトの性に関する理論を受け入れられなかったことにある。

　アドラーは劣等感の補償の考え方を発展させ，個人心理学という立場をとった。アドラーの人間のとらえ方は，精神分析というよりも後の実存主義心理学やヒューマニスティック心理学につながるところがある。一方フロイトを信奉していたユングは，次第にフロイトとの考

え方の違いを感じるようになり，1913年にフロイトと決別して，独自の分析心理学を発展させていった。ユングは，リビドーを性的エネルギーではなく生命エネルギーのようなものと感じており，リビドーの方向に応じて外向性と内向性を分ける類型論を発展させた。また個人的無意識以外に，民族などに共通した集合的無意識があり，そこから現れる原型（アーキタイプ）を重視した。

戦争の影響でドイツの迫害を逃れて亡命した分析家としては，アメリカに渡ったフロム（Fromm, E. S.）やホーナイ（Horney, K.）がおり，彼らは，男の子なら誰でもあると考えられるエディプスコンプレックスに対し，子どもの置かれた環境とそれを取り巻く社会制度的環境を重視した。

さらにイギリスに渡ったアンナ・フロイトは，自我論を発展させ，1936年に『自我と防衛機制』を著し，自立劇な自我の機能を強調している。このような立場の人たちは新フロイト学派と呼ばれる。

☐ 人間性心理学（ヒューマニスティック心理学）

1960年代になると，**マズロー**や**ロジャース**による人間性心理学が注目を浴びるようになった。マズローは，20世紀の心理学の機械異論的で物質主義的な考え方に対する反論として，人間性心理学（ヒューマニスティック心理学）を提唱したが，その背景には実存主義哲学の影響がある。20世紀に二度の大きな戦争を経験したこともあって，個別で主体的な存在としての人間について論じる実存主義哲学が出現し，実存主義を取り入れた現存在分析のビンスワンガー（Binswanger, L.）や，ボス（Boss, M.），ロゴテラピーのフランクル（Frankl, V. E.），実存心理学のメイ（May, R.）などが現れた。

実存主義的心理学と人間性心理学に共通しているのは，人間一人ひとりを異なった独自の存在の存在とみなす点にあるが，実存主義では人間を中立的なものとみなし，人生や死の意味などに重点をおく立場をとっているのに対し，人間性心理学では，人間を生まれつき良いものであるとみなし，自己実現を達成する人間の行動に主眼を置いている。これまでの心理学では，行動を起こすためには，空腹など特定の欲求を満たすための欠乏動機があると考えていたが，人間にはそれだけでは説明できない自分が成長するための欲求があり，それを存在動機と呼んで，より高次の価値を求める人間について研究しようとした。そして，生きるための根源的欲求である生理的欲求から始まり，自己実現欲求を頂点とする欲求階層説を提唱した。

一方のロジャースは，臨床的な立場から人間性心理学に向かうこと

➡ マズロー
（Maslow, A. H.: 1908-1970）

コーネル大学に在籍中ティチェナーの講義を受け，その後ワトソンの著書に触れたことから心理学に興味を持ち，ウィスコンシン大学の大学院に進み，アカゲザルを使った代理母実験で有名なハーロー（Harlow, H. F.）のもとでサルを対象にした実験を行い博士号を取得した。ブルックリン大学時代は，新フロイト派やゲシュタルト心理学が，文化人類学などさまざまな立場の人たちとの交流で影響を受け，1962年にアメリカ人間心理学会を創立した。

➡ ロジャース
（Rogers, C. R.: 1902-1987）

農学や神学を学んだあと，精神分析が盛んだった時期に心理療法を学び，分析的なカウンセリングを行っていた。当初は主に子どもの心理療法を行っていたが，その学びの中から独自の考えを発展させていった。患者のことをクライエントと呼ぶようになり，非支持的カウンセリングから来談者中心療法と呼び名を変え，後年には人間中心療法（Person Centered Therapy）と呼ばれるようになった。

になる。ロジャースは，問題を抱えて不適応に陥っているクライエントには，基本的に成長しようとする存在であり，無条件の肯定的配慮とセラピストの共感によって，クライエント自身が不適応や悩みを自ら解決する道を見つけることができるという立場をとっている。人間性心理学は1960年代から70年代にかけて一大ブームとなった。日本においてマズローの人間性心理学の中の欲求階層説は社会福祉領域などで大きく取り上げられることが多いが，行動主義心理学や，ゲシュタルト心理学，精神分析のように20世紀の心理学として大きな勢力になることはなかった。

 ## 心理学の領域と対象

☐ 心理学の領域の発展

　代表的な心理学の領域は，本書内それぞれの章で解説するが，ここでは，社会とのかかわりの中で心理学がどのように発展してきたのかについて解説する。科学として誕生した頃の心理学が対象としたのは，成人男性であった。さまざまな対象者に関する心理学の関与が必要と考えられるようになったのは20世紀に入ってからであり，児童や教育，医学や精神医学，産業というような社会的な要請に伴って必要とされてきた。また心理学は軍事にも利用された。

☐ 戦争と心理学

　戦争時には兵士の間で，治療が必要な戦争神経症が問題となった。これは古くは，日露戦争の時にロシア軍によって主張された。その後の戦争神経症に関して，症状に注目したのは精神分析の立場の人たちであった。また第一次世界大戦前後には，ウッドワース（Woodworth, R. S.）によって，神経症傾向のある人をチェックするための検査がつくられた。これは真の目的がわからないように，個人データシートと呼ばれた。質問に対して「はい」や「いいえ」で答える方法は，後の質問紙法性格検査の作成に影響を与えた。第一次世界大戦時には，志願兵を選別し，適材適所に配置することを目的にアメリカ陸軍検査（US Army test）がつくられ，その後の集団式知能検査に影響を与えた。

　第二次世界大戦時のドイツでは，優秀な心理学者たちの亡命などで，心理学の中心はアメリカに移ることになった。しかしドイツでは，国防心理学や航空心理学の研究が進み，ナチスの庇護のもとで動物心理

学が発展した。ローレンツ（Lorenz, K. Z.）は，動物心理学の成果を人種改良論に転じて，ナチスの政策の正当性を推進したといわれている。

第二次世界大戦時には，特にアメリカにおいて心理学の知識を戦時体制に組み込もうとする動きがみられた。アメリカ陸軍検査にかかわった心理学者たちは，第二次世界大戦時にも積極的に関与していった。そこでは，兵士の戦闘や軍隊生活に対する態度，神経症症状，リーダーシップ，戦略宣伝，心理戦への対応，捕虜へのインタビュー，マスメディアの研究などが行われた。またリッカート（Likert, R.）によって，敗戦後の日本人に対して行った戦略爆撃の効果に関する研究が行われ，空爆や爆撃が日本人の士気を低下させたことを証明している。

また戦争は多くの孤児をつくり出した。その発達への影響を研究し，施設環境の劣悪さを示すホスピタリズムについては，ボウルビィ（Bowlby, J.）によってWHOへの報告として1951年に「母性的養護と精神的健康」という論文にまとめられた。その時期にハーロー（Harlow, H.）が子ザルを使って行った代理母実験の成果が表れたことなどもあり，ボウルビィは母性という言葉を修正し，特定の他者との情緒的結びつきを重視して，愛着（アタッチメント：attachment）という概念を提唱した。

社会心理学の分野では，ホヴランド（Hovland, C. I.）の「説得的コミュニケーションと態度変容」の研究が戦時中の敵国説得のための研究に利用された。またミルグラム（Milgram, S.）は，**アイヒマン実験**と呼ばれる電気ショックを使った実験で，ナチスドイツのユダヤ人迫害のような事象がなぜ起こるのかについて研究した。このように，戦争に関与した心理学は，戦争に利用されただけでなく，戦後に起こったさまざまな問題にも取り組んでいった。戦争は，戦争に関連した心理学を発展させただけでなく，心理学自体の発展にも寄与したのは皮肉なことでもある。

☐ 発達と教育の領域

発達心理学の歴史上の人物として，**ピアジェ**の存在は大きい。生物学を専門としていたピアジェは，生物学と認識論を結ぶものとして心理学に関心を持つようになり，チューリッヒ大学で実験心理学を学びながら，精神分析の理論や方法も学んだ。その後も50年以上にわたって発達研究を続けた。ピアジェは，知識の構造を認知的枠組み（シェマ）として概念化し，子どもの外界への適応は「同化」と「調節」によってなされるとし，それが高度化する過程を「認知発達段階」としてまとめた（本書第6章第2節参照）。

➡ アイヒマン実験

参加者は「生徒」「教師」「監督者」の役割を与えられ，教師役は生徒役に記憶課題を与え，間違えるとその都度，罰として電気ショックを与えるというもの。生徒が間違えるたびに電圧は上げられ，生徒役が悲鳴を上げて抗議し，教師役が躊躇しても，監督役は重要な実験であることを教師に伝え，電圧を上げるように指示する。その結果，最大450ボルトまで上げた教師役は半数を超えたという。生徒役と監督役は実験の関係者であり，実際には電気が流れていなかった。

➡ ピアジェ（Piaget, J.: 1896-1980）

10歳で白スズメに関する論文を書き，後に軟体動物に関する研究で博士号を得ている。その後は精神分析に関心を持つようになり，ブロイラーに指導を受け，さらにフランスで心理学を学ぼうとしてシモンの研究所で実験を行っている。またビネーとシモンの知能検査にも携わり，正答率よりも子どもの間違え方のプロセスに着目して論理構造の発達的変化を研究した。ピアジェの発達研究には，自身の3人の子どもに対する詳細な観察が大きな影響を与えているが，面談方式で子どもの考えを明らかにしていく臨床法による実験もピアジェの理論構築に欠かせない方法であった。

　一方，ヴィゴツキー（Vygotsky, L. S.）は，言語発達の視点で研究し，言語発達は他者との関係性からはじまるものと考え，それが内的対話となって最終的に「内言」という形になるとした。つまり，ある機能は自己のものとして確立する前に他者との関係を通して実現し，その後他者の媒介を抜きに自分だけで行うことが可能になると考えた（本書第 6 章第 2 節参照）。ヴィゴツキーは，20世紀の心理学のそれぞれは理論的ではあっても，心理学の応用領域がカバーする内容をまとめるだけの一般性を持っていないという点を指摘しており，さまざまな領域における実践の拠り所となる一般心理学を求めていた。38歳という若さで亡くなったヴィゴツキーの考え方は，その後の活動理論や文化心理学が発展する基盤となった。

　児童心理学という名称は，他の領域に先立って19世紀末から盛んに使われるようになったが，発展していく一つの契機は，児童研究運動である。これは1883年のホールの「入学時における児童の心の内容」からはじまったといわれる。児童研究運動は，アメリカだけではなくヨーロッパにも広がり，教育現場における革新が児童の心理学の必要性を求め，児童心理学の発展が教育を変えていくという関係がみられるようになった。また不適応を起こしている子どもや，発達に障害のある子どもに対する研究は，先述したウィトマーの心理学的クリニックの開設や，フランスのビネー（Binet, A.）とシモン（Shimon, T.）による発達が遅れている子どもに対して適切な教育を行うという目的をもった知能検査の開発につながっていく。行動主義心理学の立場からは，前述のワトソンのアルバートに対する恐怖感情の条件づけだけではなく，恐怖感情を消去できることが証明されたことによって，後の行動療法へ発展していくことになる。

　近代になって学校教育が広まると，ドイツのモイマン（Meumann, E.）は，実験教育学という学問をつくり，ドイツのシュテルン（Stern, W.）は学校心理学という用語をつくった。また教育心理学の展開は，ソーンダイク（Thorndike, E. L.）の存在が大きいといえるだろう。1980年代になると，これまで乳幼児期から青年期が中心だった発達の研究対象が成人期，高齢期まで拡大されるようになった。これは先進諸国が次第に高齢化に進みはじめたことや，1920年代から1930年代に開始された縦断研究の対象者が中高年を迎え，その研究成果が報告されはじめたことも一つの要因である。さらにエリクソン（Erikson, E. H.）やハヴィガースト（Havighurst, R. J.）による生涯発達の考え方が生涯発達心理学の発展に貢献したといえるだろう（本書第 6 章第 3・4 節参照）。

☐ 臨床の領域

　心理学で最初に臨床の領域を切り開いたのは**ウィトマー**➡といわれており，大学に心理学的クリニックをつくり，クリニックの活動を単位として認める制度をつくり，研究と実践をバランスよく教育する大学院を整備した。これは1896年のことであり，フロイトが自らの考えを精神分析と呼んだのと同じ年である。1907年には「心理学的クリニック」という学術誌を創刊し，この巻頭にウィトマー自身による「臨床心理学（Clinical Psychology）」という論文を掲載したのが，アメリカにおいて臨床心理学という用語が用いられた最初であるといわれている。

　また1909年に篤志家の支援を受けてシカゴに開設された少年精神病質研究所は，1922年に児童相談クリニックに発展し，今日の児童相談所の原型となった。1960年代から1970年代にかけては，パールズ（Perls, F. S.）によるゲシュタルト療法や，バーン（Berne, E.）による交流分析が登場し，1980年代にはベック（Beck, A. T.）による認知療法やエリス（Ellis, A.）による論理療法が登場している。その後認知療法や論理療法のアプローチは行動療法の臨床家によって取り入れられ，認知行動療法という名称が広がっていった。また家族療法など特定の集団を対象とした心理療法も開発され，多様化の一途をたどっている。これまでは特定の理論に立脚した心理療法が主であったが，近年では，理論的な立場にこだわらずに，対象者にとって必要と思われる理論や技法を適宜取り入れていくという折衷主義化も起こっている。

☐ 集団や社会，産業の領域

　集団や社会に関する研究は，社会学と心理学からの流れがある。実証的社会学の中では，19世紀末のフランスのル・ボン（Le Bon, G.）の群衆の研究やタルド（Tarde, J. G.）による模倣の研究が行われている。20世紀になると，社会心理学の著作が現れるようになり，1908年にロス（Ross, E. A.）の『社会心理学』，同年にマクデューガル（McDougall, W.）の『社会心理学入門』などが出版された。

　また産業と心理学の結びつきもみられるようになり，1911年にテイラー（Taylor, F. W.）は，「科学的管理の原理」の中で，職場の配置や時間管理を徹底的に合理化することによって作業効率を高めることを提唱したが，個人的要因が全く考慮に入れられていない点で批判も多かった。1913年にミュンスターベルク（Münsterberg, H.）は，「心理学と産業効率」の中で，仕事の単調さや倦怠，反対に注意を要する作業などの問題について心理的社会的要因が労働効率に与える影響という観点から検討し，作業者の能力や特徴を重視する方針を打ち出した。

また，広告の効果についても分析し，産業心理学に影響を与えた。

　実験を取り入れた社会心理学が盛んになったのは，1920年代頃からであり，代表的なものには1920年のオルポート（Allport, F. H.）の「集団の影響の研究」がある。オルポートは，集団の研究はその集団の中の個人の行動を研究することによって明らかにすべきであり，集団心や集団意識を仮定して個人の心理とは異なるものだとすることを批判した。またゲシュタルト心理学のレヴィンは，人をその場との関係で記述するグループダイナミクスと呼ばれる独自の社会心理学を構築した。さらに心理劇で知られるモレノ（Moreno, J. L.）は，集団に内部のお互いの凝集性や排他性を把握する手法であるソシオメトリーを開発したことでも知られている。

　その後，1924年11月から1932年6月の2年半にわたって，メイヨー（Mayo, G. E.）やハーバード大学のレスリスバーガー（Roethlisbergerg, F. J.）らが参加したウェスタンエレクトリック社のホーソン工場で行われた有名なホーソン実験が行われた。この結果に対する議論は，現在でも続いているが，その後の産業心理学や人間関係論に大きな影響を与えた。

◯参考文献 ─────

大芦治（2016）『心理学史』ナカニシヤ出版.
サトウタツヤ・高砂美樹（2003）『流れを読む心理学史──世界と日本の心理
　　学』有斐閣アルマ.

■第2章■
心を探究する方法の発展

① 認知行動科学

☐ 行動論と認知論の融合

➡ 内観法

内的な心的過程や経験を自己観察し，記録，記述してデータ収集する方法。心理学を誕生させたヴント（Wundt, W.）は，われわれが直接経験する意識内容を対象とし，統制された実験状況で訓練された観察者による内観法に基づく研究法を導入した。

➡ 行動論（行動主義）

アメリカのワトソン（Watson, J. B.）が，内省的な方法を非科学的と批判し，心理学は客観的な科学であるべきであり，その目標は行動の予測と制御であるとして提唱した考え方。心理学から行動以外のあらゆるものを排除して，心的プロセスには一切言及せずに，行動を研究するべきだとする。

➡ 認知論（認知主義）

知覚，注意，思考，学習，記憶，問題解決，意思決定，言語などといった，情報の獲得や処理にかかわる精神活動である認知を研究することにより，人の心理過程を広範囲に理解することが可能だとする考え方。

心理学において当初研究の対象とされたのは意識であり，それを言語報告するという**内観法**が行われていた。それに対し，客観的に観察可能な行動を研究対象にするべきだという批判から行動論，行動主義が主張されるようになった。その結果，心的・内的過程，認知的過程は注目されなくなった。しかし，20世紀半ばの情報科学の発展，コンピュータの発達，脳神経科学の進展などにより，人間を情報処理システムととらえる認知論が台頭するようになった。**行動論**から**認知論**への大きなパラダイム・シフトが起こったといえる。いわゆる認知革命である。

認知行動科学は，そういった流れを受けて，1980年代頃になって発展してきた。認知行動科学は，「心の科学」，「認知科学」であり，心の作用は脳神経の働きであると考え，心身の問題に取り組む分野である[1]。認知行動科学の対象は多岐にわたる。知覚，意識，知性，思考，記憶，言語，動機づけ，情動・感情，発達現象などのメカニズムや機能だけでなく，心の進化史も扱い，ヒト以外の生物の心も対象とする[2]。

心の働きは，主に脳神経の活動ととらえられるため，その実態の解明は，脳神経科学の研究と重なる。人間を対象にした脳の活動を測定する方法はいろいろと開発されており，代表的なものとして機能的磁気共鳴画像（fMRI）や脳波などがある（本書第3章1節参照）。人間以外の動物を対象にした研究では，直接神経活動を記録したり，特定の脳部位を損傷させて機能を調べたり，神経伝達物質や薬剤を脳室や特定部位へ投与したりするなど，侵襲的な方法で脳の機能を調べるさまざまな方法がとられている。近年では，遺伝子操作により，神経細胞（ニューロン）に光活性化タンパク質を発現させ，光を当てることで神経細胞の活動をコントロールする，オプトジェネティクス（光遺伝学）という手法も注目されている。

一方で，現代の心理学では，主要なデータは行動データでもある。行動にすべての認知的プロセスが反映されるわけではないが，行動は認知プロセスを反映したものとしてとらえることができ，行動から人間の心の働きを探ることが可能である。また，行動データをとることで，脳神経活動の測定が難しい場合や，乳幼児や障害を持つ人々，人

間以外の動物など，言語による報告ができない対象の場合にも，心的なプロセスにアプローチすることができる。

　行動を客観的に測定する工夫はさまざまになされている。心理実験では，反応時間を厳密に（msec 単位で）測定したり，注視時間などの指標をとったりする方法が用いられる。この方法は特定の行動・反応を依頼して取得することが難しい乳児等が対象の場合にも使用可能である。観察研究では，行動を客観的・具体的に定義して測定し，データの一貫性（信頼性），観察データが研究目的と直接関連する程度（妥当性）に配慮してデータ取得がなされる。

◻ 認知行動科学の応用

　上述したような，心理学における行動論から認知論へ，そしてそれらの統合の流れは，臨床場面における心理療法にも反映されてきた。1960年代頃に行動療法が，1970年代頃から認知療法が提唱，実施されるようになり，1980年代以降，認知行動療法が爆発的に発展した[3]。各療法の詳細は，本書第11章を参照いただきたいが，ここではそれぞれの歴史について，簡単に説明する。

　行動療法は，学習理論・行動理論に基づいて，不適応な行動を改善することを目指す。客観的に観察される問題行動に注目し，不適応的な行動を新たな学習によって変化させる技法である。実験行動分析を確立したスキナー（Skinner, B. F.）は，オペラント条件づけ（本書第4章2節参照）の理論を応用したプログラム学習や，行動変容法を開発し，教育や臨床場面でも業績を残している。アイゼンク（Eysenck, H. J.）は，心理臨床の現場に行動療法という用語が定着するのに貢献した。彼が1959年に「行動療法と神経症」という論文を発表してから約10年後の1970年代に，日本にも行動療法が導入され，医療・教育・福祉の各分野で幅広く用いられるようになった。

　認知療法の発展の背景には，バンデューラ（Bandura, A.）の影響がある。彼は1970年代後半に社会的学習理論を提唱し，人は単に刺激に反応しているのではなく，刺激を「解釈」しているとした。その結果，臨床場面でも認知的側面が重要視されるようになった。

　認知療法の創始者は，ベック（Beck, A. T.）であるとされる。彼はそれまで「感情の病」とされていたうつ病が，認知的な問題から発生することを明らかにした。認知療法では，「自己と世界と未来についての個人的な意味づけ」である「認知」の誤りや歪みを修正することで，気分障害や問題行動を改善することを目指した。

　こういった社会的学習理論，認知療法などが統合されて，1980年代

以降に認知行動療法が発展した。認知行動療法では，認知的側面の改善に注目し，それを操作することを目的とする。認知と行動の変化を客観的に評価し，効果の判定ができる点も，認知行動療法の重要な特徴である。[4]

 ## 環境との相互作用：生態学的視点

☐ 生態学的心理学

　20世紀半ば，バーカー（Barker, R. G.）は，従来の心理学の実験的手法の限界点を指摘して，生態学的心理学を提唱した。自然科学を下敷きにしてきたそれまでの心理学では，人為的に統制された実験室という環境で，人間の行動を主に測定してきた。このことに対して，バーカーは，実験的手法では，人間が日常的な環境の中で受け取っている持続的かつ強力な環境からの入力の実態を把握できないこと，実験的手法で得られた行動法則を，自然な生活場面における人間の行動に一般化するのは難しいことを主張した。彼らは，生態学的視点を心理学に取り入れることの重要性を指摘し，研究者の意図的操作の加わっていない自然な日常環境と人間の行動の関係を解明しようとする生態学的心理学の発展に貢献した。[5]

　生態学的心理学では，物理的・社会的環境と人間の認知・行動の，両者の相互作用を重視する。日常的環境下で人間の行動を観察し，記述することにより，両者の関係性を明らかにしようとする。人間の行動に対して，環境が重要な影響力を持つと考えるのである。

　生態学的心理学の重要な概念として，行動場面がある。行動場面とは，行動一環境系そのものを一つの単位として記述するものであり，例としては，スーパーマーケットや心理学の授業，バスケットボールの試合等が挙げられる。積極的でかつ組織化された自己調整機能を備えたシステムとされ，人々の行動の単なる背景とは異なるものである。生態学的心理学では，組織体やコミュニティを，それに含まれる種々の行動場面の次元でとらえようとする。

☐ アフォーダンス

　知覚心理学者のギブソン（Gibson, J. J.）は，アフォーダンスという概念を提唱して，人間の環境からの情報を抽出する活動において，生態学的な視点を取り入れた。アフォーダンスとは，差し出すという意

味の afford という動詞をもとにしたギブソンの造語である。アフォーダンスとは，環境が人間や動物に提供するもの，用意したり備えたりするもの，という意味である。たとえば，水平で平坦であり，動物の体のサイズ，体重に対して十分広くかたい表面は，「支える」ことをアフォードしている，つまりその表面は，姿勢を保持し歩いたり走ったりするのを可能にする特性を持っているといえる。またもし，上記4つの特性を備えた支えの面が，地面より膝の高さほどにある場合，その面は「座る」ことをアフォードするといえる。アフォーダンスは人間と環境の相互依存性に関係した概念であり，知覚と行為の連動に関係するといえる。[(6)]

　アフォーダンスの概念は，知覚心理学の分野を超えて，様々な分野に影響を与えている。そういった分野の例としては，ロボット工学，VR，保育・教育分野，さらには哲学などがあげられる。日本では，生態学的心理学というと，ギブソンの知覚心理学を根源に持つものと考えられることも多い。アフォーダンスについては，本書第4章でも取り上げる。

🔲 エコロジカルシステム

　生態学的視点は，1970年代末に，ブロンフェンブレンナー（Bronfenbrenner, U.）によって，発達心理学にも取り入れられている。ブロンフェンブレンナーは，やはり従来の発達心理学が，人間が生きている環境，文脈から外れた発達を研究していると批判し，発達研究モデルの中に文脈を組み込もうとした。彼は，発達しつつある人間を，生活環境の中でその再構成を測るように成長しつつあるダイナミックな存在としてとらえた。[(7)]

　彼の提唱した生態学的モデルでは，人間を取り巻く環境を，マイクロ-，メゾ-，エクソ-，マクロ-システムという，4つの層構造を持つエコロジカルシステムとしてとらえた（**図2-1**）。エコロジカルシステムは，それぞれが次々に組み込まれていくような，同心円状の入れ子構造を持つとされる。個人と環境の相互作用だけでなく，それを取り巻く環境同士の相互作用も考慮した点が，当時としては新しかったといえる。

　これらの心理学における生態学的視点は，それぞれ独立に発展してきたが，その後の心理学の分野に影響を与えている。主に物理的環境，騒音，大気汚染，建築物の設計のあり方等を環境として扱い，環境と人間の相互作用，関係性をとらえる分野である環境心理学も影響を受けた分野の一つである。さらに，1960年代頃，地域精神保健運動の高

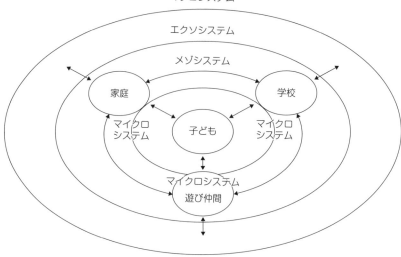

図2-1　発達する人間を取り巻くエコロジカルシステム

出所：ブロンフェンブレンナー，U.／磯貝芳朗・福富護訳（1996）『人間発達の生態学——発達心理学への挑戦』川島書店，23-28，をもとに筆者作成.

コミュニティ心理学

個人と環境（コミュニティ）との適合性のあり方に，実践的に介入しようとする心理学。個人，集団，社会システムを改善しようとする活動計画の基礎を提供することを目指す。両者の相互作用の分析に際し，個人側の条件以上に，環境側への働きかけに力点を置くという特徴がある。

まりを背景に誕生した，**コミュニティ心理学**でも，生態学的視点は重視されている。コミュニティ心理学は，個人とその人の生活環境（職場，学校，地域社会等）との適合性を増大させることを目指すという点で，従来の，社会環境に個人を適合させるという医学的な考え方とは異なる点が特徴である。

③ 遺伝×環境

☐ 行動遺伝学

　人間の特性が生まれた時から備わっているのか，それとも経験を通じて獲得するものなのか，という氏—育ち問題（生まれか育ちか）は心理学における古くて新しい，重大な問題である。かつては人間の発達を規定する要因を考える際には，遺伝的な要因か環境的な要因かという二項対立的な視点で議論がなされた。しかし，近年では遺伝要因と環境要因が相互作用することによって，さまざまな特性が発達することが知られている（発達については，本書第6章を参照）。

　さまざまな特性のばらつき（分散）に，遺伝と環境がどの程度寄与しているのかを算出するのに貢献しているのが，行動遺伝学である。行動遺伝学は，血縁者内と養子家族内での類似性（相関係数）を調べ，身長や体重，知能，性格特性などといった，量的な形質のばらつきを，

遺伝の影響と環境の影響の和としてとらえる。個々人の形質のばらつきは，「遺伝」によって説明されるばらつきの部分と，家族の構成員を類似させる「共有環境」によって説明されるばらつきの部分，個人独自の環境であり，家族成員を異ならせる「非共有環境」によって説明されるばらつきの部分に分けられる。

　行動遺伝学で最も盛んに行われているのが，一卵性双生児と二卵性双生児の類似度を比較する双生児研究である。一卵性双生児はゲノム情報を100％共有しているのに対し，二卵性双生児はゲノム情報を50％しか共有していない。同じ環境で育てられた双生児であれば，共有する環境の影響は一卵性も二卵性も等しいという前提を利用して，ある形質が一卵性双生児の方が二卵性双生児より類似していた場合，その形質のばらつきには遺伝の影響があるといえるし，両者の類似度に差がなければ，共有環境によるものとみなせる。

　双生児研究の蓄積の結果，現在では，あらゆる人間の心理的・行動的な形質の個人差には，あまねく遺伝の影響があること，同じ家族で育てられた影響は，遺伝の影響より小さいこと，人間の複雑な行動特性の個人差のかなりの部分が，遺伝や家族の影響では説明できない，つまり非共有環境によること，が示されている。これはタークハイマー（Turkheimer, E.）の「行動遺伝学の三原則」と呼ばれる。

　双生児研究が明らかにしているのは，ばらつきの何％が遺伝，何％が環境によって説明されるのかという，あくまで程度の問題である。しかもその「程度」とは，集団における個人差を対象にしたものである。つまり一人に当てはめても意味がない点に注意が必要である。[8]

☐ 遺伝と環境の交互作用

　遺伝と環境はそれぞれ独立したものではない。たとえば，遺伝的に外向的な性格特性を持つ人は，さまざまな活動に積極的に参加し，外向性を促進する環境に身を置くことで，さらに外向的になるということがある。特定の環境に置かれるということ自体が，遺伝を反映していることがあるのである。つまり遺伝だけ，環境だけの単独の効果（主効果）では説明できない，両者の組み合わせの効果，遺伝と環境の交互作用について考える必要がある。

　近年では，特定の遺伝子の違い（多型）と環境の影響を複合的に解析し，さまざまな心理的特性の発達や，精神疾患や身体疾患の発症を説明しようとする，遺伝子環境相互作用研究も盛んにおこなわれている。検討されている遺伝子は，心の働きに影響を与える，**セロトニン**や**ドーパミン**といった神経伝達物質にかかわる遺伝子（神経伝達物質

➡ 共有環境・非共有環境

行動遺伝学において，家族が共有し，家族同士を類似させるように働く環境のことを共有環境，家族が共有しておらず，家族同士を異ならせるように働く環境のことを，非共有環境という。これらの環境は具体的にどのようなものかを判別することは難しく，たとえば，同じような親の働きかけが，きょうだいを異ならせるように働くこともありうる。

➡ セロトニン

神経伝達物質の一つ。5-ヒドロキシトリプタミン（5-HT）とも呼ばれる。覚醒，注意，ノンレム睡眠と関連するとされる。うつ病では脳内のセロトニンレベルが低下しているとされ，セロトニンのニューロンでの再取り込みを阻害するような薬物が使用されることもある。

➡ ドーパミン

神経伝達物質で，カテコールアミンの一つ。脳内での主要な経路は3つあり，そのうちの中脳辺縁系のドーパミン経路は，快経験や報酬などとかかわっているとされる。またドーパミン系の活動過多が統合失調症と関連しているとの指摘もある。

の受容体やトランスポーターなどの遺伝子）が多い。これらの遺伝子の
タイプによって，環境の影響の受けやすさが異なるといった報告がみ
られる。たとえば，セロトニントランスポーター遺伝子のプロモータ
ー領域の多型とうつ病の研究がある。この遺伝子のプロモーター領域
には，塩基対の繰り返し配列があり，その繰り返しの回数が16回のタ
イプ（１型）と14回のタイプ（ｓ型）という多型があることが知られて
いる。カスピら（Caspi, A. et al.[9]）によれば，ストレスフルなライフイ
ベントの数が多くなるほど，s/s 型と s/l 型ではうつ病の発症率が増
加するのに対し，l/l 型ではストレスフルなライフイベントの過多と
うつ病の関連は認められないという。

　ただし，現時点では，心理的特性の発達や，疾患の発症における遺
伝と環境の影響の全容は十分解明されているとはいいがたい。上述の
セロトニントランスポーターの遺伝子多型とうつ病の研究を含め，多
くの遺伝子環境相互作用研究において，追試研究で同様の結果が再現
されないことも多い。また，心理的な形質の個人差や疾患の発症にお
ける特定の一つの遺伝子の影響は非常に小さい。出生以後に生じる
DNA の化学的変性による遺伝情報発現の調整メカニズムである，エ
ピジェネティクスの解明も進んでいることから，遺伝子と環境を包括
的に理解したうえでの疾患等の発症の理解，介入方法の検討などにつ
いては，今後の研究が期待される。

④ 進化心理学的アプローチ

□ 進化心理学

　1980年代後半以降になって，進化的な視点から心と行動を理解する
ような研究が発展した。進化生物学と行動生態学の知見を取り入れ，
進化心理学という新しい領域を提唱したのが，トゥービィ（Tooby, J.）
とコスミデス（Cosmides, L.）である。

　進化心理学では，人間も進化の産物であり，その心的活動の遺伝的
基盤も進化の産物であると考える。つまり，人間の心も，自然淘汰の
産物，進化的・歴史的環境に適応してきた結果，つくられたものであ
ると考える。ここでいう適応とは，本書の他所で使われるものとは意
味が異なっている。進化生物学的における適応とは，生存と繁殖上い
かに有利か，ということをさす。多くの心理学の分野が心的活動のメ
カニズム，至近要因を解明しようとするのに対し，進化心理学は，心

的活動がどのように適応的なのかという，いわゆる究極要因に迫ろうとする。

進化心理学的アプローチをとる際，人間が適応してきた環境がどのようなものか，ということも重要である。進化のスピードは世代交代のスピードに依存するので，人間の進化を考える場合，ここ数十年や数百年の環境だけでなく，より長いスパンでとらえた環境も考える必要がある。進化心理学では，人間の進化・適応してきた環境，進化適応の環境は，およそ200万年前から１万年前まで続いてきた狩猟採集生活ではないかと考えられている。そのような環境では，150人程度の小規模集団が社会のまとまりであり，その中で血縁関係や婚姻関係が重視され，集団内での協力があり，男性が主に狩猟をし，女性が主に採集をするという性別役割分業がみられ，母親だけでなくそれ以外の人も子育てに参加していたと考えられている。[10]

☐ 進化的視点の利点

進化的視点を取り入れることで，人間の協力行動の理解も進んでいる。人間は，他の動物とは異なり，血縁者以外とも，また初対面の人とも協力することができるという特徴がある。協力行動の中でも，その行動をする際には，自分がコストを払い，他者の利益となる行動は利他行動と呼ばれる。そのような行動は，一見すると自己の遺伝子を増やすように進化してきている動物にみられるのはなぜかを理解するのは難しいが，血縁淘汰や直接互恵性，間接互恵性という概念から，適応的であることが説明される。このような視点から「社会福祉」という制度化された協力行動の理解も可能かもしれない。

また，親による子の虐待という行動も，進化的な視点からみると，「親の異常な行動」といったとらえ方とは別の見方ができる。人間は他の霊長類に比べ，非常に長期にわたり手のかかる子を，同時に複数育てる種であり，多くの哺乳類が行っているような母親単独の子育ては困難なため，母親以外の個体も子育てにかかわるように進化してきていると考えられる。また，子どもへの投資量が次世代に残せる子（孫）の数に大きく影響し，かつ一生の間に複数回繁殖する機会のある動物でもある。そう考えると，子育てにおいてサポートが得られず，孤立した状態で四六時中母親が一人で子どもの面倒をみる状況がいかにストレスフルか，また今の子への投資（世話）を断念して，次のチャンス（子）にかけるという行動が適応的な場合がある，といったことが理解できるようになる。

さらに，進化心理学的アプローチをとることで，精神疾患や心理的

な問題の発生因を説明できる可能性も出てくる。たとえば，現代環境と進化適応環境とのずれが精神障害を引き起こすと考えることも可能である。具体的には，アルコール中毒は，アルコールの製造技術が発達していなかった環境では，ほとんど問題にならなかったであろう。また，進化心理学で一般的な**トレードオフ**という考え方も，心理的な問題を理解するのに役立つかもしれない。人間の感じる不安にもトレードオフがあるといえ，不安が低ければ新しい世界に可能性を求めることができるが，一方でけがをしたり殺されたりするリスクも高くなる。不安が高ければ，安全であるが，得られるものも少ないかもしれない[11]。

➡ **トレードオフ**
生物が持つエネルギー，資源，時間は有限であるため，生物が生存・繁殖をしていく中では，さまざまなトレードオフが生じる。繁殖行動にエネルギーを多く注ぎ込めば，子はたくさん残せるかもしれないが，すぐ死んでしまうかもしれない。一方，長生きをしようとしたら，繁殖行動にエネルギーを注げないため，子の数は少なくなるかもしれない，といった例が挙げられる。

☐ 進化的アプローチの注意点

進化心理学的アプローチをとることで，人間の理解がより深まるといえるが，誤解を招く恐れもある。人間の行動は遺伝的な背景をもつ，生物学的なものだとすると，それは生得的で不変なものだととらえられることがある。しかし，進化心理学は生物学的決定論ではない。遺伝と環境の節で説明したように，あらゆる心理的な特徴や行動は，遺伝要因と環境要因，両者の影響を受けるものであることは常識となっている。

また，生物学的な説明がされること，すなわちそれが「あるべき」状態である，と考える誤解も多くみられるものである。先にあげた虐待の例も，人間も動物として子の世話を放棄することがある，すなわち，サポートが得られなかったら虐待をすべきである，してもよい，という結論には決してならない。人間は空を飛ぶように生物学的にはできていない，したがって空を飛んでは（飛行機を利用しては）いけない，という議論がおかしいことがわかるように，生物学的説明がなされることと，倫理的，道徳的な判断は別なものであるということをしっかりと認識する必要がある。

◯注

(1)　さらに近年（2000年代以降）では，心の働きは脳ですべて完結するものではなく，認知過程は身体と周囲の環境との相互作用に深く根差したものであるといった考え方もみられる。

(2)　西川泰夫（2006）『新版認知行動科学——心身の統合科学をめざして』放送大学教育振興会.

(3)　今井久登・工藤恵理子・石垣琢麿・平林秀美（2009）『心理学をつかむ』有斐閣.

(4)　同前書.

(5)　ウイッカー，A. W./安藤延男監訳（1994）『生態学的心理学入門』九州大

学出版会.

(6)　Gibson, J. J.（1979）*The Ecological Approach to Visual Perception*, Houghton Mifflin Company.

(7)　ブロンフェンブレンナー，U.／磯貝芳朗・福富護訳（1996）『人間発達の生態学——発達心理学への挑戦』川島書店.

(8)　安藤寿康（2011）『遺伝マインド——遺伝子が織り成す行動と文化』有斐閣.

(9)　Caspi, A., Sugden, K., Moffitt, T. E., Taylor, A., Craig, I. W., Harrington, H., McClay, J., Mill, J., Martin, J., Braithwaite, A., & Poulton, R.（2003）Influence of life stress on depression: Moderation by a polymorphism in the 5-HTT gene. *Science*, 301, 386-389.

(10)　長谷川寿一・長谷川眞理子（2000）『進化と人間行動』東京大学出版会.

(11)　Nesse, R. M.（2015）Evolutionary Psychology and Mental Health. In D. M. Buss（ed.）, *The Handbook of Evolutionary Psychology*, Hoboken, NJ, USA: John Wiley & Sons, 903-927.

■第3章■

心の働きと行動

① 心と脳

➡唯物論
物質的な要素が，世界あるいは世界で起こる事象のすべてを構成しているという考え。

➡唯心論
唯物論とは対照的に用いられる理論であり，心やその働きを重んじる考え方。

➡プラトン(Platon: B.C. 427-347)
古代ギリシャ時代の著名な哲学者。ソクラテスの弟子としても有名。

➡デカルト (Descartes, R.: 1596-1650)
フランスの哲学者で，近代哲学の基盤を築いた。

➡実証的
科学的な手法や証拠に基づき，研究や調査を行う様子。

➡フェヒナー (Fechner, G. T.: 1801-1887)
ドイツで物理学と哲学を学び，精神物理学を創始した。

➡ヴント (Wundt, W. M.: 1832-1920)
ドイツで生理学，哲学を学び，実験心理学を創始した。

☐ 心身問題

　心と脳，または，心と脳を含む身体との関係については，近年に至るまでにさまざまな立場の学識者が，この心身問題と向き合ってきた。たとえば，**唯物論**では物理的な存在を重視し，心の存在はあまり重視しない。逆に，**唯心論**では，物理的存在を過小に扱い，心や精神的な活動を重視する。古代ギリシャの賢者**プラトン**は，霊肉二元論を説いた。この"霊"とは，心身のうちの心に相当する。プラトンは，心が肉体から分離して存在する精神的な実体と考えた。

　また，近世心理学の父と呼ばれる**デカルト**は，人間の心と身体との相互作用を認めつつ，心と身体をそれぞれ独立した実体ととらえた。心と身体との結びつき，いわゆる心身問題について私たちが考えるとき，これらの哲学的認識は，重要な示唆を私たちに与える。

☐ 心身相関に関する研究の展開

　心と脳の関連が直接**実証的**な方法で検討されるまでには，上記のような哲学的な試みによる心身問題の検討があった。次いで，心身の連関を明らかにするため，心理学的な手法を用いた実験が行われた。**フェヒナー**の『精神物理学原論』（1860），**ヴント**の『生理学的心理学』（1874）では，実験心理学的な手法により人の心と行動あるいは身体との関連が検討された。彼らの試みは，実験心理学，行動主義心理学，生理心理学の発展にも重要な役割を果たした。

　その後，心理学と医学の発展に伴い，人の心と自律神経反応，内分泌反応，中枢神経反応等との関連が検討されはじめ，今日に至っている。

☐ 脳と心の連関研究のはじまり

　脳と心の連関研究の歴史については諸説ある。哲学ではなく，実際に解剖学的な手法によるアプローチで脳と心の連関について検討した研究としては，先に取り上げたデカルトの研究が知られている。デカルトは晩年になって動物の脳解剖などを行っており，心のありかを松果体（Pineal gland）だと考えた。

　20世紀後半に，この松果体の役割が概日リズムという，人が生得的に持ち合わせている24時間のリズムと関連することが科学的にわかっ

図3-1　脳と心のつながりを知るうえで重要な研究や開発

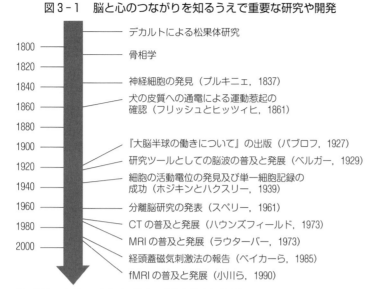

注：図中の丸がっこ書きは，論文の著者と発表年を示す。
出所：筆者作成.

たので，すべての心のありかというわけではない。しかしながら，デカルトが脳に心が宿るという考え方をしたのはデカルトが生きていた時代，極めて新しい視点であった。

☐ デカルト以降の脳と心の連関研究の概要

　デカルト以降の脳と心の研究についても，いくつもの出来事や研究等が関与する（図3-1）。デカルト以降，18世紀初頭に登場したのが骨相学である（後述）。19世紀には，小脳に大型ニューロンであるプルキニェ細胞が発見される。20世紀初頭になると，著名な生理学者であるパブロフ（Pavlov, I. P.）や人からはじめて脳波の導出に成功したベルガー（Berger, H.）等による脳と心の連関を紐解く研究がなされた。

　パブロフやベルガーの時代には，動物を対象とした研究が多く，またベルガーが利用した脳波も頭蓋上に現れる電位であったので，人の脳のどの部位がどのような人の心と関連するかということは細かくわからなかった。

　20世紀半ばになると神経細胞の研究が進み，その役割や作用機序などが解明された。このように，脳の研究は細胞レベルでの研究がなされるようになった。20世紀後半には，脳の深部を解剖学的にみることができるCT（computerized tomography）やMRI（magnetic resonance imaging）等の脳画像描画装置が開発された（後述）。このように脳と心の研究は，測定機器や生物学的な研究の発展によってその詳細が明らかになっている。現在では脳の解剖学的な所見と，人の心のある特

定の心の働きとを結びつけることができるようになった。

□ 脳機能局在論と全体論

さまざまな身体指標の中でも，中枢神経である脳は人間の心や行動を推し量るのに非常に有効な指標である。心と脳の連関を理解するためには，二つの重要な理論がその理解の助けとなる。それらは，脳機能局在論と全体論である。

脳機能局在論は，大脳のある特定の部分に，それに対応した心の機能等が存在するという考え方である。この脳機能局在論は，歴史的にはかなり古く，古代ギリシャ時代にその構想がみられている。たとえば**ヒポクラテス**➡は，理性が脳に宿ると説いた。また，解剖学や生理学の基礎を築いた**ガレノス**➡は，脳が感覚や運動，さらに特定の精神活動等を支配する神経中枢であると考えていた。しかし，これらの考えを実証する手段は，その当時はなかった。

しばらくの時を経て，**ガル**➡の骨相学が登場する。骨相学では，人の頭蓋骨と心の関連について言及された。このガルの試みは，現代の脳機能局在論の源流とも考えられている。大脳の機能局在を初めて実証したのは，**フルーラン**➡であろう。フルーラン以降，実証的な手法で脳機能局在の証拠を提出する科学者は増加していく。外科医**ブローカ**➡もその中の一人である。彼は，知能水準が普通レベルであるが，会話において「タン」としか発話できない患者に出会い，患者の死後，解剖を行った。その結果，患者の大脳の一部，左前頭葉に損傷を見つけた。現在はブローカ野とも呼ばれるこの領域には，言語，特に発話に関する機能が局在する（図3-2）。

一方，脳機能局在論とは別に，注意や記憶等の高次精神活動の脳内メカニズムの解明には，大脳全体をひとかたまりとしてみていく必要がある。この考えは，全体論といわれており，現代の神経心理学（neuropsychology）等がこの領域の学問を台頭する。全体論的な視座もその歴史は古く，脳機能局在を主張したフルーランは，同時に，精神活動は脳のあらゆる部位が複雑に連携していると主張していた。心理学者**ラシュレー**➡の実験結果も，この全体論を支援する。彼は，マウスの迷路学習の実験を行い，大脳皮質の量と学習成績が正比例することを明らかにした。この結果は，マウスの大脳のある特定部位よりも全体の重量が学習には影響が大きいということを示す。

人には，生まれながらに備わっている特徴と，生まれてから習得する特徴があり，前者が生得（的），後者が習得（的）等と呼ばれる。生得的な行動や本能，運動機能のおおよそが，脳機能局在である。一方，

図3-2　脳機能局在（言語野）

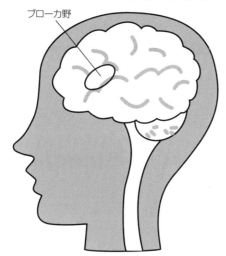

ブローカ野

出所：筆者作成.

　後天的に経験などから身につけた習得行動や高次精神活動は，脳内神経ネットワーク，つまり全体論的な視点により理解される。したがって，人の心とその脳の連関をとらえるためには，その精神活動にかかわる脳の部位を特定すること，そして，その部位とその他の部位の神経ネットワークを明らかにするという両者の過程が必要不可欠である。

☐ 高次精神活動と生理的活動

　人の心の活動には，記憶，思考，注意，判断等，人以外の動物種よりも遙かに秀でた能力がある。これらの精神活動は，高次精神活動等と呼ばれる。高次精神活動は，心理学だけでなく医学領域ともリンクするトピックとなっている。生理心理学，心身医学，神経心理学等の研究および学問領域は，高次精神活動と生理的活動をつなぐ架け橋として存在している。高次精神活動をとらえる生理的な指標はさまざまである。

　たとえば，心電図（ECG），筋電図（EMG），皮層電気活動（EDA），眼球電図（EOC），脳波（以下，EEG），事象関連電位（以下，ERP），PET，CT，fMRI 等が用いられる。

☐ 心の働きを診る脳機能検査

　上記のような生理的指標のうち，脳の活動を直接的にとらえることができるのは，EEG，ERP，CT，PET，fMRI 等である。**図3-3**は EEG の実際の波形である。

　EEG の測定は，頭蓋上に微弱に伝導する脳細胞の電気活動をとら

図3-3　脳波（EEG）の波形

β波（興奮）

α波（リラックス）

δ波（深い睡眠）

50μV

1秒

出所：筆者作成.

➡️覚醒水準

起きている状態，目覚めている度合い，または，脳の活性レベル。

える。生波形のそれぞれは，覚醒水準➡️を示す。たとえば，計算したり，熱心に考え事をしたりする状態では，β（ベータ）波が出現する。心が穏やかでリラックスしている状態では，α（アルファ）波が現れる。また，覚醒水準が低くなるに従って，EEG 上の生波形の振幅は高くなるが，深い睡眠状態では δ（デルタ）波のような高振幅の波形が出現する。

　ERP では，EEG と同じく，人の頭蓋上の電気活動を導出し，1000分の 1 秒単位で認知や感情の脳内処理をとらえる。CT は，X 線を利用し，脳の横断面を複数回撮影し，コンピュータによりそのデータを合成することにより，脳画像を得る。実際，CT は脳の損傷や腫瘍等の把握に用いられることが多く，心と脳の連関をみるのにはあまり用いられない。

　PET は，陽電子射出放射性核種から放出された光子を検出し，コンピュータにより断層画像を合成する撮影技術である。PET では，ある精神活動による脳内ニューロンの興奮等をとらえることができるため，心と脳の連関関係の解明には EEG，ERP と同様に極めて有用である。

　fMRI は，核磁気共鳴（NMR）現象を利用して脳内の血流動態を三次元で描出する。脳機能の画像化において，fMRI は，CT，PET と共

図3-4　全脳の大領域

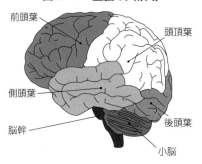

前頭葉
頭頂葉
側頭葉
脳幹
後頭葉
小脳

出所：筆者作成.

に有用であり，CT，PETのように被爆することもないため，これまで，そして今後も心と脳の連関解明には必要不可欠である。脳活動の測定に利用されるこれらの機器や手法は，コンピュータの発展の恩恵も受けている。したがって，今後さらに詳細な脳活動の検討が可能になることが予想される。

□　脳の特定領域とその機能

先に脳機能局在に触れたが，全脳（whole brain）を大きく領域を分けてその機能をみてみると，それぞれの領域で複数の機能を有していることがわかる（**図3-4**）。大脳皮質の左右の脳半球は前頭葉，頭頂葉，側頭葉，後頭葉の4つの領域に分かれている。他に，脳幹，小脳，扁桃体と海馬を含む大脳辺縁系も重要な構造部位である。前頭葉は，高次元の脳という意味で高次脳とも呼ばれており，認知，判断，推理などを担っている。頭頂葉は，身体から入力された刺激等の処理を担っている。側頭葉は，顔認知，言語理解，情動反応等の機能を持っている。後頭葉は，視覚野とも呼ばれており，視覚情報の符号化や物体が何であるかに関する情報を処理している。

また，大脳辺縁系は，心理学的にもよく研究されている器官で，ストレス反応との強い関連がある。大脳辺縁系では，感情，記憶，性的興奮の処理と調整を行っている。大脳辺縁系の活動は，ストレスに対する重要な身体反応であり，内分泌系や自律神経系と密接に関連している。

□　心─脳─身体の連関について

心と脳の連関関係と同じく，心─脳─身体のそれぞれの連関関係を理解することも重要である。たとえば，私たちは腹痛や胃痛等，身体的な痛みを経験する。このとき，身体的な痛みは，心理的な不快感や抑うつ感を引き起こす。抑うつ感や不快感の高まりは，脳の左前頭前

図3-5 ストレスに対する身体反応で
重要な役割を担う視床下部

視床下部

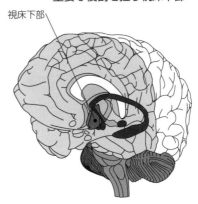

出所：筆者作成.

野等における血流量の上昇と連関関係にある。つまり，身体から脳への上方向のシグナルは，脳と心に対してネガティブな影響を与える。さらに，不快感や抑うつ感の上昇は，脳の視床下部の活動上昇とも関連する（図3-5）。

　視床下部は人の体温調整，覚醒，睡眠等の生命維持に欠かせない役割を担っているが，人の心理とも強く関連する。特にストレスに対する身体反応において中心的な役割を担っている。視床下部の活動上昇は，結果的に **HPA-axis** と呼ばれる視床下部，下垂体，副腎軸全体の活動上昇と関連する。この HPA-axis を介して，心理的ストレスが腹痛や胃痛等の痛みをさらに増長させるという悪循環も引き起こす。

　HPA-axis の活動はうつ病，双極性障害，統合失調症にも関連があり，抗うつ剤の投与によりそれらの症状が低減する。また，肥満，高血圧等の生活習慣病やメタボリックシンドロームの者では，身体的な異常に先立ち，文字どおりの生活習慣（たとえば，過食や過飲等）の乱れが存在する。さらに，このような行動異常の背景には，心理的なストレスが隠れていることが多い。このように，心―脳―身体の連関関係を理解することは，臨床的に重要である。

➡ HPA-axis
エイチ・ビー・エー・アクシス
視床下部（Hypo-thalamus）―下垂体（Pituitary）―副腎皮質（Adrenal）の経路（axis）を意味する。この HPA-axis は，数種類のストレスホルモンの分泌を担い，身体のストレス反応の調節を行う。

② 欲求・動機づけと行動

　私たちは，どのようなときに「やる気」が起こり「行動しよう」と思うのか。日々の生活にかかわる食行動，消費行動，さらには健康行動等を考えてみよう。それらの行動の発生源は，空腹感，物欲，病気に

図3-6　欲求・動機づけの基本モデル

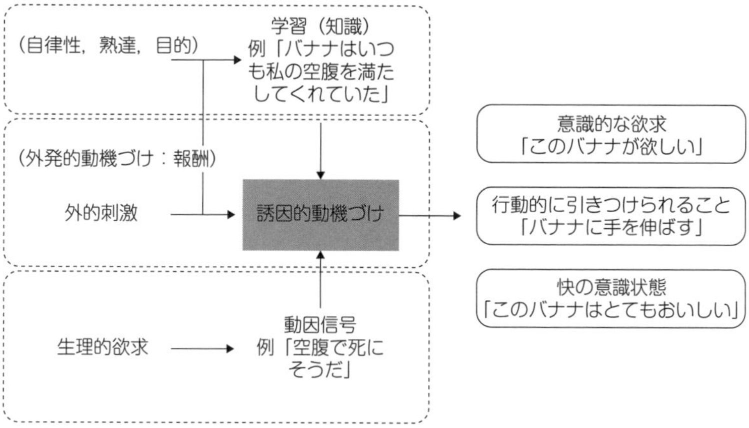

出所：ノーレン-ホークセマ, S. ほか／内田一成監訳（2015）『ヒルガードの心理学〔第16版〕』
　　　金剛出版，を参考に筆者作成.

対する懸念事項の克服といったこと，あるいはたまたま食べ物や病気
の情報が目に入ってくることで，意識や行動が起こると考えられてい
る。

　心理学では，このような一般的にいう「やる気」のことを動機づけ
という。動機づけ理論では，欲求の種類，内発的動機づけ，報酬の与
え方，目標設定の効果が検討され，効果的な学習環境が議論されてき
た。現在の所，動機づけは，介護職や看護職などのエッセンシャルワ
ーカーの労働意欲を高めることだけでなく，精神的健康（メンタルヘ
ルス）の問題を考えるうえで重要性を増している（図3-6）。

□ 動因低減説

　動機づけ理論の一つに，体内の「飢え」や「渇き」のような生理的
な要因に起因する動因低減説（drive reduction theory）がある。ホメオ
スタシスの安定を目指す生理的欲求から，動因（drive）が発生すると
考える説である。代表的なものには，ハルによる動因低減説がある。

① 　生理的欲求（飢え，渇きなど）

② 　苦痛な外的刺激（たたく，電気ショックなど）

③ 　生理的欲求や苦痛

　これらの刺激に条件づけられた刺激が生じると，不快な状態（動
因）を取り除こうとして行動が生じるとされる。後述する感覚遮断実
験のように，生理的に安定している状態をつくり出したり，あるいは
条件づけのように，活動のすべてに賞罰を伴わせればよいと考えられ
るが，生理的欲求だけではうまく説明しがたい現象も報告されている。

➡ ハル（Hull, C. L.：
1884-1952)

アメリカの心理学者。
動物の学習実験により
刺激と反応について数
量的に研究，行動の理
論的体系化を行った。

☐ 生理的欲求が満たされると人は満足するのか

1950年頃にカナダやアメリカで行われた実験に，感覚遮断実験がある。実験に参加した被験者は，目にはアイマスク，腕や足にも覆いをされるなど，感覚器官からの刺激にさらされないような状態におかれた。一方で，被験者は生理的欲求を満たすように，食事などは十分に与えられた。このような状況にあっても，被験者は十分に満足できる状態にいられるだろうか。

この実験の結果，被験者は，感覚遮断の状態に耐えられなくなることがわかった。高額の謝金が得られるという条件であっても，被験者は苦痛を示し，簡単な計算さえできなくなるといった悪影響も懸念される事態となった。どうやら，生理的欲求だけでは，人の行動は説明できないようである。

☐ 内発的動機づけ説

また別の動機づけ理論の一つとして，「興味」や「関心」のような心理的な要因に起因する内発的動機づけ説（intrinsic motivation）がある。動物に本来内在する好奇心のような動因が動機づけの源となると考える説である。

たとえば，健康番組で，スムージーをつくるのにバナナを入れるといい，という話題を耳にすれば，おいしそうなのでバナナを入れてみようと試してみる。このように，健康への関心が高まり，行動に移す場合が考えられる。

しかし，報酬が与えられても，内発的動機づけが低下する現象も報告されている。デシ（Deci, E. L.）は，大学生を被験者としてパズル課題を与えた。一方には，被験者がパズルを解くと金銭的報酬を与え，他方には，何も与えなかった。これを数日繰り返すと，何も与えられなかった群は，自発的にパズルを解き続けたにもかかわらず，金銭的報酬を与えられた群は，報酬なしにはパズルを解こうとしなかった。

同様に，レッパー（Lepper, G.）が行った実験では，お絵描きを自発的に行っている幼児に対してご褒美となる報酬を与えたところ，幼児は自発的に，お絵描きしなくなってしまった。

これら二つの実験は，自発的に行っていた活動に報酬を与えることで，活動よりも報酬が目的となって，内発的動機づけが低下する場合もある，アンダーマイニング効果が生じることを示している。

☐ 外発的動機づけ説

内発的動機づけ説に対して，行動の原因となる内部の動因だけでな

く，その目標となる外部の誘因が動機づけの源となると考える動機づ
け理論もある。これを外発的動機づけ説（extrinsic motivation）という。

　たとえば，社会福祉士の国家試験に合格すれば，皆からほめられた
り，合格祝い（報酬）をプレゼントされる場合があてはまる。

　ここでは，2つのタイプの条件づけについて考えてみよう。「古典
的条件づけ」では，**パブロフ**🔜の条件反射の実験が有名である[(4)]。その実
験では，「イヌに肉片を与えると唾液が出る」という刺激と反応の結
びつきを利用して，中性刺激となるブザー音を肉片と同時に提示する。
これを繰り返すことで，イヌはブザー音を聞いただけで，唾液を出す
ようになる。この反応をして，条件反射と命名されている。

　「道具的条件づけ」では，**スキナー**🔜によるオペラント学習が有名で
ある[(5)]。その実験では，「ネズミがレバーを押すたびに餌が与えられる」
という一定の行動に対して，餌という報酬が与えられる。この行動と
報酬の関係を随伴性といい，試行錯誤から逃れ，いったん随伴性を理
解すると，学習の効率がよくなると考える。スキナーの研究成果は，
スモールステップや即時フィードバックの原理として知られている。

☐ 動機づけの階層理論

　また，マズロー（Maslow, A. H.）は，基本的欲求を充足するように，
人は動機づけられると考え，欲求階層説を提唱した[(6)]（**図3-7**）。その
基本的欲求には，①生理的欲求，②安全欲求，③親和欲求（所属と愛
の欲求），④自尊欲求（承認欲求），⑤自己実現欲求，があって，階層構
造をなし，①から⑤の順序で満たされる。また，①から④までの欲求
は，外部環境からの人やモノによって満たされるので欠乏動機と呼ば
れ，⑤のようにすべての欠乏動機が満たされると出現する成長動機と
は区別されている。

①　生理的欲求

　生理的欲求およびそれに伴う欲求を満たそうとする行動は，別の欲
求を満たしたいが故に生じているとも考えられる。たとえば，空腹を
感じている人間は，食事に含まれるエネルギー物質やビタミンよりも，
他人に認められたいといった承認欲求や，誰かに甘えたいといった依
存欲求をもつのかもしれない。

②　安全欲求

　安全の欲求が脅かされる場合を考えてみよう。幼児は，暗がりの中
トイレに行くことをやたら怖がったり，大きな音やピカピカする光の
ような異常な感覚刺激に驚いたりする。

🔜 パブロフ(Pavlov, I. P.: 1849-1936)
ロシア・ソ連の生理学者。消化腺の研究により条件反射作用を発見，精神活動の客観的観察の糸口を見出し，大脳生理の基本法則を明らかにした。

🔜 スキナー (Skinner, B. F.: 1904-1990)
アメリカの心理学者。ネズミやハトを用いて組織的に学習の実験を行い，報酬や罰に対して，自発的に行動を行うように学習することを示した。特に，スキナー箱と言われる実験装置を用いて，マウスが自発的に行動するようになること（オペラント行動）を明らかにした。さらに人間の言語学習を研究し，これより得た原理を応用してティーチングマシンを工夫した。現代における新行動主義を代表する人物。

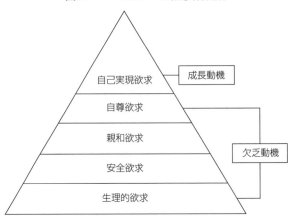

図3-7 マズローの欲求階層説

出所：マズロー，A. H.／小口忠彦監訳（1971）『人間性の心理学』産業
能率短期大学出版部，89-117より，筆者作成.

③ 親和欲求

別名で所属と愛の欲求とも呼ばれる。生理的欲求と安全の欲求が満たされると，次に起こってくるのは，所属と愛の欲求である。シャクター（Schacter, S.）による実験では，人は不安な状況に陥ると，親和欲求を高める行動をとることが示されている。(7) また，ハーバード大学のメイヨー（Mayo, G. E.）を中心に，アメリカのウエスタン・エレクトリック社のホーソン工場で大規模実験が行われた。その実験では，(1)プロジェクトに参加しているという意識が労働意欲を高める，(2)仕事のペースなどが自由に決められて，監督者との折り合いがよい，(3)楽しみながら仕事ができ，工場内での人間関係がよい，といった特徴が示された。よって，人間の意欲や人間関係が作業効率を高める現象をして有名になり，工場名を冠して，ホーソン効果として知られることとなった。

④ 自尊欲求

別名で承認の欲求とも呼ばれる。青年期にみられる思春期やせ症は，自尊心が脅かされ，劣等感に苛まれる状況で，家族や友人から認められ，さらには自立しようとする際に生じる心の葛藤状態を示しているのかもしれない。

⑤ 自己実現欲求

①～④までの欠乏動機によらない成長や存在にかかわる欲求をさす。たとえば，カウンセリングや教育において，個性を尊重し，自己の成長に期待する考え方に通ずるものがある。

表3-1　達成動機の高い人と低い人の行動特徴

達成動機	原因帰属		行動や考え方の特徴	生育環境
	成功の原因	失敗の原因		
高い	自己の努力や能力	自己の努力不足	失敗を恐れずに挑戦する	「……してはいけない」という制限的なしつけ
低い	幸運や課題の容易さ	不運や課題の難しさ	失敗すると挫けやすい	「……できるようになりなさい」という要求的しつけ

出所：筆者作成.

□ 達成動機と原因帰属

　達成動機とは，ある優れた基準や目標を立てて，その基準や目標をやり遂げようと努力する動機のことである。目標を設定することは，多くの情報から特定の情報を明確にすることでもある。達成動機の高い人に共通する性格特性には，①から⑤のような特徴が知られている。

　①　適度に困難な課題に挑戦しようとする

　②　自らの活動の成果を知りたがる

　③　精力的で斬新な活動を行う

　④　自分で決定したことには責任を負う

　⑤　働く同僚として，親しい人より有能な人を選ぶ傾向がある

　他にも，達成動機の高い人と低い人とでは，しつけによる違いや原因帰属にも違いがあることが知られている（表3-1）。

③ 適応・不適応

□ 防衛機制（適応機制）

　フロイト（Freud, S.）は，**パーソナリティ**の中心を自我と呼んだ。フラストレーション事態に曝された場合，自我が傷つくのを防ぎ，心の安定を保とうとするために，自我が無意識のうちに用いる種々の心の働きを防衛機制と呼んだ[8]。娘の**フロイト**（Freud, A.）は，防衛機制を詳細に分析し，説明を与えている。

　防衛機制自体は，誰にでもみられる心の働きである。人は欲求が満たされず，強い不安にさらされると，特定の防衛機制の働きによって，病的な症状や性格特性を示すこともある［コラム1参照］。

➡ フロイト（Freud, S.: 1856-1939）

オーストリアの精神分析学者。精神分析の創始者。自由連想法を主にした独自の神経症治療を創始し，無意識の過程と性的衝動を重視した精神分析学を確立。文学や芸術の領域にわたり大きな影響を与えた。

➡ パーソナリティ（人格）

人の広い意味での行動に，時間的・空間的に一貫性を与えているものである。似た用語に「性格（character：刻みつけられたものという意味のことばから派生しているが，人格と性格を厳密に区別していない）」，「気質（temperament：遺伝的な影響の大きいものの場合に使用する）」がある。

➡ フロイト（Freud, A.: 1895-1982）

ウィーン生まれの精神分析学者。フロイト（Freud, S.）の末娘。精神分析を児童に適用した児童分析の創始者。自我の防衛機制を体系化し，精神分析的自我心理学の基礎を築いた。

☐ フラストレーション耐性

　同じ状況に遭遇しても，すべての人が同じような欲求を持ち，行動するわけではない。また欲求がすべてかなうとも限らない。欲求が何らかの障害によって阻止され，またその結果生じる不快な緊張や不安状態をフラストレーションという[9]。

　また，フラストレーションを取り除こうとする攻撃的行動，逃避的行動，代償的行動などの反応をフラストレーション反応という。フラストレーションへの反応の仕方は，人によって異なることから，素質や成熟よりも，経験や学習によって獲得されると考えられている。日常生活では，少々の失敗や重圧に負けず，耐える力，すなわちフラストレーション耐性を身につけ，社会適応することが求められる。しかしながら，うまく適応できない場合には，**適応障害**を呈することもある。

➡ **適応障害**

自らの欲求が，自分自身の状況にうまく適応できない状態をさす。一般的な社会生活が難しくなるストレス障害と考えられている。適応障害の診断基準には，DSM-5 が用いられる。

コラム1 🏠　　　　　防衛機制

抑圧：苦痛な感情や欲求，それに結びついた記憶を意識から締め出す，あるいは無意識に押しとどめること。

合理化：自分のとった態度や行動に，都合の良い説明を与えること。イソップ物語にあるブドウを採ろうとしたキツネが「あの上の方にあるのは酸っぱいブドウに違いない」と思い込むことなど。

同一視：他者を取り入れて自分と同一だと考え，自分の欲求を満たすこと。父親のように強くなりたいと思い，男の子が父親のように振る舞うことなど。

投影：自分の中で抑圧した感情を他者の中にあると考え，その他者を非難すること。自分が浮気したいのに，彼女が浮気しているに違いないと非難するなど。

反動形成：抑圧された感情や欲求と正反対の行動をとること。好きな異性に対して，意地悪をするなど。

逃避：不安，緊張，葛藤を起こす状況から逃れること。家庭内の不和があるにもかかわらず，仕事に没頭するなど。

置き換え：欲求を本来のものとは別のものに置き換えること。本来欲しい車は高価なので，中古車で我慢するなど。

補償：劣等感を他の感情（有能感）で補おうとすること。ぜんそくの子どもが，努力してマラソンランナーになるなど。

昇華：社会的に受け入れられない欲求や衝動を社会的に受け入れられる形で満たそうとすることなど。満たされない性欲を仕事に打ち込むことで成功を収めるなど。

退行：以前の発達段階に逆戻りして，幼児期の未熟な行動をとることなど。弟や妹が生まれた時に見られる赤ちゃん返りや甘えなど。

（参照）齊藤勇編（2005）『図説心理学入門〔第2版〕』誠信書房.

感情・情動（情緒）

　私たちは，人生の中で喜び，悲しみ，怒り，恐怖などさまざまな感情を体験しながら生きている。私たちの生は，常に何らかの感情状態に彩られているという見方も可能であり，感情は私たちにとって説明が必要ないと感じられるほど，当たり前で非常になじみ深いものである。しかし，このなじみ深さからすると意外なことであるが，心理学では感情とは何かという問いについて，まだ十分な答えを出せていない。感情という問題の複雑さ，あいまいで主観的な性質のため，長く科学的な研究の対象となりにくかったためである。研究法の進歩などによって，感情についての研究は近年活発に行われるようになっているが，ここでは心理学を中心に感情研究の基本的な内容について概説する。

☐ 感情とは

　現在までのところ，心理学において感情についての厳密な定義は確立していない。用語法も研究者，文献によってまちまちであるが，以下に示すものは比較的一般的なものといえるであろう。感情（affect）とは，感情にかかわる概念の中で最も広いものであり，情動（emotion），気分（mood），好み（preference）などを包括するものである。情動とは，喜び，悲しみ，怒り，恐怖のように急激に生じ短時間で終わる比較的強い感情であり，表情などの表出行動や生理的変化をともなう。情動とほぼ同じ意味で情緒という用語が用いられることがある。気分とは，爽快や憂うつのように，情動よりも持続時間が長く比較的穏やかな感情状態である。好みは，快—不快を表す比較的穏やかな主観的反応である。

　感情に含まれるもののうち，心理学の研究で最も取り上げられることの多い情動についてもう少し説明を加えると，情動には，内的情感の側面，神経生理学的側面，表出行動的側面の３つの側面があると考えられている。[10]

　内的情感の側面とは，うれしい，悲しい，怖いなどのように，個人の心の中で生じる主観的な体験である。神経生理学的側面とは，怖いときに心臓がどきどきしたり，手に汗をかいたり，体が震えたりといった情動喚起時の生理的変化の側面を指す。心拍数，血圧，血流量，

発汗，体温，呼吸の深さ・速さなどに情動が反映されると考えられている。表出行動的側面とは，うれしくて笑みがこぼれるというように情動が行動面に現れるものであり，表情，姿勢，体の動き，声の調子などに変化が現れ，周囲にも情動が伝達される。情動は，内的情感の側面，神経生理学的側面，表出行動的側面の3つの側面が絡み合いながら生じる一過性の過程であると考えられている。

　感情にかかわる定義にはいまだ不明瞭な部分があり，用語法についても，感情，情動，情緒が同義的，互換的に使われる場合も多い。これ以降，最も総称的な用語である感情を用いて概括的に説明し，研究を紹介する場合も，感情という語で統一して紹介する。

❑ 感情研究の系譜

　古代からさまざまな分野において感情についての関心は持たれていたが，19世紀後半，自然選択（自然淘汰）による進化論で知られるダーウィン（Darwin, C.）が人間と動物の感情表出について研究を行ったのが感情についての科学的な議論のはじまりだとされている。ダーウィンは，人間と動物の感情表出パターンには類似性があり，動物から人間につながる進化論的な連続性があると主張した。

　その後，感情についての仮説としてジェームズ―ランゲ説とキャノン―バード説が提唱され，論争が生じる。ジェームズ（James, W.）は，ある出来事を体験すると，身体的な変化がまず生じて，その身体的変化を知覚することによって感情が生じると考えた（感情の末梢説）。常識的には，悲しいから泣く，怖いから震えるのであるが，ジェームズの考えでは「悲しいから泣くのではなく，泣くから悲しい」ということになる。

　ランゲ（Lange, C.）もジェームズと類似した指摘を行ったので，ジェームズ―ランゲ説と呼ばれている。キャノン（Cannon, W. B.）は，脳と末梢器官を切り離しても感情が生じることを動物実験によって示すなどして，身体的変化を知覚することによって感情が生じるとするジェームズ―ランゲ説を批判した。彼の弟子のバード（Bard, P.）の説と合わせてキャノン―バード説と呼ばれているが，この説では，脳の視床（現在の分類では視床下部）に入った外からの刺激が，大脳皮質と末梢器官に伝わることで感情体験と身体的変化が生じるとされる（感情の中枢説）。感情体験の中心は脳であり，身体的変化は感情が生じるのに必ずしも必要ではないということになる。キャノンらによって，ジェームズ―ランゲ説は否定されることになった。

　ジェームズ―ランゲ説とキャノン―バード説の論争に新たな提案を

行ったのがシャクター（Schachter, S.）である。シャクターは，感情体験には身体的要因と認知的要因の両方が必要であると考え，感情の二要因説を唱えた。この説によれば，私たちが感情を体験するには生理的な覚醒状態が必要であるが，生理的覚醒状態は感情間で質的な差がないため，生理的覚醒だけでは体験する感情の種類は決まらない。体内および外的な状況をどのように解釈するかで感情体験が決定される。どのような感情を体験するかは，状況をいかに認知するかで決まるのである。シャクターが行った実験の結果を再確認できないなど，感情の二要因説については現在では疑問視されている部分もあるが，認知が感情体験において重要な役割を果たすという考え方は，今日に至るまで感情研究に大きな影響を与えている。なお，感情の二要因説を背景とする有名な実験に，ダットン（Dutton, D. G.）とアロン（Aron, A. P.）の吊り橋実験がある［コラム2参照］。

　感情に関する仮説（理論）は，上記のもの以外にも数多くある。トムキンス（Tomkins, S. S.）の顔面フィードバック仮説では，顔面の筋肉運動が脳にフィードバックされることによって感情体験が生じるとする。つまり，主観的な感情体験よりも先に，顔の筋肉の変化が起きて，それが即座に脳に伝えられることによって感情が喚起されるという考え方である。ペンを歯でくわえると笑顔ができるが，こうした状態で漫画を読むと，より面白く感じられるということを示した実験もある。この実験結果に従えば，笑顔をつくると気分が明るくなるというように，表情が感情を変えることもありうるとも考えられる。顔面

コラム2　ダットンとアロンの吊り橋実験

　ダットンとアロンが行った吊り橋実験は，感情の二要因説を検証する実験として知られている。ダットンらの実験は峡谷にかかる狭く，不安定な吊り橋の上で行われた。吊り橋を渡ろうとする同伴者がいない男性が被験者に選ばれ，女性実験者が実験への協力を依頼した。実験者は男性にイラスト（TAT図版の1枚）を見せて物語をつくってもらい，最後に「結果の説明が必要なようでしたらご連絡ください」と電話番号を書いた紙を渡した。低いところの固定された木の橋でも同様の実験が行われ，吊り橋条件と固定橋条件で電話をかけてきた人数が比較さ

れた。その結果，電話をかけてきた男性の比率は，吊り橋条件で50%，固定橋条件で12.5%であった。吊り橋を渡ることで，被験者の男性は「恐怖」から非常に心臓がドキドキしているわけであるが，被験者の男性は「恐怖」のドキドキと「恋愛」のドキドキを区別できず，「恐怖」のドキドキを「恋愛」のドキドキと勘違いしてしまったと考えられる。

（参照）Dutton, D. G. & Aron, A. P.（1974）"Some evidence for heightened sexual attraction under conditions of high anxiety." *Journal of Personality and Social Psychology*, 30, 510–517.

フィードバック仮説の提唱は，ジェームズ―ランゲ説が再び注目されるきっかけの一つになった。

エクマン（Ekman, P.）は，感情は進化の産物であり，人間の生存に必要なために残ってきたものであると考え，恐怖，驚き，怒り，嫌悪，悲しみ，喜びの6つの基本感情は文化によらず普遍的であるとした。基本感情の観点に立つ研究は多く行われているが，基本感情の数については研究者間で一致しておらず，基本感情の有無そのものについても論争が続いている。近年では脳神経科学的研究から多くの優れた知見が得られるようになっており，感情研究は広大なすそ野を持ちながら，さらに発展しようとしているところである。

☐ 感情が生じるしくみ

私たちが主観的に感情を経験するとき，鼓動が速くなったり，体温が上昇したり，発汗したりといった何らかの身体的な変化も生じている。先に感情研究の系譜で述べたことと重なるが，主観的感情体験と身体反応の関係は長年にわたって議論されてきた。身体反応を感情生起のプロセスにおいてどのように位置づけるかは研究者によって見解が分かれるところであるが，自律神経系や内臓反応といった身体反応が感情経験に対して何らかの重要な役割を持つのか，あるいは随伴的な現象に過ぎないのかという問題は，ジェームズの感情の末梢説以降，感情を感じるしくみを理解するための重要な視点であり続けている。現代では，感情体験に先行して身体的変化を迅速に知覚することは難しいと考えられているが，身体反応が感情体験に及ぼす影響については検証が続けられている。

一方で，脳機能イメージング研究の発展などにより，感情に関わる脳領域やそれらの機能についての研究が進んでいる。感情に関わる脳の中核部位としては，扁桃体，視床下部，帯状回前部，側坐核，前頭葉眼窩部などが知られている。このうち扁桃体を例にすると，扁桃体は，快情動，不快情動いずれとも関係しているが，特に恐怖や怒りのような不快情動にとって重要な領域であることがわかってきている。私たちが日常においてさまざまな感情を経験しているとき脳はどのような処理を行っているのか，多様な感情を生み出す脳のメカニズムが解明されつつある。

☐ 感情の発達

感情発達研究の古典であるブリッジズ（Bridges, K. M. B.）の研究では，誕生直後の未分化な興奮状態が，発達過程の中でさまざまな感情

に分化していく様子が示された。現在，人間の感情は，生得的な基盤を出発点とし，認知能力や運動能力の発達などとも関連しながら多様化，深化していくと考えられている。

　ルイス（Lewis, M.）は，生後1歳後半頃までに現れる喜び，興味，驚き，悲しみ，嫌悪，怒り，恐怖を一次的感情，1歳後半以降に現れてくる感情を二次的感情（自己意識的感情）と呼んで区別している。ルイスの見解では，1歳後半以降に現れる照れ，共感，羨望といった感情は自己意識の成立を前提としており，また，2歳以降に認められる誇り，恥，罪悪感といった感情は，社会的な基準やルールが内在化されその基準にそった自己評価が行われるようになって生起するようになると考えられている。

　ルイスによれば，生後3年ほどの間にほぼ大人に近い感情のレパートリーが揃うのであるが，自己の感情を理解し調整する能力，他者の感情を理解する能力，感情的コミュニケーションを適切に行う能力など感情にかかわる能力は発達し続けていく。こうした感情にかかわる能力は感情知能(11)（emotional intelligence）あるいは感情コンピテンス(12)（emotional competence）という用語でとらえられており，社会生活を適応的に送るうえで非常に重要なものとして近年注目を集めている。

🗌 福祉実践とのかかわりにおいて

　ホックシールド(13)（Hochschild, A. R.）は，人間を相手にするために高度な感情コントロールを必要とする労働のあり方を感情労働と呼んでいる。感情労働とは，肉体労働，頭脳労働と異なる第三の労働形態であり，現代社会の労働の重要な側面をさす概念である。ホックシールドは，乗客の不愉快な要求にも笑顔で応対しなくてはならない航空会社の客室乗務員を感情労働の典型として挙げているが，感情労働は対人サービスにかかわる職業全般に認められる職務特性である。対人サービスを行う職種においては，感情規則すなわち職業上適切な感情やその表出方法が存在し，労働者は職務にふさわしい感情状態を保つために自分の感情を管理しなくてはならない。

　ホックシールドは，感情労働における感情管理の方法として表層演技と深層演技を挙げているが，表層演技とは，表情，ボディーランゲージなど表面的な印象を操作するものであり，また深層演技とは，自分がそうありたいと思った感情に近づけようと自分の感じ方そのものを操作するものである。福祉という仕事も感情労働としての要素を大きく持つものであり，福祉従事者は，自分の感情をコントロールし，適切に要援助者にかかわることが求められる。感情労働における感情

管理の負担が深刻なストレス状態やバーンアウトに結びつくことがあることも知られており，今後，心理学，福祉実践の分野において，このような問題への対処についてさらなる研究が求められる。

○注

(1) Heron, W.（1957）"The pathology of boredom." *Scientific American*, 196, 52-56.

(2) Deci, E. L.（1972）"Intrinsic motivation, extrinsic reinforcement and inequity." *Journal of Personality and Social Psychology*, 22(1), 113-120.

(3) Lepper, M. R., Greene, D. & Nisbett, R. E.（1973）"Undermining children's intrinsic interest with extrinsic rewards: A test of the over justification hypothesis." *Journal of Personality and Social Psychology*, 28(1), 129-137.

(4) 鎌原雅彦・竹綱誠一郎（2005）『やさしい教育心理学〔改訂版〕』有斐閣.

(5) 同前書.

(6) マズロー，A. H./小口忠彦訳（1971）『人間性の心理学』産業能率短期大学出版部.

(7) Schacter, S.（1959）*The psychology of affiliation: Experimental studies of the sources of gregariousness*, Stanford University Press.

(8) 戸川行男（1953）『心理学講座——適応および適応機制』中山書店.

(9) マイヤー，N. R. F./池田貞美・高橋守雄訳（1971）『欲求不満の心理』誠信書房.

(10) 遠藤利彦（1996）『喜怒哀楽の起源——情動の進化論・文化論』（岩波科学ライブラリー41）岩波書店.

(11) ゴールマン，D./土屋京子訳（1996）『EQ——こころの知能指数』講談社.

(12) サーニ，C./佐藤香監訳（2005）『感情コンピテンスの発達』ナカニシヤ出版.

(13) ホックシールド，A. R./石川准・室伏亜希訳（2000）『管理される心——感情が商品になるとき』世界思想社.

■ 第 4 章 ■

認知と知能

1 感じること・とらえること──感覚・知覚・認知

感覚・知覚・認知とは

　私たちは，外界の情報を感覚として得ている。しかし，すべての情報が感覚として得られているわけではない。感覚ごとに，身体には感覚受容器が存在しており，各感覚受容器はそれぞれ受け取ることができる情報の種類や範囲が限定されている。たとえば，視覚は光を感じ取っているが，可視光と呼ばれる一定の波長の範囲の光しか感覚として得ることができず，可視光の範囲外である赤外線や紫外線を見ることはできない。

　そして，私たちの生活の中で得ている外界の情報は単なる感覚にとどまらない。たとえば，視覚では可視光から明るさや色を感覚として得ているが，光を見ているという感覚を得ていることは少なく，意味のある形や物体を認識することができる。このように感覚情報をもとに意味のある対象を認識することを知覚という。

　さらに，外界の認識には，感覚情報だけによるのではなく，知識や思考なども影響している。たとえば，文字を見たとき，その言語や文字に関する知識の有無が認識に影響を与える。知らない言語の文字は，文字として認識できない。また，外界の情報を認識することによって，新たな記憶を形成したり，思考や判断に影響を与えたりする。このように人間の持つ知的機能の働きの中で，外界の情報を認識する機能を認知と呼んでいる。

感覚モダリティ

　感覚はそれぞれが独立した生理的なしくみを持っている。感覚モダリティとは，それぞれの感覚器から得られる感覚の種類の違いのことである。表4-1に示すように，それぞれの感覚ごとに，適刺激が決まっており，得られる感覚経験が特定されている。

　感覚モダリティには，いわゆる五感といわれる視覚（見ること），聴覚（聞くこと），嗅覚（においを感じること），味覚（味を感じること），触覚（皮膚感覚ともいう，触れたものを感じること）があるが，自分の体の状態を感じることも感覚の一種であり，自己受容感覚（身体各部の位置や状態等の感覚），内臓感覚（胃や心臓などの内臓の動きを感じること），平衡感覚（自分の体と重力の関係を感じること）などがある。

▶光

光は電磁波の一種であり，人間が見ることができる光を可視光という。可視光は380〜780nm（ナノメートル）の波長の光であり，波長の違いが色の感覚に対応している。代表的な色を波長の順に並べると，波長が短いほうから，紫，藍，青，緑，黄，橙，赤の順になっている。

▶適刺激

たとえば，視覚の感覚受容器は目（眼球）であり，適刺激は光（可視光）である。しかし，目を閉じて眼球をごく軽く押しても，光の変化と同様の感覚を得ることができる。このように適刺激ではないのに感覚を得ることができる刺激を不適刺激という。

表4-1　感覚モダリティの種類

感覚モダリティ		感覚受容器	適刺激
視覚		目（眼球）	可視光
聴覚		耳	可聴音
嗅覚		鼻腔内粘膜	化学物質（揮発性）
味覚		口腔内粘膜（舌等）	化学物質（溶解性）
体性感覚	触覚（皮膚感覚）	皮膚上の感覚器官	圧力，温度等
	自己受容感覚	筋，関節等	張力等
平衡感覚		内耳	重力と身体の動き等
内臓感覚		内臓	化学刺激，圧力等

出所：筆者作成.

☐ 知覚情報処理

　外部の情報から知覚が得られる過程は，情報処理の過程ととらえることができる。

　第一に外界に存在する物理的情報は，感覚受容器を通じて入力・変換され，感覚神経によって脳に伝達される過程がある。この過程は，感覚受容器の性能に大きく依存しており，その性能の範囲内で外界の物理的情報を受け取ることができる。そして感覚受容器では，脳内での情報処理に応じた形式に情報が変換され，感覚神経を経路としてその情報が脳に伝達される。

　第二に，感覚受容器から受け取った情報について，脳内で分析・統合等の情報処理が行われることによって知覚が生じる過程がある。この過程では，脳内で取り扱われる情報の形式や情報処理能力の性質に特徴づけられていると考えられる。まず，感覚受容器で受け取った情報のすべてがそのまま知覚されるのではない。情報の選択を行う「注意」の機能が存在している。注意の働きは，感覚受容器がとらえようとする情報の選択と集中，また他の情報への切り替え等にも影響を与えている。注意が向けられて選択された情報に対しては，その要素を分析的に処理する過程とそれを統合する過程が想定されている。

　脳内での知覚や認知に関する情報処理については，外界の情報に基づくボトムアップ処理（データ駆動型処理）と知識や経験等の影響によるトップダウン処理（概念駆動型処理）の両方が含まれている。私たちの知覚は概ねボトムアップであることによって，外界の情報をほぼ正確にとらえられているといえる。ただし，ボトムアップ処理であっても，外界の情報を忠実にそのまま知覚として再現しているわけではなく，外界の情報と知覚は相似的であるが完全に一致しているわけではなく，脳内情報処理の特徴が反映されている（例：後述の錯覚や恒常性）。

たとえば，暗い夜道でビニール袋が風によって空中を飛んでいる場面を思い浮かべて欲しい。明るさ等の影響で視覚情報を正確にボトムアップ処理することが難しく，この場合にはトップダウン処理により実際とは異なる物に知覚する（見間違える）ような場合がある。また，言語はトップダウン処理を想定しないと知覚・認知が成立しない（未知の言語の音声や文字は意味のある対象として知覚できない）。

❏ 視覚情報処理の過程

　視覚の感覚受容器は「目」であり，適刺激は可視光である。視覚がとらえられる光の波長の範囲は限定されており（約400～800 nm），この範囲を可視光という。光の波長の違いが色の知覚に対応しており，波長が短い方から，紫（約400 nm），青（約450 nm）緑（約550 nm）黄（約580 nm）赤（約700 nm）に対応している。

　目の中心的器官である眼球はカメラにたとえられる。外界の光を「水晶体」というレンズで集め，それをフィルムにあたる「網膜」に像として映すしくみになっている。網膜上には光を感知する視細胞が存在している。視細胞には「錐体」と「桿体」の2種類があるが，網膜上での分布が一様ではない点が，カメラのフィルムや感光素子とは異なる。錐体は網膜の中心部に多く，色を感知することができるが，明るさに対する感度は低い。色を見分けるために，赤・緑・青に対応する光の波長に対して感度がよい3種類の錐体が存在する。桿体は網膜の周辺部に多く，色は感知できないが明るさには敏感であり，光の量が少なくても（暗くても）感知可能である（**図4-1**）。

　網膜の視細胞によって得られた情報は視神経を通じて，大脳の後頭葉にある1次視覚野に伝達される。視覚の中枢では，伝達された情報に含まれる色，線分，明るさ，運動といった要素に分解されて処理された後に情報が統合されて，私たちが経験している知覚が成立すると考えられている。視覚はほぼ外界の情報を再現していると考えられるが，脳内での処理の特徴を反映して，錯視や恒常性の現象など，外界の情報とは異なる知覚が生じている。

❏ 聴覚情報処理の過程

　聴覚の感覚受容器は「耳」であり，適刺激は可聴音である。人間が感じることができる**音**（可聴音）は，周波数がおよそ20～20000 Hz（ヘルツ）の範囲に限られている。周波数の違いが音の高さに対応しており，周波数が小さいと低い音，大きいと高い音を感じる。

　感覚受容器である耳の構造は外耳，中耳，内耳に分けることができ

➡音

音は音波といわれるように波であり，音の高さ（波の周波数），音の大きさ（波の振幅），音色（音の感じ）といった属性を持っている。

図4-1　眼球のしくみ（断面図）

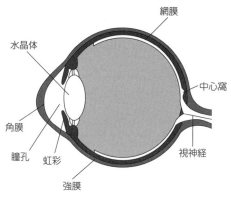

出所：筆者作成.

図4-2　耳のしくみ（断面図）

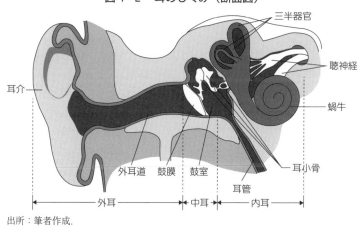

出所：筆者作成.

る。音は外耳を通って，中耳の入口である鼓膜を振動させ，中耳にある耳小骨から内耳にある蝸牛という部分に伝わる。音は蝸牛において，周波数等の分解が行われ，その情報が聴神経経由で大脳の側頭葉にある1次聴覚野に伝達され，脳内での情報処理が行われている（図4-2）。脳内での音の知覚情報過程（例：メロディ，言語音と非言語音の区別等）については未解明な部分も多い。

🔲 視覚の不思議

　通常，私たちは外界の物理的情報を正確にそのまま知覚として得ているような気がしている。しかし知覚とは，外界の情報をもとに脳内で構成された心理的（主観的）現象であり，外界の物理的情報と知覚による心理的（主観的）情報には食い違いが生じている。しかし，普段私たちはその食い違いに気づきにくい。また，私たちは，自分と他者が同じ対象を見ているとき，他者も自分と同じように知覚していると思いがちである。

ここでは視覚に焦点を当て，視覚情報処理過程の中で生じる，いくつかの知覚に関する現象をみていこう。

☐ 明所視・暗所視

　人の視覚は，極めて暗いところでも，眩しいような明るいところでも機能するため，明るさによって二つの働きを切り替えている。明るいところでは網膜上の錐体が中心に働き（明所視），暗いところでは桿体が中心に働く（暗所視）。そのために二つの働きが切り替わるときには時間が少しかかる（順応という）。

　たとえば，暗い部屋で寝ていて，起きたときに急にカーテンを開けるとまぶしいが，しばらくすると慣れる。これは暗所視から明所視への切り替えであり明順応という。逆に，上映中の映画館に入ると席が見えないのに，しばらくすると見えるようになっていく。これは明所視から暗所視への切り替えであり，暗順応という。暗順応の方が明順応よりも一般的に時間がかかるが，特に暗順応は加齢にともなって順応に必要な時間が長くなる。

☐ 錯覚（錯視）

　ある対象について知覚された性質とその対象の物理的な性質が大きく異なることを錯覚という。視覚における錯覚を「錯視」という。錯視とは単なる見間違いではなく，その錯視現象が起きていると知っていても修正されないことから，視覚情報処理過程の特性を反映していると考えられ，視覚の特性を明らかにする重要な題材として，古くからいろいろな研究が行われてきた。

　錯視が生じる図形を幾何学的錯視図形といい，図形に含まれる線の長さ，図形の大きさ，直線の平行などの物理的性質とその知覚の食い違いが大きく，錯視の現象がわかりやすい（**図4-3**）。それぞれの図形について，物理的性質と知覚の違いについてたしかめてほしい。

　また，自然現象の中でも，天体の大きさについて錯視が生じる現象が古くから知られていた。たとえば，月の大きさは，地平線や建物に近いときには，天空にあるときに比べて非常に大きく見える。月は地球に対して十分に遠い位置にあるため，ある時期での物理的な大きさはほぼ一定であるが，知覚においては大きさの違いが生じており，これを「月の錯視」という。

　錯視のメカニズムは，複雑であり，明確には特定されていない。ひとつの要因としては，眼球の網膜に映されている二次元情報の像から，奥行きがある三次元の世界の情報を復元する過程に関係していると考

図4-3 錯視の例

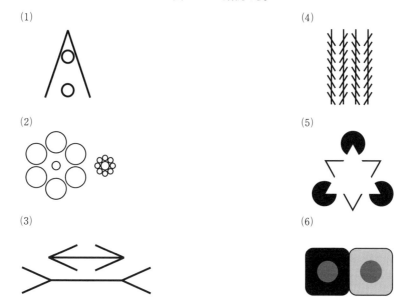

(1) ポンゾ錯視：2つの円は上の方が大きく見えるが，実は同じ大きさである。
(2) エビングハウス錯視：左右の中心の円は右の方が大きく見えるが，実は同じ大きさである。
(3) ミュラーリヤーの錯視：2つの矢印の軸は上の方が短く見えるが，実は同じ長さである。

(4) ツェルナー錯視：長い4本の縦線は平行には見えないが，実はすべて平行線である。
(5) カニッツアの三角形（主観的輪郭線）：中央に白い三角形が浮き出して見える。その三角形は頂点の部分しか辺が書かれておらず，辺の中央部は何も書かれていないのに輪郭があるように見える。
(6) 明るさの対比：中心の小円は左の方が明るく見えるが，同じ明るさの灰色である。

えられる。絵画の遠近法にみられるように，斜線は奥行きの情報を示す一つの手がかりであり，本来は奥行きがない図形においても，奥行きがあるという情報が自動的に知覚されることで錯視が生じる（ポンゾ錯視，ミュラーリヤー錯視など）。また，周囲の**刺激**との対比によっても錯視が生じる（エビングハウス錯視，明るさの対比など）。

➡ 刺激

心理学では，感覚のもととなっている外界の物理的情報を「刺激」と呼ぶことが多い。

恒常性

　視覚は，網膜上に映された像をもとに成立している。しかし，網膜上の像が大きく変化しても，知覚上はあまり変化せず，一定の傾向を安定的に得られることを恒常性という。

　たとえば，同じ対象物との距離が1mの場合と10mの場合では網膜上での像の大きさは10倍違うが，大きさの知覚はそれほどの差を感じない（大きさの恒常性）。また，白い物を日向と日陰で見るとき，物

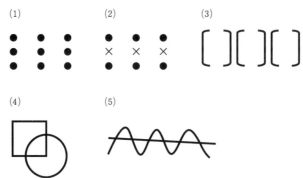

図4-4 体制化（群化）の例

(1)　近接の要因：近い位置にあるものはまとまっ
　　　て見える。
(2)　類道の要因：同じあるいはにているものは
　　　まとまって見える。
(3)　併合の要因：閉じた領域をつくるものはま
　　　とまって見える。

(4)　よい形の要因：簡潔，規則的，対称的であ
　　　る形はまとまって見える。
(5)　よい連続の要因：滑らかにつながるものは
　　　連続したものに見える。

理的な明るさは相当違うにもかかわらず，見かけの白さは変わらない
ように知覚される（明るさの恒常性）。長い階段を下から見上げると，
網膜上には各段は台形として像が写っているはずであるが，長方形と
して知覚できる（形の恒常性）。

　このような知覚の恒常性があるからこそ，私たちは安定した外界の
認識を得ることが可能である。こうした，網膜上に映された像と知覚
による主観的情報の食い違いが，脳内における知覚情報処理の性質を
あらわしているといえる。

☐ 体制化

　視覚の対象にはさまざまな部分的な要素が含まれている。しかし，
その部分ごとに分けて知覚するのではなく，一定のまとまりとして知
覚する傾向がある。このようなまとまりを知覚することを体制化ある
いは群化という。まとまりをつくる法則は，ゲシュタルト心理学者に
よって研究され，プレグナンツ（簡潔性）の法則と呼ばれている（**図4
-4**）。なお，聴覚においても，音の変化をメロディというまとまりと
して知覚できるのは体制化の一つである。

☐ 仮現運動

　視覚は，静止しているものだけでなく，動き（運動）を認識できる
ことも特徴である。物理的に運動している物体は，もちろん運動を知
覚できる。しかし，たとえば文字が動いて見える電光掲示板は一瞬一
瞬をとらえれば，静止した文字が光っているだけである。しかし，短

い時間間隔で文字を構成する光点が隣の点に移動すると文字全体が動いているように見える。光点が移動する間は，何も光っていない時間が存在しており，連続的な運動があるわけではないが，動きを知覚する。このように物理的には連続的な運動がないのに，運動として知覚される現象を「仮現運動」という。映画やアニメーションが，1枚ずつの静止した画像を連続的に提示することで動きが見えるものであり，仮現運動を応用したものである。

◻ 視覚の認知メカニズム

① 情報の選択（注意機能）

　私たちが外界を認識するときには，単一な単純なものだけが存在することは少なく，複雑にさまざまな情報が存在するのが普通である。複数の情報から必要な情報を選び出す機能を，注意という。注意の働きには，複数の情報から一つを選択する機能（選択的注意）と複数の情報に分散して注意を向ける機能（注意の分配）の両方がある。また，注意を向けた対象にそのまま持続する機能（持続性）や，注意を向けた対象から別の対象に注意を転換する機能（転換性）も含まれている。

　雑踏の中で友人と話をする場面を考えてみよう。周囲の人の話し声も友人の声も同様に物理的に音として存在している。しかし，友人の話を選択して聞くことが可能である（カクテルパーティ現象と呼ばれる）。このとき，周囲の人の話し声は聞こえていないように感じるが，雑踏の中で誰かが自分の名前を口にすると，それに気づくことがある。つまり，注意を向けていない情報に対しても，まったく遮断しているのではないと考えられる。

　また，車の運転をするときを考えてみよう。自分の正面の車線だけでなく，他の車線の車の動きや横断する人などさまざまな情報に気づかないと，とっさの場合に対応できない。この場合には注意は分配されており，複数の対象に注意が向けられていると考えられる。しかし，注意は無限に分配できるわけではない。容量が限られており，たとえば，運転中に携帯電話を使うことで注意の容量が消費されてしまうと，視野内の必要な情報に注意を向けることができなくなることがあり，事故の原因になることもある。

② 知識や文脈の効果

　知覚は，知覚している際に現にそこにある刺激の性質だけで決まるのではなく，過去に得た知識や文脈が影響を及ぼす場合がある。図4-5を見てほしい。それぞれの中央の文字は同じ形であるが，異なる文字として知覚される。それぞれが単語（THE と CAT）であることを

図4-5　文脈によるトップダウン処理例

THE

CAT

知識として持っていることによって，異なる文字として知覚される。

　これまで説明してきた錯視，恒常性，体制化は，その特性についての知識があっても，刺激の特性に基づいて見え方が決まるという性質があった。しかし，図4-5の例は，知識によって見え方が変わる例である。刺激の特性に基づいた知覚や認知をボトムアップ処理（データ駆動型処理）といい，知識に基づいた知覚や認知をトップダウン処理（概念駆動型処理）といい，両者が共に働くことで外界を知覚・認知している。

◯ アフォーダンス

　私たちの知覚は，リアルタイムに精密な知覚像を構成し続けることができる非常に高性能なものであり，その知覚過程のしくみの全容はまだ解明されていない。ここまでみてきたような視覚の現象を説明しつつ，網膜像に映った像のすべてを常に分析し続けるような脳内での処理を想定することは，負荷が大きすぎることが想定される。そのため，知覚の全体像を説明する理論は，もっと効率的に知覚を可能にするしくみを取り入れる必要がある。

　その一つとして，ギブソン（Gibson, J. J.）が提唱したアフォーダンス理論がある。ギブソンは，動詞のアフォード（afford：～を与える）からアフォーダンスという名詞を造語した。アフォーダンス理論では，網膜上の像を脳内で処理することで知覚が生じると考えるのではなく，環境そのものから直接的に情報が得られ，知覚されていると考える。環境内に存在するものには，動物や人に意味のある環境的な情報が存在して常にそれを与えており，動物は，環境内でその情報を容易に発見することができ，直接的にピックアップできると説明している[1]。

　たとえば，足元の平面が傾いていなくて，その表面が固そうな状態は，そのような情報の分析を行わなくても，直ちにそこに足を踏み出して歩くという行為を引き起こす（歩けると知覚できる）。ギブソンの

理論は生態心理学に引き継がれている。

 覚えること・忘れること――学習・記憶

1　学習とは

　一般的に学習というと勉強して知識や技能を修得することをさすが，心理学では学習とは，経験によって継続的な行動の変化が生じることととらえている。心理学では，複数の刺激がどのように与えられるとそれに伴う行動の変化が生じるのかという「条件づけ」についての研究が盛んに行われてきた。ここでは，まずもっと単純な刺激の繰り返しによって生じる行動の変化である，馴化と鋭敏化についてとりあげる。その後に，条件づけによる2種類の学習であるレスポンデント条件づけとオペラント条件づけについて説明する。

□ 馴化と鋭敏化
　馴化とは，ある刺激が繰り返されるとその刺激に対する反応が弱くなることであり，経験によって行動が変化するので，単純ではあるが学習の一つであると考えられている。対象となる行動の多くは生得的なもので，人だけでなく動物でも生じる。たとえば，音などの刺激によって驚愕したり，逃避したりする行動が同一の刺激によって繰り返されると慣れが生じて小さくなっていく。水槽にいる魚は，水槽の縁を叩くと逃げるが，徐々に慣れて逃げる反応が小さくなったりなくなったりするとき，馴化が生じたといえる。

　一方で，鋭敏化とは，馴化とは逆にある刺激が繰り返されるとその刺激に対する反応が強くなることである。水槽にいる魚が，最初に水槽の縁を叩いたときに逃げる反応よりも，次に叩いたときにより遠くまで逃げる反応を示しているとき，鋭敏化が生じたといえる。同じ刺激を繰り返した場合でも，最初の段階では鋭敏化が生じ，その後馴化に転じる場合もある。

　馴化が生じても途中で異なる刺激が与えられると再び反応が回復することがあり，この現象を脱馴化という。この現象を使って，乳児の刺激の弁別能力を測定する研究が発達心理学の領域で行われている。たとえば，乳児には唇に刺激を与えると吸う反射がある（吸啜反射）。

吸啜反射は他の刺激に馴化すると弱くなる傾向を示す。そこで，乳児にある刺激A（たとえば英語のLの音）を与えて馴化させると，吸啜反射が弱くなる。その後別の刺激B（たとえば英語のRの音）を与えたときに吸啜反射が再び強まれば，Bによって脱馴化が生じたと考えることができる。つまり，2つの刺激AB（LとRの音）は異なる刺激として弁別して知覚されていたと推測できる。

☐ レスポンデント条件づけ（古典的条件づけ）

① レスポンデント条件づけの手順

ロシアの生理学者パブロフ（Pavlov, I. P.）は，犬の唾液分泌に関する研究を行った。有名な「パブロフの犬」「パブロフの条件反射」といわれる研究である。唾液の分泌は，口に餌（たとえば肉の粉）を入れると自動的に生じる反射的な反応である。一方でメトロノームの音（ベル等の音でもよい）を犬に聞かせると，耳をそばだてたり，キョロキョロしたりといった反応が生じるだけで，唾液の分泌には全く関係ない。しかし，餌を与えるときにいつもメトロノームの音を聞かせていると，やがてメトロノームの音を聞いただけで餌を与えなくても唾液分泌をするようになる。

このようにある刺激に対して，反射や生得的な反応などよってすでに獲得されている反応や行動があるとき，その刺激（この場合は餌（肉粉））は無条件刺激，反応は（この場合は唾液分泌）は無条件反応という。その無条件刺激（肉粉）と新たな刺激（メトロノームの音）を繰り返し対提示することで，新たな刺激（メトロノームの音）に対しても，その生得的な反応や行動（唾液分泌）が生じるようになることをレスポンデント条件づけ（または古典的条件づけ）という。条件づけが成立すると，新たな刺激（メトロノームの音）を条件刺激，その刺激によっても生じるようになった反応や行動を条件反応という（パブロフの犬の場合には，唾液分泌という反射を用いたので条件反射ともいう）。

条件づけによって獲得された条件反応はしばらく持続する。しかし，メトロノームの音だけを聞かせて肉粉を与えることをしなければ，やがて条件反応は消失していく。これを消去という。しかし条件反応は消去されたようにみえても，しばらく休息時間をとると条件反応が回復する現象がみられる（自発的回復）。

② 般化と弁別

レスポンデント条件づけが完成すると，条件刺激と類似の刺激に対しても条件反応が生じる。この現象を般化という。しかし，類似性がない刺激に対しては条件反応が生じず，条件反応が生じる刺激と生じ

ない刺激の範囲が区分される。これを弁別という。たとえば，唾液分泌について，1分60拍のメトロノームの音で条件づけすると，60拍の音を聞かせると，唾液分泌は最大になる。

また，類似の50拍や70拍でも量は減るものの唾液分泌が生じる（般化）。しかし，もし120拍の音を聞かせても唾液分泌が生じなければ，刺激は弁別されているといえる。般化と弁別によって，状況に応じた異なる反応が形成されていく。

❏ レスポンデント条件づけの現象

皆さんは，梅干を見ると（あるいは思い浮かべただけで）唾液が分泌されるだろうか。もしそうであれば，レスポンデント条件づけが生じた結果である。梅干を口に入れると唾液が分泌されるのは無条件反応であるが，その際に繰り返し梅干を見ることによって，レスポンデント条件づけが成立し，単に見るだけでも唾液分泌が生じるようになったと考えられる。

また，食あたりしたあとに，その食品を見るだけで吐き気がすることがある。これもレスポンデント条件づけの一つと考えられる。味覚嫌悪条件づけといい，たった1回の経験でも条件づけが成立することが特徴である。

また，特定の対象や状況に対して，感情や不安を感じる経験についてもレスポンデント条件づけによる場合がある。たとえば，広告などで心地よい音楽や好感度の高いタレントと商品をともに繰り返し提示することは，レスポンデント条件づけの応用であり，その商品だけ見たときにも好感情が生じることを期待したものといえる。

❏ オペラント条件づけ（道具的条件づけ）

スキナー（Skinner, B. F.）は，シンプルな箱にレバー（あるいはペダルやボタン）と餌台がついており，レバーを押すと餌が出てくるしくみの箱（スキナー箱）をつくり，ネズミ等の動物を対象としてさまざまな実験を行った。空腹なネズミを箱の中に入れると，箱の中を走り回る。そのうちに偶然レバーに触れ，餌が出て食べることができる。そのときはレバーを押すと餌が出ることは学習されていない。しかし，徐々に偶然だったレバー押しの反応の頻度が高まっていき，自発的行動となっていく。

このように，ある状況や刺激のもとで，反応や行動がもたらす結果（報酬や罰）によって生じる学習をオペラント条件づけ（または，道具的条件づけ）という。オペラント条件づけは，人の行動面での学習の

多くにかかわっている。オペラント条件づけを成立させるには，行動に対して与えられる報酬や罰が重要であり，その結果生じる学習の効果（行動を強めるか，弱めるか）の組み合わせで，下記(1)～(4)の4種類に分類することができる。報酬等を「好子」（正の強化子ともいう），罰のことを「嫌子」（負の強化子ともいう）という。

(1)正の強化：ある行動をすることで報酬が得られると，その行動が強められる（例：勉強したときにほめられることで，毎日勉強するようになった）

(2)負の強化：ある行動をすることで罰や苦痛が減ると，その行動が強められる（例：ある薬を飲むことで頭痛が治る経験をすることで，頭痛がするとその薬を飲むようになった）

(3)正の弱化：ある行動をすることで罰や苦痛が増えると，その行動が弱められる（例：きょうだい喧嘩をしたら親に怒られて，喧嘩しなくなった）

(4)負の弱化：ある行動をすることで報酬が減るとその行動が弱められる（例：子どもがいたずらをするのでゲームを禁止にしたら，いたずらをしなくなった）

☐ オペラント条件づけの現象

オペラント条件づけには，レスポンデント条件づけと同様に，刺激や状況に対する般化や分化（弁別）が生じる。それによって，類似の状況では同様の行動をするが，違う状況ではその行動をしないといった状況に応じた反応や行動の使い分けが可能になる。

① オペラント条件づけの現象と応用

水族館などでみられる動物の芸の訓練には，オペラント条件づけが用いられている。たとえば，イルカの水槽に特定の音を流し，それに合う芸（行動）をすれば，餌が与えられるということを繰り返す。それによって複数の音に対応する芸（行動）を行う学習が成立する。また，人間の行動も多くがオペラント条件づけによる学習と説明することが可能である。

たとえば，自動販売機でジュースを買う行動は一定の手順に沿って自動販売機を操作するという一連の行動が，その結果，ジュースが得られてのどの渇きが潤うという報酬が得られることによって強化されて，学習されたものと考えることができる。学校の勉強は，テスト結果や卒業の可否などによって強化されたものと考えることができるし，仕事をすることも，昇給や昇格などによって強化されていると考えることができる。

② 部分強化

　ある行動に対して，常に強化し続けるよりも，ときどき強化する方が，学習の成果（学習の完成速度，消去に対する抵抗力など）が高まることが知られている。このような間歇的に強化する方法を部分強化という。部分強化の方法は，強化の割合を行動の回数ごとにしたり，強化の時間間隔をあけたりする。とくに，一定の回数ごとに強化をするときにその間隔を変動させると（たとえば，平均で250回に１回強化をするが，変動するので10回で強化されることも1000回で強化されることもある）行動の頻度を著しく増大させる。これは，ギャンブルにはまってしまう原因の一つであると考えられている。

③ 観察学習

　オペラント条件づけは行動している本人が直接強化を受けることが基本であるが，人間の学習ではモデルとなる他人がある反応や行動を行い，強化を受ける様子を観察するだけで，その反応や行動が獲得されたり，頻度が高まったりする観察学習が生じる。このとき本人ではなくモデルが強化を受けているので，これを代理強化という。

2 記憶とは

　記憶は，私たちの日常生活の場面で絶え間なく用いられており，人間の生活を支えるために不可欠な機能である。ここでは，記憶の働きについてみていこう。

□ 記憶の過程

　記憶に関するさまざまな働きを分解してみると，次のような３つの過程に分けられる（図 4-6）。

① 記銘（符号化）

　記憶の働きの第一番目の過程は，新しいことを覚える「記銘」の過程である。記銘の対象は多様な情報を含んでいるが，すべてを記銘するわけではない。たとえば，会話をしているときに，相手の言ったことを，録音するように一語一句すべて漏らさず覚えるわけではなく，話の内容をおおまかに覚えているだけのことが多い。しかし，印象的な言葉については細かい内容や言い方まで覚えてしまうこともある。

　ただし，記銘という語は，能動的に覚えるという意味合いが強い。たとえば，昨日の晩ご飯のメニューを思い出してみよう。このような日常の記憶は，特に記銘しようとしたのではなく，経験するだけで記憶されている。そこで，多様な内容を含んでいる外界の情報を記憶で

図 4-6　記憶の過程

出所：筆者作成.

きるような情報に選択・変換しているととらえることで，この段階は「符号化」といわれる。

② 保持（貯蔵）

次に，記銘（符号化）された情報を覚えておく「保持」の過程がある。保持についても，能動的に何かを覚えておこうという努力によって記憶が保持されている場合もあるが，覚えておこうと努力したわけでなくても記憶されている場合もある。前述の昨日の晩御飯の記憶は，経験後，保持の努力をしたわけではない。このように自動的に出来事の記憶を覚えておけるという働きに着目して，情報を蓄えていくという意味で「貯蔵」の過程といわれるようになっている。

③ 想起（検索）

保持（貯蔵）された記憶は，「想起」の過程において利用が可能になる。想起によって，保持（貯蔵）されていることが確認されるともいえる。たとえば，多くの英単語を覚えて，試験で問題に答える（覚えた英単語を想起する）場面を考えよう。テストの解答方法が，英単語を自分で筆記するという場合と，選択肢の中から正解を選ぶという場合を比べると，一般に後者の選択肢方式の方が成績がよい。英単語を自分で筆記するように，記憶された内容をそのまま再現する方法を「再生」という。

一方，選択肢から正解を選ぶように，手がかりと記憶された内容を照合することによって想起する方法を「再認」という。保持（貯蔵）されている内容は同じであっても，想起の方法によって利用可能な情報が違うということであり，どのように想起するのかということが記憶の活用には重要である。貯蔵された情報を探し出すという働きに着目して，「検索」の過程ともいわれる。

☐ 記憶の科学的研究のはじまり

記憶の科学的研究を最初に行ったのは，エビングハウス（Ebbinghaus, H.）というドイツの心理学者である。記憶の働きは複雑であり，当時は科学的に検討することは難しいと考えられていたが，エビングハウスは，記憶の働きを単純化して，新しい情報を記憶する現象を実験的

に検証する方法を考案した。彼は既存の記憶されている情報からの影響を最小にするために，アルファベットの子音・母音・子音の組み合わせで構成される意味のない文字列（たとえばCAZ，PIJなど無意味綴りという）を用いた。

　そして，自分自身を被験者として，無意味綴りのリストを読んで記銘し，そのリストを覚えるために必要な反復の回数を指標にして記憶の特性について研究した。科学的な記憶研究を可能にしたという点で大きく評価されるが，一方では複雑な記憶の働きを単純化してしまったことに対する批判もある。

☐ 記憶の種類

　記憶は単一の機能ではなく，さまざまな機能の複合体であることがわかっており，記銘（符号化），保持（貯蔵），想起（検索）の働きの特徴によって，記憶の機能を分類できる。特に保持（貯蔵）されている時間の長さによって，感覚記憶，短期記憶，長期記憶の3つに分けることができる。この区分は保持時間だけでなく，記憶の機能としても質的に異なることが示されている。

①　感覚記憶

　私たちは外界のさまざまな情報について，感覚器官を通じて知覚している。たとえば，視覚では外界の光刺激が網膜上に投影され，その情報をもとに時間的に連続した画像として知覚されている。視覚が時間的に連続していると感じられるのは，非常に短時間だけ画像的な情報が記憶されるしくみがあるおかげだと考えられている。

　このように，感覚モダリティごとに外界から得られた情報をほんの短い時間だけ保持しておく記憶を感覚記憶という。視覚の感覚記憶は「視覚的感覚記憶」（アイコニックメモリ，またはアイコン）と呼ばれる。

②　短期記憶

　私たちの記憶には，保持（貯蔵）しておける時間が短い記憶があり「短期記憶」といわれている（感覚記憶よりは長い）。たとえば，電話帳を見て，どこかに電話をするときに，その番号を一時的に覚えておく場合があてはまる。電話をかけるまで，電話番号を頭の中で（ときには声に出して）反復しながら覚えておくが，電話をかけ終わると，たいていはすぐにその番号を忘れてしまう。

　このように短期記憶は，ほんの数秒程度で忘却してしまう記憶であり，記憶する内容を保持するためには内容を反復する「リハーサル」と呼ばれる行為が必要である。

　また，短期記憶では一度に覚えられる量に限りがある。短期記憶の

図4-7 短期記憶の実験

次のA～Dのそれぞれについて，数字をひとつずつ声に出して読みながら覚えてみよう。各々について読み終わったら，本を見ないで思い出してみよう。

A) 5・8・3・7・1
B) 9・1・8・6・2・0・4
C) 4・9・2・7・1・8・3・5・0
D) 1・8・3・6・9・1・0・5・7・2・4・5

A～Cの数字の個数は7±2の範囲内であるが，Dは範囲外であり，多くの人には覚えることが難しい（個人差がある）。しかし，次のように覚えたらどうであろう。
3桁ずつ区切って，読み上げながら覚えてみよう。

D′) 183・691・057・245

1桁ずつバラバラに覚えるより，このように3桁をまとめた方がはるかに覚えやすい。このようにまとまりをつくることを「チャンク化」という。私たちが電話番号を覚えるときにもこのような手法をよく使っている。

図4-8 ワーキングメモリのモデル

音韻ループ ⟷ 中央制御部 ⟷ 視空間スケッチパッド

音の情報を覚えておく　　ワーキングメモリーの　　位置や形の情報を覚えておく
　　　　　　　　　　　　働きを制御する

容量は，およそ7±2個程度と一定しており，これは覚える内容が数字，単語等どのような材料を記憶する場合であってもほぼ共通していることから，アメリカの心理学者であるミラー（Miller, G. A.）は，7±2個を「不思議な数字（マジカルナンバー）」と呼んだ（**図4-7**）。

③ ワーキングメモリ

短期的な記憶は，直接数字や単語などを覚えるだけの機能ではない。たとえば，321−159といった計算を暗算するときに，元の数値や計算途中の過程を覚えておく必要がある。また，こうして文章を読んでいるときには，文を一度に見ることができないので，文全体を理解するためには，直前に読んだ内容を覚えていることが必要である。このような認知的な作業の途中で用いられる短期的な記憶をワーキングメモリ（作業記憶）（**図4-8**）という。

ワーキングメモリは，一時的な記憶であり，その計算や読みが完了すれば記憶に残らないことが特徴である。前述の短期記憶もワーキングメモリの機能を活用した一例ととらえることができる。

④ 長期記憶

私たちが記憶といった場合には，一時的な記憶である感覚記憶やワーキングメモリではなく，一般的にはもっと長く続く記憶をさすことが多い。その期間は記銘してから，生涯記憶されていることもあれば，ほんの数分から数か月の間だけ思い出せるという場合もある。また，長期記憶は記憶される内容によって多様な性質があることが発見され，さまざまな機能を持つことがわかっている。次に詳しくみていこう。

☐ 長期記憶

　長期記憶を大きく分けると言語的な想起を伴う「宣言的記憶」（陳述記憶）と非言語的な「非宣言的記憶」（非陳述記憶）に分けることができる。宣言的記憶は，エピソード記憶と意味記憶に分けられ，非宣言的記憶は，手続き記憶等が該当する。

①　エピソード記憶

　私たちは刻々と，さまざまな経験をしながら生きており，その経験が記憶されていることによって，円滑に日々の生活を送ることができている。たとえば，朝御飯を食べたこと，昨日洗髪をしたこと，財布はバッグに入れておいたことなど，こまごましたことまで覚えている。しかし，そのほとんどは時間の経過とともに忘れてしまう。たとえば，昨日の晩御飯のメニューは，今日は想起することができるが，1か月後にはできないであろう。

　このような，いつどこで何を経験したかということに関する記憶を「エピソード記憶」といい，想起の際には時間や場所の情報をともなうことが特徴である。時間の経過とともに，ほとんどのことは忘れてしまうが，自分が通った学校の名前や人生の中で印象に残っている大事件（けがをしたこと，結婚したこと，大喧嘩したことなど）については，一生覚えているものもある（自伝的記憶と呼ばれる）。

②　意味記憶

　長期記憶の重要な働きとして，一般的な知識を記憶できることがある。こうして，文章を読んで理解できるのは日本語に関するさまざまなこと（文字，単語の意味，文法など）が知識として記憶されているからである。物を見てその名前がわかるのも記憶の働きによる。

　こうした知識の記憶を「意味記憶」といい，エピソード記憶とは異なる記憶機能であると考えられている。想起する際には，いつどこで覚えたか（経験したか）という情報はともなわない。その情報は人生のどこかの時点で記銘（符号化）したはずであるが，その記憶を使う際には，経験的な情報とは切り離されて一般的な知識として利用可能であることが，意味記憶の特徴である。

③　手続き記憶

　私たちの生活の中では，想起する際に言葉によらない長期的な記憶が多くある。たとえば，自動車や自転車の運転，楽器の演奏，伝統工芸の技など一連の動作として活用される「体で覚えている」というべき記憶がある。このような技能や技術は，それを練習したことによって習得されたものであり，言語化することなく想起されていることが特徴である。このような記憶を「手続き記憶」という。

④　展望記憶

　日常生活においては過去の出来事を覚えておくだけでなく，未来に
起きることを覚えておかねばならないことも多い。たとえば，来週の
月曜日に田中さんとあう約束をしている，昼御飯のあとに薬を飲まね
ばならないなどといった記憶である。このような記憶では，将来に予
定されていることとして記銘した内容を，その約束を果たすべき時点
に想起できないと活用できないことから，エピソード記憶とは少し異
なる性質があり，このような約束や予定に関する記憶を展望記憶とい
う。

□　忘れること

　記憶の働きで非常に重要なのは実は「忘れる（忘却）」ということで
ある。覚えようとしても覚えられない，思い出そうとしても思い出せ
ないという経験をするのは忘却の働きのせいであるが，一方でいやな
ことを忘れられる，間違って覚えたことを訂正できるといったことは
忘却の働きのおかげである。忘却が生じる原因やしくみについては，
大きくふたつに分けられる。

①　減衰説・干渉説

　忘却は，保持（貯蔵）された情報が喪失することによって生じると
考えることができる。時間の経過によって記憶された内容が失われて
いくと考える説を減衰説という。何かを記憶すると**記憶痕跡**が生じ，
それが時間的経過によって消えていってしまうことによって忘却する
と考える。

　一方で，記憶された情報はそれ以前やそれ以降に記憶された情報に
よって影響を受けることで記憶された内容が失われていくと考える説
を干渉説という。過去に記憶した内容が**干渉**することで新たな記憶の
忘却が生じる順向干渉と新たに記憶した内容が干渉することで過去の
記憶の忘却が生じることを逆向干渉という。干渉説は，さまざまな実
験的研究において裏づける証拠が挙げられている。たとえば，前後の
記憶の内容が類似していることによって，より大きな干渉が生じやす
いことがわかっている。

②　検索失敗説

　忘却は，情報が保持（貯蔵）されていても，想起（検索）できないこ
とによって生じると考えることもできる。たとえば，一所懸命に勉強
して受けたテストで，テスト中はどうしても思い出せないことが，テ
ストが終わった途端に思い出せるということがある。また，数年ぶり
に出身の小学校に行くと，それまで1回も想起したことがなかったよ

➡ **記憶痕跡**
記憶することで，その
記憶に対応した痕跡が
脳内にできたために記
憶されているという考
え方に基づく概念。痕
跡とは傷のようなもの
で，忘却は傷跡が治る
よう痕跡が消えていく
ことによって生じると
考える。

➡ **干渉**
池に石を投げてできた
波紋が，先にあった波
紋や後からできた波紋
によって打ち消される
ことにたとえることが
できる。先に保持され
ていた記憶によって干
渉を受け忘却すること
を「順行干渉」，後か
ら記憶したことによっ
て干渉を受けて忘却す
ることを「逆行干渉」
という。

うな小学校の頃の記憶を思い出すことがある。保持（貯蔵）されていても，思い出すことが不可能な場合には，忘れたという現象が生じる。このように的確な情報が検索できないことによって，忘却が生じるという現象がたしかめられており，「検索失敗説」と呼ばれる。

３　考えること・創り出すこと──知能・創造性・思考

1　知能の理論

　知能とは，「頭の良さ」という意味で日常でも使われていることばである。しかし，実は頭の良さを定義することは難しい。心理学で考えられてきた知能の定義も研究者によって異なり，環境に**適応**するための能力という広いとらえ方や，もっと限定的に抽象的思考力に関係する記憶・思考・理解などの能力というとらえ方などさまざまである。ここでは，知能に関する代表的ないくつかの考え方をみていこう。

➡ 適応
環境に適合的に（生命・身体・心理的に危険性を持たない）生活することをいう。

□ 古典的理論
①　2因子説
　スピアマン（Spearman, C. E.）は，多くの人に様々な課題を行わせ，因子分析という手法でその得点の背後にある関係性を明らかにすることで，課題に共通する一般的な知的能力である g 因子（一般知能因子）と課題ごとに特有な s 因子（特殊知能因子）で知能を説明する 2 因子説を唱えた。
②　多因子説
　1つの一般的な知的能力ではなく，領域別の複数の知的能力によって知能を説明する理論を，多因子説という。サーストン（Thurstone, L. L.）は，因子分析を用いた研究で，基本的精神能力（PMA）と呼ぶ「語の流暢性」「言語理解」「空間」「数」「記憶」「推理」「知覚速度」の7因子によって知能を説明する，多因子説を示した。
③　知能の3次元構造モデル
　ギルフォード（Guilford, J. P.）は，情報の入力に関する「所産」，情報の「操作」，情報の出力に関する「内容」の3次元構造によって知能を説明する理論を唱えた。6つの所産（単位，クラス，関係，体系，変換，含意）×5つの操作（評価，収束的思考，拡散的思考，記憶，認知）×

図4-9　ギルフォードの知能の3次元構造モデル

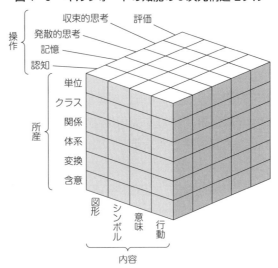

出所：Guilford, J.P.（1956）The structure of intellect. *Psychological Bulletin*, 53, 267-293.

4つの内容（図形，シンボル，意味，行動）の組み合わせである120の因子で理論的には説明される[(2)]（**図4-9**）。

☐ 新しい知能の理論

① CHC理論

　キャッテル（Cattell, R. B.）は，1940年代から一般知能因子（g因子）を2つに分け，知能には新しい場面での問題解決に関する流動性知能（Gf）と，過去の経験や知識による結晶性知能（Gc）に区分する知能理論を提案していた（Gf-Gc理論）。この理論は，知能の加齢現象の説明に合致することが知られていた。その弟子のホーン（Horn, J. L.）は，流動性知能と結晶性知能に加えて，知覚的知能，短期の習得と検索（短期記憶），長期の習得と検索（長期記憶），認知的処理速度，決定速度，量的知識，読み書き能力，聴覚的知能等を加えた拡張Gf-Gc理論を提唱した。

　さらに，キャロル（Carroll, J. B.）は過去の研究データの大規模な再解析を行い，一般知能因子（g因子）を最上層に，中間層に8つの因子（流動性知能，結晶性知能，一般的記憶と学習，一般的視覚認知，一般的聴覚認知，一般的検索能力，認知処理速度，反応時間・判断速度）を，最下層に個別の課題に関する能力因子を配置する3層理論を提案した。3層理論は，データに基づくものであり，モデルの客観性の高さが評価された。Gf-Gc理論と3層理論は類似した構造と内容であり，これらが統合された理論は，キャッテル，ホーン，キャロルの名前をとっ

図4-10　知能のCHC理論

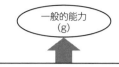

一般的能力
(g)

広範的能力
結晶性知能，流動性知能，視覚処理，聴覚認知，
短期記憶，長期記憶，処理速度，意思決定速度，
読み書き，数量的知識・・・

限定的能力（70種類以上）

出所：McGrew, K. S. (2005) The Cattell-Horn-Carroll theory
of cognitive abilities: Past, present, and future. In
Flanagan, D. P., Genshaft, J. L. and Harrison, P. L. (eds.),
*Contemporary intellectual assessment: Theories, tests,
and issues*, Guilford, 136-182.

てCHC理論（Cattell-Horn-Carroll theory）と呼ばれる。CHC理論に
ついては，g因子が存在するかどうか，中間層にどのような内容を含
めるべきなのかという点に議論があるところであるが，多くの**知能検
査**に影響を与えている[3]（図4-10）。

②　ガードナーの多重知能理論

　ガードナー（Gardner, H.）は，それまでの知能研究が対象としなか
った領域を含めて，多様な内容を含む多重知能理論を提案した。多重
知能理論には，言語的知能，論理-数学的知能，空間的知能，音楽的
知能，身体-運動的知能，対人的知能，個人内知能，博物的知能が含
まれている。美術，音楽，スポーツ等と関係する能力と社会生活に求
められる対人的関係に必要な能力が含まれており，実践的に受け入れ
やすいものであるが，知能の全体像という点では実証が難しいという
問題もある。

□　知能の個人差の測定

①　ビネー・シモン式知能検査

　フランスにおいて，公教育が発展し，学習不振により教育上の支援
が必要な子どもを鑑別することが必要となり，そのための検査の開発
を依頼されたビネー（Binet, A.）らは，最初の個別式の知能検査であ
るビネー・シモン式知能検査を開発した。この知能検査は，あらかじ
め各年齢（暦年齢）の子どもにさまざまな課題を行わせた結果をもと
に，暦年齢の段階に応じた難易度の問題で構成された。子どもが解け
た問題の年齢段階を「精神年齢」として，知能の程度が表される。

▶知能検査
知能の定義やモデル化
と同時にそれを反映し
た測定方法が「知能検
査」として開発されて
いる。知能検査は，人
間の知的機能のすべて
を測定可能なわけでは
なく，その方式におい
て定義された知能観を
反映したものであるこ
とに注意しなければな
らない。知能検査はそ
の実施方法によって1
対1で行う個別式知能
検査と集団的に行う集
団式知能検査に分けら
れる。

ビネー・シモン式知能検査は，各国に持ち込まれ，翻訳版が作成された。日本では，田中ビネー式知能検査や鈴木ビネー式知能検査が開発されて利用されている。アメリカでは，ターマン（Terman, L. M.）によってスタンフォード・ビネー式検査が開発され，精神年齢だけでなく，生活年齢と対比することで得られる知能指数（IQ）による評価が導入された。

　　知能指数（IQ）＝精神年齢／生活年齢×100

　しかし，発達途上である児童期までは，IQ によって生活年齢に応じて対応すべき課題を示すことができるが，生活年齢が大きくなる青年期以降ではこのような知能指数の算定方法では評価が難しい。そこで現在の知能検査では，あらかじめ知能検査を大人数に行い収集したデータから年齢層ごとの分布（平均と散布度）を明らかにし，検査を受検した個人の成績をその分布上の位置によって知能程度を表す「知能偏差値」や「偏差知能指数（偏差IQ）」といった指標が用いられている。

②　ウェクスラー式知能検査

　ウェクスラー式知能検査は，アメリカのベルビュー病院でウェクスラー（Wechsler, D.）が病院において患者の診断を目的として開発した検査がもとになって発展してきた個別式知能検査である（1939年：ウェクスラー・ベルビュー知能検査）。その後，ウェクスラー式知能検査として，成人を対象とした WAIS（ウェイス：Wechsler Adult Intelligence Scale），児童を対象とした WISC（ウィスク：Wechsler Intelligence Scale for Children），幼児を対象とした WPPSI（ウィプシ：Wechsler Preschool and Primary Scale of Intelligence）と対象年齢別の検査が開発されて現在に至っている。日本語版も開発されており，広く普及している。

　ウェクスラー式知能検査は，複数の下位検査から，知能の領域ごとの個人差を評価できることが特徴である。WAIS と WISC では，第3版までは全検査 IQ とともに，言語性 IQ と動作性 IQ を示すようになっていたが，第4版以降では全検査 IQ および言語理解，知覚推理，ワーキングメモリー，処理速度の4つの指標によって領域別の知能を評価できるようになっている。

2　創造性

□ 創造性とは

　人の日常における多くの思考はそれまでに経験したことや記憶したことをそのまま活用していることも多い。しかし，人の思考には，新

しいものを生み出す創造性があることが大きな特徴である。創造性は知的能力の重要な要素であるが，知能検査で測定される能力とは異なる能力であると考えられる。

　ギルフォード（Guilford, J. P.）は，過去の経験や知識から 1 つの答えを探す「収束的思考」と多面的なアイデアを出していく「拡散的思考」の 2 つの思考方法を示し，拡散的思考が創造性に関連しているとした。また，ウェルトハイマー（Wertheimer, M.）は，過去の経験や知識を直接的に活用している思考を「再生的思考」，新しい発想が得られる思考を「生産的思考」に分類した。ケーラー（Köhler, W.）は，チンパンジーの研究から，問題を解決する方法には，さまざまな方法を試して解決方法を探していく「試行錯誤」だけではなく，新しい解決法がひらめく「洞察」による解決があることを示した。しかし，新しいことを考え出そうとしても洞察に至らず，行き詰まってしまうことも多い。創造性は，過去の経験や知識が妨害することもあり，それを突破して新しい見方をする必要がある。

コラム 3　　思考に関する問題

①　写真のもの（ろうそく・マッチ・輪ゴム・画びょう）を使って，図のようにろうそくを垂直方向に木製のついたてに固定して火をつける方法を考えてみよう。

②　下の図のような 9 つの○をひと筆書きで 4 本の線分を使って結んでみよう。

○　○　○

○　○　○

○　○　○

③　A：2・4・6　　B：8・10・12
　　C：16・18・20

　A・B・C の数列はある同じ規則に従って並んでいる。次の各数列がこの規則に合っているかどうか判断してみよう。

(1)　6・8・10　　(2)　1・3・5

(3)　1・5・8

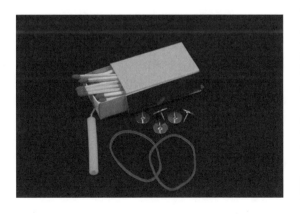

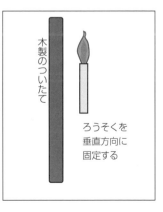

木製のついたて

ろうそくを垂直方向に固定する

❏ 知識が創造的な思考を妨げる例

　ここを読む前に，前頁の［コラム3］の思考に関する問題①〜③を解いてみてほしい。

　①では，マッチの中身を出して，中箱をついたてに画びょうで固定して，ろうそくの台とすればよい。しかし，マッチ箱はマッチの入れものであり，ろうそくの台として用いる発想は思いつきにくい。本来の物の機能や用途の知識にこだわってしまい，別の使い方を思いつく発想に至らないことを機能的固着という。

図4-11　②の答え

　②では，図4-11のようにはみ出して線をむすぶ必要がある。しかし，9点を見ると正方形に体制化することで，そこから外にはみ出すという思いつきを阻害しやすい。

　③では，A〜Cの例を見ると「偶数で2ずつ増加する」数列に見えることから，そのルールを確信して適用しやすく，(1)以外はルールに反していると考えやすい。しかしA〜Cのルールを「単に増加する」数列と考えるならば，(1)〜(3)はすべてルールに合っているといえる。いったん「偶数で2ずつ増加する」という法則性に確信を持つと，別の法則性には気づきにくい。このようにある仮説を持つことで，それ以外の仮説の検証が行われなくなる思考の偏りを確証バイアスという。

③　思考と認知バイアス

❏ 思考とは

　思考とは「考えること」であるが，外界の情報や状況を把握して分析し，判断を行ったり，推理したりする高度な知的機能である。

　日常の場面では，必ずしも十分な情報がない場面でも思考・判断し，答えとしての行動を決めないといけない場面も多い。しかし，そのような場面で，人はいつも合理的，論理的に思考できるわけではなく，一定の偏り（バイアス）があることがわかっている。

❏ ヒューリスティックとプロスペクト理論

　数字4桁のパスワードを忘れてしまったとき，0000から9999まで10000通りの組み合わせを試していけば，必ず正解にたどり着く。このように必ず正解にたどり着く論理的な思考の方法をアルゴリズムという。しかし，この方法は解決に時間がかかってしまうことが多い。おそらく多くの人は，記憶の中で思いつく番号やよく使いそうな番号など経験に基づいて，いくつかの番号を試してみるだろう。この方法は，当たっていれば素早く正答にたどり着くが，外れていれば全く正

答にたどりつけない。人の思考方法の特徴は，このように経験則や直感に基づき問題を解決しようとすることであり，このような思考方法をヒューリスティックという。

コイントス（コインを投げて表・裏を当てるゲーム）をして，5回連続で裏が出ているとき，次は表・裏のどちらが出そうだと考えるだろうか。論理的には，表・裏の出る確率は毎回同じでそれぞれ2分の1であり，毎回の表裏の出る確率は独立しているにもかかわらず，ずっと裏が続いたから，次こそは裏と考える人が多い（ギャンブラーの誤謬という）。このようによくありがちだと直感的に感じることに基づいて判断や選択をすることを「代表性ヒューリスティック」という。

たとえば，飛行機が墜落すると，しばらくは飛行機を利用するのを控え，自動車で移動した方が安全だと考える人が増えるという。しかし，確率的には飛行機事故で亡くなる確率は極めて低い。この現象は多くの報道がなされ，想起しやすい状態になることで，航空機事故が生じる確率が高く見積もられることによると考えられている。このような思い出しやすいことは起こりやすいと判断する傾向を「利用可能性ヒューリスティック」という。

カーネマン（Kahneman, D.）らは，こうしたヒューリティックに関する研究を行い，このようなヒューリスティックの特性を経済学において活用したプロスペクト理論を提唱した。従来，損得は同額であれば等価に取り扱うのが合理的な判断であり，経済学では人は合理的に判断すると考えられていたが，この理論では，実際の判断としては，利得が生じるときはその利益を確保する安全志向になり，同額の損失が生じるときには失敗のリスクが高まっても損失を取り戻そうとする偏りが生じていることを示した(4)。この研究を契機に，経済現象において実際の人間の思考や行動の特徴を取り入れて理論化する行動経済学の分野が生まれ，カーネマンはこの功績によりノーベル経済学賞を受賞した。

❏ さまざまな認知バイアス

思考や判断に対して一定の偏りや誤りを生じさせる傾向を，認知バイアスという。機能的固着，確証バイアス，ヒューリスティック以外にも，多くの認知バイアスが発見されており，思考，意思決定，判断等に影響を与えていることがわかっている。

①　係留と調整のヒューリスティック

はじめに与えられた情報によって後で提示される情報の判断が影響されることである。たとえば，最初に高価な商品か安価な商品かいず

れが示されるかによって，その次に示される中間価格の商品への評価
や判断が影響される。

② フレーミング効果

同じ現象を記述していても，表現や状況によって評価や判断が異な
ることである。

たとえば，「毎月の乳がん検診を受けると早期のがん発見ができます。
乳がん検診を受けましょう」という誘いを行うときの説明として，
Ａ：「毎月5分間の時間を検診に使うと，健康が得られます」と，
Ｂ：「毎月5分間の時間を検診に使わないと健康を失います」では，
Ｂの方が受診行動につながりやすい。行動の目標の方向にあった行動
が選択されやすいため，乳がん検診では損失回避に着目するほうが選
択されやすいと考えられている。

③ 偽の合意効果（総意誤認効果）

自分や自分たちが考えていることは多数派であり，実際よりも多く
の人が同じ考えを持っているという錯覚を持つことである。たとえば，
プラカードを持って歩き回るといった実行を躊躇するようなことにつ
いて，「自分はできる」と回答した人たちは，「自分はできない」と回
答した人たちよりも，「できる」と回答する人の割合を推定したとき
の値が大きくなる。

④ 透明性の錯覚

自分が知っていることや感情状態といった内的な状態が，実際以上
に他人に明らかになっていると過大評価する傾向のことである。たと
えば，参加者に複数の人の前でうそをつくように求め（例：実際と味
の違う飲み物を他人にわからないように飲む），その後，何人にそのうそ
が見透かされたと思うかたずねたところ，実際に見破った人数よりも
過大評価する傾向がある。

⑤ 後知恵バイアス

スポーツや選挙等で勝敗が決した後に，「最初から予測していた」
と主張する人がいる。後知恵バイアスとは，結果を知ったあとに，そ
れが最初から予想できていたかのように考えてしまう傾向のことであ
る。

⑥ 正常性バイアス

自分に都合が悪いことについて，自分には生じない，自分だけは被
害にあわないといった，自分に生起する確率について過小評価するこ
とである。自然災害や事故・事件，病気などについて，「自分だけは
大丈夫」という考えが当てはまる。

○注

(1)　佐々木正人（1994）『アフォーダンス──新しい認知の理論』岩波書店.

(2)　Guilford, J. P.（1956）The structure of intellect. *Psychological Bulletin*, 53, 267-293.

(3)　McGrew, K. S.（2005）The Cattell-Horn-Carroll theory of cognitive abilities: Past, present, and future. In Flanagan, D. P., Genshaft, J. L. & Harrison, P. L.（eds.）, *Contemporary intellectual assessment: Theories, tests, and issues,* Guilford, 136-182.

(4)　カーネマン，D.／村井章子訳（2012）『ファスト＆スロー（下）』早川書房.

(5)　Mayerowitz, B. E. & Chaiken, S.（1987）The Effect of Message Framing on Breast Self-Examination Attitudes, Intentions, and Behavior. *Journal of Personality and Social Psychology*, 52(3), 500-510.

(6)　Ross, L., Greene, D. & House, P.（1977）The "false consensus effect": an egocentric bias in social perception and attribution processes. *Journal of Experimental Social Psychology*, 13, 279-301.

(7)　Gilovich, T., Savitsky, K. & Medvec, V.（1998）The illusion of transparency: Biased assessments of others' ability to read one's emotional states. *Journal of Personality and Social Psychology*, 75, 332-346.

○参考文献

箱田裕司・都築誉史・川畑秀明・萩原滋（2010）『認知心理学』有斐閣.

厳島行雄・横田正夫編（2014）『心理学概説──心理学のエッセンスを学ぶ』啓明出版.

■第5章■
個人と社会

① 人と環境

☐ 環境への適応

　人間も含めてあらゆる生物は，自分の生きている環境に適応することで生命を維持し，子孫を残そうとする。環境の持つ特徴が比較的長い間，その生物の世代を超えて維持されている場合には，生物はその環境に適応するための能力や特徴を遺伝的・生得的に身につけて生まれてくる。私たちが生まれつき酸素を取り入れて二酸化炭素を排出すること，前章でみたように光や音を通じて環境を感じ取り，理解し記憶することなどは，私たちが暮らしている地球上の環境に適応するために遺伝的に受け継いできた能力である。

　一方，比較的短い間に変化するような環境への適応を遺伝的・生得的に行うことは合理的でないため，私たちは経験によって新しい行動を身につけたり，それまでの行動を変化させたりすることで，刻々と変化する環境に適応しようとする。私たちは，経験による行動の獲得・変化のしくみである学習の基本的なシステム（前章）を生得的に持っており，それを駆使して環境に適応できる自分を柔軟に形成し，環境の変化に応じて柔軟に変化していくのである。

☐ 物理的環境と社会的環境

　私たちが適応しなければならない環境にはふたつの側面がある。ひとつは，私たちをどのようなものが，どのように取り巻いているかという物理的環境である。温度や湿度，気象や生態系がそれであるし，居住環境や都市環境など人工的な環境もそれに含まれる。私たちは地球の基本的な物理的環境には生得的に適応しているが，そうした環境の季節や時間による変化や，新奇な環境，人工的に変容していく環境への適応には，学習も大きな役割を果たしている。

　環境のもうひとつの側面は，社会的環境である。生物の中でも人間を含めた高等な動物では，同種の他の個体つまり他者との関係が生存や種の保存に大きく影響する。そうした他者との関係，自分をどのような他者が取り巻き，それらの他者とどういう関係が生じているかが社会的環境であり，私たちが生きるためにはそうした社会的環境への適応がとても重要である。現代社会では社会的環境への適応が直接に生存の可否につながることは少ないが，人が自立して生き，楽しく気

持ちよく過ごすために，社会的環境への適応が欠かせないことはいうまでもない。

◻ 適応を支える人格と社会的行動

　社会的環境は私たちが実際にどのような人々と接し，関係を持つかによって大きく異なるし，生涯を通じてさまざまに変化していくので，私たちはもっぱら経験による学習を通じて自分を取り巻く社会的環境に適応していく。そうした社会的環境への適応の姿がもっともはっきり現れるのが，その人の人格・性格であるし，その人が他者や社会に対して示す行動（社会的行動）である。あとで述べるように，人格・性格は，その人がそれまで経験してきた社会的環境と，そうした環境へのその人独自の適応のあり方が集積されたものだし，社会的行動は，その人を今取り巻いている社会的環境への適応の現在進行形の姿であるといえる。この章では，そうした人格・性格と社会的行動を通じて，人の社会的環境への適応のあり方を浮き彫りにしていきたい。

2 人格・性格

◻ 個人差をとらえる

　心理学にはさまざまな分野やテーマがあるが，大きく分けて，すべての人にあてはまる心の働きや行動の法則を見出そうとする研究（法則定立的研究）と，一人ひとりの人間のあいだにみられる違いや個性を明らかにしようとする研究（個性記述的研究）とがあり，知覚や認知，学習などを扱う心理学は法則定立的研究の性質がつよい。

　いっぽう，個性記述的研究がとらえようとするのは人間一人ひとりの違い，つまり個人差であり，そうした研究が対象としてきた2つの大きな領域として，ひとつには知能（前章）があり，もうひとつに人格・性格がある。ここでは人格・性格に関わる心理学についてみていこう。

◻ 人格・性格とは何か

　私たちの行動には，個人を超えた共通性がある一方で，一人ひとりに独特の個性的なパターンがある。そうした個性的な行動パターンには一定の持続性があって，短い間に大きく変化したりはしないようにみえる。こうした事実を私たちは「ひとがら」あるいは「**人格**」「**性格**」

➡ 人格

性格と，性格を生み出す生物学的・心理学的なシステムの全体を表すことば。パーソナリティともいう。

➡ 性格

人の行動に現れる，個に独特の持続的なパターンで，他者から観察できるものをいう。

といったことばで表現している。心理学でいう人格や性格も，こうした「個人が示す個性的で持続的な行動のパターン」や「行動パターンに見られる個人差」をさし示すものである。

　オールポート（Allport, G. W.）が人格（パーソナリティ）を「個人の内部で，環境への彼特有な適応を決定するような，精神物理学的体系の力動的機構である」と定義したことからもわかるように，人格や性格はその人のそれまでの適応のあり方の集大成であると同時に，現在の環境や将来の環境へのその人特有の適応のしかたをつくりだしていく働きを持つ。ある人が，がまん強いかそれともあきらめが早いかは，それまでの人生における適応のあり方によって変わってくるし，同じような試練に直面したときにどのような行動を通じて適応しようとするかは，その人のがまん強さによって異なってくるだろう。

　こうした個人差を示すことばには人格，性格，気質などさまざまなものがあるが，心理学では人の行動に現れてくる個人に独特の持続的なパターンそのもの，私たちの目に見える個人差そのものを性格と呼び，性格を生みだしている遺伝や環境のシステム全体をさして人格（またはパーソナリティ）と呼んで区別することがある。また「気質」ということばは人格・性格のうち遺伝の影響が強く，出生直後からみられるような個人差をさして用いられることが多い。本章ではこれらをまとめて人格と呼び，特に必要なときだけ性格，気質といったことばを用いることにする。

☐ 人格の形成と変化

　人格は，遺伝と環境との複雑な相互作用によって形成される。人格が遺伝の影響をかなり受けることは古くから知られており，最近では行動遺伝学の発展により人格への遺伝と環境それぞれの影響力や，遺伝と環境の相互作用のすがたがかなり明らかになってきている。

　新生児にもすぐ泣く子と泣かない子，神経質な子とおとなしい子がいるように，人格のある一定の領域が生得的・遺伝的に定まっていることは間違いない。こうした刺激への反応性や神経質傾向だけでなく，心の働きのテンポなども遺伝の影響を受けやすいとされており，これらの領域を気質と呼んで人格全体と区別することがある。ただし気質の個人差が正常の範囲内である場合には，それが単独で行動に大きく影響するのは新生児の時期に限られ，乳幼児期以降は気質と母子関係や家庭環境などの環境要因とが複雑に絡み合って人格が形成されていく。気質や遺伝の影響は人格の重要な材料であるが，それが人格となってその人の適応を左右していくためには，環境と相互作用すること

が必要なのである。

　環境が人格に与える影響は非常に多岐にわたるが，大きな影響を与えるのが社会的環境のありさまであることは疑いがない。以前は子ども時代の家庭環境・養育環境，親のしつけなどが人格形成に与える影響が非常に大きく見積もられていたが，最近では子どもの人格がそうした親子関係以外の友達関係，幼稚園や学校での環境などにも大きく影響されることがわかっている。また人格形成については幼児期から青年期を特に重視する傾向が強かったが，最近では成人期以降の環境もさまざまに人格を左右すると考える方向に変わってきている。人格の形成は一生続くのである。

　人格の要素のうち遺伝的・生得的な要素は一生変わらないが，環境によって形成された人格や，遺伝と環境とが相互作用して形成された人格は，環境の変化に応じて変化するという特徴を持っている。そうした人格変化には，大きなライフイベントや対人関係の変化によって生じ，もう元に戻らないような変化（人格変容）と，日常的な生活環境の移動によって生じ，環境が元に戻れば人格も元に戻るような変化（多面人格）とがある。不良少年が結婚して心を入れ替えるような場合が人格変容であり，家では不機嫌な高校生がバイト先では愛想よく接客するような場合が多面人格である。

　人格変容も多面人格も，環境の変化と人格の変化が連動していること，人格が変化しても自分が自分であるという意識（自我同一性）が維持されていることから，健康な人格変化といえる。病的な人格変化である多重人格（解離性同一性障害）は，環境の変化がなくても人格が変化すること，自我同一性が維持されないことから異常であり，健康な人格変化と区別される。

❏ 人格をとらえる枠組み

　人格と適応との関係を心理学的に理解するためには，人格をとらえ，記述する枠組みが必要である。人格をとらえる枠組みは，大きく**類型論**と**特性論**の二つに分けることができる。

　類型論は，たくさんの人々の人格をいくつかのタイプ（類型）に分け，個人をそうしたタイプのいずれかに当てはめることで性格を記述しようとする考え方である。人格の類型論には，人の外見や体格など人格そのものではないものの個人差から人格をタイプ分けしようとするものと，行動に現れる人格そのものをタイプ分けするものの2種類がある。クレッチマー（Kretschmer, E.）の体格による人格類型や，広く信じられている血液型性格判断などは，体格や血液型など人格とは

➡ 類型論
個人の人格を，あらかじめ用意したいくつかのタイプ（類型）にあてはめることでとらえようとするとらえ方。

➡ 特性論
個人の人格を，人格を構成する細かい構成要素（人格特性）の組み合わせからとらえようとするとらえ方。

別の要因から人格を類型化しているが，このような類型論は現在の心理学ではあまり根拠のないものとみなされることが多い。

　一方，人格そのものをタイプ分けした類型論のひとつにタイプＡ性格がある。タイプＡ性格とは，心筋梗塞などの血管疾患にかかりやすい人の性格タイプであり，タフで活動的，短気，競争心や攻撃性などに特徴づけられる。タイプＡ性格の考え方は，医療の現場で血管疾患の予測や予防に広く活用されている。

　特性論は，類型論のように人をタイプ分けするのではなく，人格を細かい構成要素（人格特性）に分解して，それぞれの特性を持っているかどうか，どのくらい持っているかから人格を記述しようとする枠組みである。太郎君は明るく活動的だが衝動的なところがある，次郎君はおとなしくて内気だが謙虚である，というときの明るい，活動的，衝動的，おとなしい，内気，謙虚などがそれぞれ人格特性にあたる。特性論的な人格記述においては，どれだけの数の人格特性を，どのように組み合わせれば人格をきちんと記述できるのかについて長い間議論があり，統一されていなかった。しかし最近ではビッグファイブと呼ばれる５つの領域からまんべんなく人格特性をとらえれば，人格をうまく記述できるという考え方が定着している。ビッグファイブの領域としては「外向性」「協調性」「誠実性」「情緒安定性」「開放性」が挙げられることが多い。

　類型論は主にヨーロッパで，特性論は主にアメリカで発達し，特に特性論は量的・統計学的な分析やアセスメントの開発に直結したため，20世紀後半の心理学で非常に発達した。一方で類型論が心理学の中で真剣に検討されることは少ない。しかし人格を全体的・質的にとらえる類型論にも長所が多く，見直しの気運も高まっている。

❑ パーソナリティ・アセスメント

　前節で述べたような枠組みを用いて，臨床場面や教育上，福祉上の目的で個人の性格を把握する営みのことを**パーソナリティ・アセスメント**と呼ぶ。パーソナリティ・アセスメントには大きく分けて観察法，実験法，検査法（テスト法）の３つの方法がある。観察法は日常場面または臨床場面での個人の行動を観察することを通じて人格を把握しようとする方法である。現実場面で観察する点で妥当性（本当に人格がわかること）は高いが，観察者の能力や手続きによって信頼性（アセスメント結果がフラフラしないこと）が低くなりやすいのが欠点である。実験法は実験的な手続きを通して人格を測定しようとするもので信頼性は高いが，実験で本当に人格がわかるかという点で妥当性に疑問が

➡ パーソナリティ・
アセスメント

人格をとらえるための
具体的な手続きのこと。
観察法，実験法，検査
法に分類されるが，も
っとも代表的なのは性
格テストなどの検査法
である。

生じやすい。

　パーソナリティ・アセスメントでもっとも多用されているのが，なんらかの検査やテストを通じて人格を測定しようとする検査法（テスト法）である。検査法の中でも特に普及しているのが質問紙法で，紙に書かれた多数の質問に答えさせて，その解答を集計することでその人の人格を明らかにしようとする。YG性格検査，MMPI，エゴグラムなど一般的な性格検査はすべて質問紙法にあたる。質問紙法は手軽で時間が節約できるうえに，手続きが標準化されているため，実施者や採点者の違いによる結果のフラつきがなく信頼性が高い。一方で読み書きを媒介するために対象者の言語能力に依存すること，測定意図がわかりやすいために自分をよく見せようとするウソの解答が増えることなど，妥当性には問題点が指摘される。

　検査法のもうひとつのタイプが投影法である。投影法では，人によって違う意味に解釈できる図形や絵画，文章などを示して，それがどのように解釈されるかの個人差から人格を把握しようとする。インクでつくった無意味な模様が何に見えるかから人格を把握しようとするロールシャッハ・テストや，絵画を見せて物語をつくらせるTAT（絵画統覚検査），マンガの吹き出しに文章を記入させるPFスタディなどが代表的なものである。投影法検査では測定意図がわからないためウソの反応ができにくいこと，本人が意識していない無意識の人格まで測定できると考えられることから，心理臨床の場面で多用される。しかし，投影法検査の妥当性や信頼性については疑問が多い。

　人に何かの作業をさせて，その作業経過から人格を把握しようとするのが作業検査法で，現在では内田クレペリン精神検査だけが実用されている。内田クレペリン検査では一桁の足し算を休憩もはさんで30分間行わせ，計算の作業量の変化パターンから人格を測定しようとする。作業検査法は職業への適性や不適格などを判定するのには役立つが，人格全体のアセスメントとしては不十分と考えられることが多い。

❏ パーソナリティ障害

　人格は人によって本当にさまざまであり，また個人内でもさまざまに変化するが，そのありさまがその人を取り巻く環境に適応的である限りは健康な人格といえる。たとえば詐欺師が嘘つきであることは健康であるが悪い人格だといえる。しかし人格のあり方や変異がその人自身の適応を大きく阻害している場合や，本人にとっては適応的でも周囲の人びとに大きな苦痛や面倒を引き起こしている場合には，健康な人格とはいえず，**パーソナリティ障害**と呼ばれる。パーソナリティ

➡ パーソナリティ障害

人格の変異や偏りが，その人自身や周囲の人びとの適応を阻害するほど大きい場合をさす。反社会性パーソナリティ障害，自己愛性パーソナリティ障害，境界性パーソナリティ障害などの種類がある。

障害には妄想性パーソナリティ障害，反社会性パーソナリティ障害，自己愛性パーソナリティ障害，境界性パーソナリティ障害，依存性パーソナリティ障害などがあり，精神神経科的な治療や心理臨床の対象となっている。

③ 他者と集団

☐ 他者と社会的行動

　私たちの多くは，ひとりでいるときと他者と一緒にいるときとでは違った行動をしているし，他者と一緒にいる場合でも，誰と一緒にいるか，どのような場面で一緒にいるかに応じて行動はさまざまに変化する。こうした変化は，私たちが他者と一緒にいる状況（社会的状況）に適応するために生じるが，心理学では社会的状況における人間の行動を特に社会的行動と呼んで，社会的行動を生み出すさまざまな要因を明らかにしてきた。

　社会的行動の基礎には，私たちが他者と一緒にいたい，他者とよい関係をつくりたいと願う社会的欲求がある。人類は進化の過程で出現した時点ですでに集団生活を送っていたことから，こうした基本的な社会的欲求は生得的なもので，遺伝的に伝達されていると考えられる。しかし，そうした欲求が個人のレベルで実際にどのような社会的行動につながるか，他者に受容され，よい関係をつくるために具体的にどのような行動をとるかは，その人の生きてきた環境と経験によって定まる。その点で，社会的行動には大きな個人差がみられ，それは個人の人格のありかたとも深く結びついている。

☐ 社会的認知

　社会的状況に適応するためには，そこにいる他者がどのような人で，何を感じ何を意図しているかをとらえること，すなわち社会的認知が重要である。社会的認知のヒントのひとつは，その人の外見や属性である。私たちは相手の表情や顔色から感情を読み取るだけでなく，相手の外見や体格から相手の性格や気質をある程度推測することができるし，教師である，警察官である，長野県出身であるといった属性からも，その人の性格を推測する。

　このように外見や属性からその人の性格を推測する働きをステレオタイプという。ステレオタイプは必ずしも正確な推測にはつながらな

いし，それが人種や社会的階層などと結びつくと偏見を生み出すが，私たちの社会的認知を効率化したり，対人関係の不安を低減したりする機能を持っていると考えられる。最近ではそうした性格の認知が，これまで考えられていたよりも意外に正確であるという報告も増えている。

　他者の行動を観察して，その人の行為を引き起こした原因や行為者の意図を推測する働きを帰属過程といい，これも社会的認知の大切な要素である。一般に，その行為が場面や状況において常識的なものであるときより，特異であったり場にそぐわなかったりしたときのほうが，行為の原因は行為者の意図や人格に帰属されやすい。しかし，場にそぐわない行動でも，その行動をせざるをえない事情についての情報があると，その行動は行為者に帰属されにくくなる。

　また，同じ場面の同じ行動でも，行為者自身はその原因を場面や状況に帰属しやすく，行為の観察者は行為者の人格や意図に帰属しやすいことが知られており，基本的帰属錯誤と呼ばれる。学校に遅刻したとき，遅れた本人は「お弁当ができなかった」「電車が遅れた」などといいわけするが，クラスメートは「やる気がないな」「だらしない性格だな」などと思いやすいのはその例である。

❏ 対人関係の認知

　自分のまわりの他者と自分との，あるいは他者のあいだの対人関係の認知も，社会的行動に大きく影響する。ウィッシュ（Wish, M.）らは，われわれの対人関係の認知は「友好的か競争的か」「対等か非対等か」「親密か表面的か」「情緒的か課題志向的か」の4つの次元からなるとしている。

　自分が好きな歌手も親友も好んでいるような場合，自分，親友，歌手の三者関係はバランスがとれているが，親友がその歌手を嫌っているような場合は，バランスがとれていない。ハイダー（Heider, F.）のバランス理論によると，そうした三者関係のバランスがとれなくなると，自分もその歌手を嫌いになる，親友にその歌手を好きになるよう働きかける，あるいはその親友との交際を控えるなど，バランスを取り戻すための行動が起きて，ときには対人関係が大きく変化することが予想される。

❏ 態度と態度変容

　他者の存在は，私たちの考えや意見にも影響する。特定の人や対象に対する評価や考え，感情などを態度と呼ぶが，態度は他者からの説

得的な働きかけによって変化したり，しなかったりする。環境保護に興味のない人でも，他者から粘り強く説得されれば，環境保護を意識して環境にやさしい行動をとるようになったりするかもしれないし，いくら説得されても態度が変化しない場合もあるだろう。社会的な働きかけによる態度の変化を態度変容と呼び，説得のしかたと態度変容との関係については古くから研究が行われている。

　態度変容の生じ方は，説得的なコミュニケーションを誰が，どのように行うかによって大きく異なる。一般に，魅力的な人，社会的地位の高い人，専門家などが説得を行うほうが，そうでない場合より態度変化の度合いは大きくなる。広告などにタレントや大学教授などが起用されやすいのはそのためである。また，被説得者（説得される人）がよく知らないテーマでは，説得に都合のよい情報だけを示すほうが説得の効果が上がりやすいのに対して，よく知っているテーマでは説得に都合の悪い情報も正直に伝えたほうが説得しやすくなる。怖がらせて説得すること（恐怖喚起メッセージ）はよく用いられるが，逆効果になることも多いとされる。

　大きな態度変容を引き起こしたいときには，小さなことからだんだん大きなことへと説得していく段階的説得と，最初に大きな要求をして徐々に譲歩していく譲歩的説得があり，被説得者が拒否していることでは段階的説得の効果が，被説得者がある程度受け入れていることでは譲歩的説得の効果が大きい。宗教団体への勧誘が最初から改宗や洗礼を求めるのではなく，茶話会やレクリエーションへの参加などからはじまるのは段階的説得の例である。態度変化を引き起こすためには，自分の態度と異なる意見をいわせたり，異なる行動をとらせたりすること（役割演技）も有効である。サークルの新入部員に勧誘活動をさせたり，新しく入信した信者に布教活動をさせたりすることは，態度の変化を確実にするために役立つ。

　態度変容が生じるのは，私たちが自分の心の中に矛盾した要素を持つことを不快に感じ（認知的不協和），矛盾をなくすように態度や行動を変化させようとするからだと考えられている。上の例でも，自分が信じていない宗教に誰かを勧誘することは矛盾しているため，自分の信仰を強めることで勧誘する行動との矛盾を解消しようとするのだと考えることができる。

☐ 対人魅力

　態度の中でもっとも強力で，社会的行動への影響が強いのが他者を好きになったり嫌いになったりすること，つまり**対人魅力**の働きであ

➡ 対人魅力
特定の他者に魅力や好意を感じるようになること，あるいは特定の他者に嫌悪や敵意を感じるようになることをいう。

る。一般に私たちは，外見の美しい人をそうでない人より好みやすく，そうした傾向は幼児にもみられる。しかし成人では外見と好意との関係は個人差が大きいし，自分の外見とある程度釣り合った相手を好きになる傾向もみられる。また，態度の面では自分と似ている人を，性格面では自分と相補的な（補い合う特徴を持つ）人を好きになる傾向があるし，自分を好きになってくれる人を好きになるのも一般的な事実である。

　対人魅力は相手との関係によっても強められる。ザイアンス（Zajonc, R. B.）は，日常的に接しているだけで好意が強まることを示して単純接触効果と呼んだ。隣で仕事をしているうちに情が移る，といった現象がそれである。また，感情や不安が高まった状態で他者と一緒にいると，その他者への好意が強まることも知られている。遊園地のジェットコースターやお化け屋敷，ホラー映画や墓地などがデートの定番コースになるのは，そうした場所が引き起こす恐怖心が異性の魅力を強めることが漠然と知られているからである。

　ダットン（Dutton, D. G.）とアロン（Aron, A. P.）の「吊り橋実験」（本書第 3 章第 4 節参照）では，吊り橋を渡った直後の男性は，そこで出会った女性に好意を持ちやすかった。これは吊り橋を渡ることで生じた恐怖感を異性の魅力による興奮と錯誤帰属したことによる。感情や不安によって生じる好意はそうした錯誤帰属の産物だったり，不安によって高められた親和欲求（人と仲良くなりたい欲求）の産物であったりする。

　対人魅力が生じる基本的なしくみはレスポンデント条件づけだと考えられている。楽しさやうれしさ，安心などと特定の他者が対提示されることで，その感情が他者に条件づけられることが，好意の源泉である。外見的な美しさや日常的な接触，不安の低減などが引き起こす肯定的な感情がその与え主に条件づけられるから，人を好きになるということである。レスポンデント条件づけの原理から考えると，一度生じた好意が消去されるためには，好きな他者と一緒にいても肯定的な感情が生じない経験が必要であるが，このことが「愛はさめやすく憎しみは持続する」という皮肉な現象を生み出している。

☐ 援助と攻撃

　社会的行動のうち，対人関係をよくする方向に働くものを向社会的行動，逆に対人関係を悪化させる方向に働くものを反社会的行動という。向社会的行動には協力や分配，配慮などがあるが，もっとも代表的な行動が **援助行動**，すなわち他者を助ける行動である。

➡ 援助行動
....
他者が困っていたり，助けを必要としたりしているときに援助すること。消防士が火を消すように職業や役割に基づく場合や，利益や見返りを求める場合は含まない。

援助行動とは，役割や自分の利益を意識せずに他者を助ける行動であり，溺れている人を助ける，倒れている人を介抱するといった行動がそれにあたる。実際に援助行動が生じるかどうかには，援助する側の要因と，援助される側の要因が影響する。援助する側の要因としては，共感性（相手の気持ちになって考える傾向）が強い人ほど援助行動を行いやすいし，同じような援助の経験がある人はそうでない人に比べて援助を行う傾向が非常に強くなるので，ボランティアなどで援助を経験しておくことは重要である。

　また，援助される側の要因としては，男性よりも女性，大人より子ども，若者より高齢者というように社会的に弱い立場の人ほど援助されやすい。また援助を求める原因が，自業自得であると判断されると援助されにくい。援助行動をめぐって注目されるのは，援助を求める人をみんなで見殺しにするという傍観者効果である。多くの研究から，傍観者効果が生じるのは自分が助けなくても誰かが助けると思い込む責任の分散と，他者の前で援助に失敗して恥をかきたくないという集団抑制が原因であると考えられている。

　一方，反社会的行動の代表的なものが，他者に対する攻撃行動である。攻撃行動はなわばりの維持，他者への威嚇などさまざまな理由で起きるが，特に人間の場合は，欲求不満が生じたときにそれを紛らわすために攻撃が起きるという欲求不満攻撃仮説が有力である。学校や職場など欲求不満の生じやすい場所でいじめが生じやすいのはそのためと考えられる。また，攻撃行動は他者の攻撃を観察することで誘発されるという観察学習説にも一定の根拠があり，テレビや映画などの暴力シーンの悪影響などが懸念されている。

❏ 集団と組織

　駅のホームではたくさんの人が電車を待っているが，これらの人々は見知らぬ者同士であり，ふだんは会話することもなければ，仲間意識や連帯感などをもつこともない。このような単なる人の集まりのことを集合という。いっぽう，人の集まりのうち集団のメンバーの間にコミュニケーションや連帯感，役割分担などの社会的相互作用がある場合を集団という。

　集団のうち，会社や消防団，学校や軍隊などのように，なんらかの目的を達成するために意図的に形成されるものを組織という。また，組織のように法律や規則など公式の定めによって形成される集団を公式集団，友人グループのように公式の定めがなく，自然に形成されるような集団を非公式集団ということもある。

　組織のような公式集団の中にも，非公式集団が自然に形成されることがある。同僚の中にいつも飲みにいくグループができたり，同じ趣味を持つ人々が自然に集まり合ったりするような場合がそれである。組織に関する研究では，組織のメンバーが仕事や作業に対して持つモチベーション（意欲）や，仕事のパフォーマンス，組織への満足度などには，こうした組織内の非公式集団や，そこでの対人関係が大きく影響することが知られている。

🔲 集団がメンバーに与える影響

　集団の多くはメンバー間に共有されたルール（集団規範）を持ち，メンバーには集団規範に従わせようとする集団圧力が加わって，ルールに従わないメンバーには有形無形の制裁が与えられたり，ときには集団から追放されたりする。集団メンバー間のつながりの強さを集団凝集性といい，凝集性が強い集団ほど活動性や活動効率が強まるが，集団圧力も強くなる。

　「三人寄れば文殊の知恵」というように，集団で考えたり意思決定したりすることは多くの人の知識や経験を反映できる点で望ましい結果に結びつくことが多いが，集団独特の問題が生じることもある。集団で意思決定をするとメンバー間の一致や同意が重視されすぎて，批判的な意見が無視されたり，理性的な判断ができなくなったりする。また，集団では勇ましい意見をいうほうが議論をリードしやすいことから，集団全体の意見が極端な方向に偏ってしまうこと（リスキーシフト）が起きる。孤立したカルト集団が，反社会的行動をとりやすくなるのもそのためである。

🔲 リーダーシップ

　集団や組織の中で他のメンバーより強い勢力を持つものをリーダーといい，リーダーが他のメンバー（フォロワー）に対して及ぼす影響力のことを**リーダーシップ**という。三隅二不二のPM理論では，リーダーシップを集団の目標達成を促進するP（Performance）機能と集団の人間関係を維持するM（Maintenance）機能の二つに分け，二つの機能が両立しているリーダー（PM型リーダー）が優れたリーダーであるとしている。

　ただし，オリンピックの代表チームのように，メンバーの意欲が著しく高い集団ではリーダーのP機能だけが重視されることがあるし，遊び目的の草野球チームのようにメンバーの達成動機が低い場合にはリーダーにM機能だけが求められたりする。

➡ リーダーシップ
リーダーが集団の他のメンバーに与える影響力のこと。集団の目標達成を促進する機能と，集団の人間関係を維持する機能に分類される。

図5-1 アッシュの線分組み合わせ実験

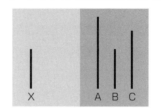

Xと同じ長さはABCのうちどれか?

☐ 同調と服従

　自分が属する集団の多数意見と自分の意見とが違う場合，私たちは自分の態度を変えることで集団規範に従おうとする。こうした態度変化を同調と呼ぶ。アッシュ（Asch, S.）の同調実験では，常識的には間違いようのない線の長さの判断課題（**図5-1**）で自分以外の7～8名が一致して誤判断をする状況に置かれると，被験者の7割以上が他のメンバーの判断に同調して誤判断するようになった。被験者の中には実際に誤判断が正しく見えてくる者もおり，同調によって知覚自体が変化する場合もあることがわかる。しかし，自分以外にひとりでも正判断をする者がいると同調はほとんど生じなくなった。大勢に楯突くためには仲間が必要なのである。

　リーダーの命令や集団規範に従って自分の望まない行動をとることを服従と呼ぶが，人は服従の状態では日頃考えられないような残酷な行為を行うことがある。ミルグラム（Milgram, S.）の服従実験では，言語課題の失敗者に電気ショックを与える業務を命令された被験者が，生命の危険のあるレベルまで電圧を上げ続ける様子が報告され，社会に大きな衝撃を与えた。服従の状態では，人が死ぬなどの事態が生じても，その責任は命令者にあるため良心がマヒするとともに，命令者の権威や契約によって拘束されるうちに，被害者が人間であることを忘れて仕事に熱中するようになる。ナチスのユダヤ人虐殺など歴史的な残虐行為も，命令への服従によって生じた悲劇であるといえる。

☐ 群集心理

　都会の雑踏を通り過ぎる人々や，初詣に集まる人々などの間には，通常はこれといった社会的相互作用は生じない。そのため心理学ではこうした人々を群集と呼んで，集団とは区別する。しかし，状況によって群集に一時的な社会的相互作用が生じて，特徴的な行動が生じることがある。こうした行動を集合現象と呼ぶ。
　集合現象の代表的なものが**群集心理**である。群衆はときに凶暴化し

➡群集心理
群集に一時的な相互作用が生じて，人々が通常とは違った行動や心理を示すこと。無責任性，過激性，攻撃性，情緒性などが特徴である。

て暴動や略奪を引き起こすことがあるし，そこまで至らなくても，日頃は善良な市民が群衆の中では違法行為や不道徳な行動をとることが珍しくない。こうした群集心理は，群集の中にいると匿名で没個性化（誰が誰だかわからない）の状態に置かれることから，人の目が気にならなくなって無責任性や過激性，情緒性などが高まることから生じる。

□ 流言とデマ

人々の間に伝えられる流言やデマも集合現象の一種である。人から人へ，口から口へと伝達される未確認の情報を流言といい，うわさはその代表的なものである。流言のうち，事実に反することが意図的に伝えられるものを特にデマと呼ぶことがある。流言は，災害や事故の直後など，状況があいまいで人々の間に不安があるときに生じやすい。

流言は伝達される間にどんどん変容することが特徴で，伝達につれて内容が短く簡潔になり，特定の内容だけが強調されるとともに，伝達者に理解しやすいように調整されていく。地震直後にもたらされた「震度 2 から 5 の余震が今日から 1 週間の間に起きる可能性がある」という情報が「震度 5 の余震が今日くる」という流言に変わってしまうような場合がそれである。インターネットが普及するにつれて流言が電子メールや SNS を介して伝達されることも多くなっている。

都市を軸に生まれる流言は都市伝説と呼ばれることがある。「ニューヨークの下水道には人食いワニが棲んでいる」というのが最初に報告された都市伝説だが，日本でも「口裂け女」「トイレの花子さん」「人面犬」など全国的に広がった噂は都市伝説といえる。最近では「当たり屋グループの車両ナンバー」という根拠のない情報が，ときには警察や行政も巻き込んで広がっている例がある。こうした都市伝説にも，人々が都市生活に漠然と感じている不安感が反映されている。

□ パニック

群集状況で生じる爆発的な逃走行動を**パニック**➡️という。パニックが生じるのは，脅威や恐怖などの心理的要因に，逃げ道や逃走手段の制限などの物理的要因が加わったときである。パニックの状態では，多くの人は判断力が低下して非常口や避難所に殺到したり，不合理な逃走行動をとったりしやすい。そうでなくても群集状況では人の密度が高まることから将棋倒しや群集なだれが起きやすく，それにパニックが加わることで悲劇的な結果が生じる。パニックを予防するためには，まず群集の発生をできるだけ抑制するとともに，十分な数の非常口や広い避難通路を用意してパニックの物理的要因を排除すること，避難

➡️**パニック**
なんらかの脅威や恐怖によって引き起こされる集団的で爆発的な逃走のこと。パニック状態では人々の判断力が低下するために大きな事故や問題が生じやすい。

97

時の指示や情報の伝達を的確に行うことで不安や恐怖を抑えることが重要である。

　一方で，東日本大震災のような災害や事故などの際にも大規模なパニックはほとんど起きていないことから，パニックの発生にはこれまで考えられていたよりも多くの要素が複雑に関係していると考えられるようになっている。

■第6章■
人の成長・発達と心理

発達の３つの見方

　一般に，人が育ち，成熟して大きくなることを成長，より完成した状態に質的に変化することを発達という。以前は子ども（主に児童）や青年が大人に変化する過程を発達と呼んでいた。しかし，1960年代に入ると，児童以前の乳幼児（胎児）期にも，成人以降の壮年期や高齢期にも発達はみられることから，誕生（受精）から死までの過程を生涯発達としてとらえるようになってきた。成人発達と異文化間比較に関する研究から，どの段階にも獲得と喪失は生じ［**コラム４参照**］，その様相は**文化や時代**▶，個人や領域（認知能力，社会的活動など）により多様であることが示された。発達は歴史的文化的状況により影響を受ける，可変的（非決定的）な身体的・心理的・社会的過程とみなされている。

　さらに最近では，生命は地球上に誕生して以来，途絶えることなく連続していること，人類は世代を替え，発達，死という過程を反復していること，一人の人間の行動パターンや性格，問題行動（たとえば虐待）は，親や祖父母など前の世代とのつながりが認められること，子どもが育つには親や祖父母が必要なように，大人が育つには子ども（次世代）との関係が必要なこと（世代間の相互性）などから，「ライフサイクル（人生周期）」という見方がされている。

▶ **文化や時代の影響**
生涯発達心理学を提唱したバルテス（Baltes, P. B.）は生涯発達の要因として，年齢段階，歴史段階（戦争や不況），個人特有事象を挙げた。同時代に生きる青年と高齢者は年齢段階だけではなく，時代背景も異なる。育児法は時代と文化により異なる。たとえば授乳を定時にしていた時代があったが，今は赤ちゃんがほしがるときにするのがふつうである。また，日本では赤ちゃんに母親が添い寝することがふつうにみられるが，アメリカでは赤ちゃんが寝るために別の部屋を用意することが多い。

コラム４　🏠　　　獲得と喪失

発達は獲得（学習，成長）からなるポジティブな過程ととらえられてきた。しかし，発達の中にも喪失は内在し，それは必ずしもネガティブとはいえない。

　①　生得的な歩行反射が喪失して歩行は可能になり，言語を獲得すると喃語は消失する。喪失は新たな獲得の条件となる。

　②　別れ，卒業，転居，ものの喪失は必ず起こる。その体験をいかにとらえ，どのように対処し，何を学ぶかに個性があらわれ，その後に影響を及ぼす。

　③　忘れる，同じ状態でいる，何もしない・待つことには発達上の意義や価値があると考えられる。

（参照）やまだようこ（1995）「生涯発達をとらえるモデル」無藤隆・やまだようこ責任編集『生涯発達心理学とは何か――理論と方法』（講座生涯発達心理学１）金子書房.

❏ 発達の要因——遺伝と環境

発達は，親から引き継いだ遺伝と生後の環境や経験の影響を受ける。「氏（生まれ）か育ちか」は発達心理学の重要な研究テーマであり，論争が繰り返されてきた。子どもを詳細に観察したゲゼル（Gesell, A. L.）は，基本的に子どもの成長は遺伝的にプログラムされた成熟であり，ある準備状態（レディネス）に達していない場合には経験が影響を持たないことを示した。これを成熟優位説という。一方，行動主義者のワトソン（Watson, J. B.）は，子どもは育て方によりどのような職業にでもなりうるという考えを示した。このように，周囲の働きかけや環境，生後の経験を重視する立場を経験（環境）優位説という。

現在では「遺伝か環境か」ではなく，「遺伝も環境も」重要とする相互作用説がとられ，それぞれの影響の仕方や両者の**相互作用**が調べられている。たとえば，遺伝的に規定された性格により，養育者との相性や教授法の効果は異なる。また，ある学習や体験にとって他にはない重要性を持つ時期がある。これを**臨界期**，あるいは**敏感期**という。

② 胎児期から児童期まで

精神分析家の**エリクソン**は，フロイト（Freud, S.）の**心理性的発達理論**に基づき，心理社会的危機を中心に乳児期から老年期までの発達過程を8段階に整理した。その**ライフサイクル論**に基づき，人の発達をみていこう。

❏ 胎児期と有能な赤ちゃん

受精後260〜270日に新生児は身長約50 cm，体重約3000 gで誕生する。胎児は強い光に反応し，母体内・外界の音を聞き，羊水の味を区別する。あくびもオシッコも指しゃぶりもする。胎児期は，環境汚染，ウイルス，薬物，アルコール，タバコ，母親の心身の状態などにより異常や障害の発生しやすい，生命にとって重要な第一段階である。

以前は赤ちゃんは「何もできない」「白紙」と考えられていたが，1970年代を境にこの見方は覆され，「有能な赤ちゃん」といわれはじめた。赤ちゃんは，原始反射によりものを握り（把握反射），口に接したものを吸う（吸 啜反射）。動くものを目で追い（追視），複雑な模様や顔の形などを好んで見つめる（選好注視）。母の母乳や体臭を他者のものと嗅ぎ分ける。ことばのようにリズムと抑揚のある音によく反応(1)

➡ 遺伝と環境の相互作用

多くの異常や病気が遺伝子レベルで解明されつつある。遺伝子の行動に及ぼす影響を量的に調べる行動遺伝学も新たな知見を提供している。一方で潜在的な行動の連鎖は外界の刺激に対応して発現すること（生得的解発機構）から，遺伝と環境を個別に独立させて考えることはできないという考えは定着した。

➡ 臨界期・敏感期

比較行動学者のローレンツ（Lorenz, K. Z.）はカモのヒナが生後間もないある時期（臨界期）に動くもの（通常は母鳥）をすぐに追うように学習することを見出し，刻印づけ（刷り込み，インプリンティング）と名づけた。人には明確で不可逆的な臨界期は存在せずに，他の時期よりも影響が強い敏感期があると考えられている。たとえば，言語の習得には幼児期が敏感期であると考えられる。また，母子の出会いの敏感期が出産直後にあるという考えに基づき，母親が新生児を素肌で抱きかかえるカンガルーケアが行われている。

➡ エリクソン（Erikson, E. H.: 1902-1994）

ドイツに生まれ，アメリカで活躍した精神分析家。エリクソンの人生そのものがアイデンティティと切り離せない。父親がわからず，ルーツが不明である。青年のとき志した画家にはなれずに漂泊した。ドイツからアメリカに移住し，名前を変えた。その後，アメリカを自分の国として市民権を得ながら，マッカーシズムに反対して自分の信念を貫き大学を辞職した。このときアイデンティティの揺れを感じながら，アイデンティティは確固なものとなったと述べている。

➡️心理性的発達理論

フロイトは，心的エネルギーを性的欲動（リビドー）とし，身体と外界の接点となる身体部位を通して順に発現すると考えた。その心理性的発達段階として，Ⅰ口唇期，Ⅱ肛門期，Ⅲ男根期（エディプス期），Ⅳ潜伏期，Ⅴ性器期を挙げた。これをもとにエリクソンは，乳児期から成人前期までの発達段階を設定した。

➡️ライフサイクル論

その特徴は，①乳児期から老年期までの生涯発達を対象にしたこと，②身体・心理・社会的側面のすべてを考慮しながらも，心理社会的危機という心理社会的側面（対人関係，文化などを含む）を理論の中心にすえたこと，③発達はある予定表（グラウンド・プラン）に沿って徐々に進むととらえたこと（漸成説），④世代間の相互性を重視したこと，⑤歴史の中の個人・発達という視点を持ち続けたことにある。

➡️ボウルビィ (Bowlby, J.: 1907-1990)

イギリスの精神科医。乳児院や病院などで過ごす乳児（多くは孤児）の死亡率が高い（ホスピタリズム）原因を，母性的養育の不足（マターナル・ディプリベーション）にあるとし，初期発達における母子関係の重要性を主張した。その後，対象希求性などの精神分析理論や比較行動学の知見に基づき，愛着理論を発展させた。

し，ことばに合わせて体の一部が動く（エントレインメント[(2)]）。人が口を開けるのを見て，自らも口を開ける（共鳴動作）。自分の行動と外界の変化との関連性（随伴性）を学習する。また，新生児にも活動性，規則性，反応強度などに個性（気質）がある[(3)]。

☐ 乳児期（0〜1歳：基本的信頼対不信）と初期の母子関係

「ゲンコツ山のたぬきさんオッパイ飲んでネンネして」という童謡があるが，安心して眠れることと楽しく食事をとれることは，生命と心の健康の基本である。そのためには，安全で快適な環境と，眠気や空腹などの欲求への適切な対応，不快なものや危険を除去する気遣いが必要である。養育者による適切な世話と配慮を受け，安心して生のスタートを切った赤ちゃんは，世の中と自分の存在価値および能力（泣くと誰かが助けてくれる）を信じることができる。これを基本的信頼という。この感覚は，健康な人には空気のように気づかれにくいが，損なわれると，ふつうに生きることが困難になる基底部分を形成する。逆に，世の中はひどいところだ，自分は何もできない，自分は存在してはいけないと感じることを不信という。エリクソンは，乳児期の心理社会的危機を基本的信頼対不信とした。これはどちらか一方が獲得されるということではなく，両者がせめぎあい，基本的信頼が不信を上回ると健康な発達に前進し，不信が基本的信頼を上回ると，後退するか病理状態になる岐路・分岐点という意味である。

赤ちゃんはひとりでは存在せずに，常に母（養育者）と子というペアで存在する（ウィニコット[(4)]，D. W.）。赤ちゃんには生得的な対人志向性があり，微笑んだり（生理的微笑）人の顔を注視したりするが，6か月になると慣れた人に選択的に微笑み，8か月になると見慣れない人を見ると泣く，人見知りが生じる。養育者は，子どもを一人の個性ある存在としてかわいらしく感じ，感情に反応したり調子を合わせたりしながら（情動調律）世話をする。

➡️ボウルビィは子どもが特定の養育者と近接を求め，関係を維持しようとする情緒的絆を愛着（アタッチメント）と呼んだ。子どもの泣き・微笑・発声や注視・後追い・接近・しがみつきなどは，養育者との近接や世話・養育行動を導き出す。このような子どもの行動を愛着行動という。愛着は赤ちゃんに安全と安心の感覚をもたらし，健康な成長を可能にするばかりではなく，後の対人関係パターンの基礎（内的ワーキングモデル）を形成すると考えられる。

□ 幼児前期（1～3歳：自律性対恥・疑惑）とことばの発達

生後1年の発達はめざましい。3か月で首がすわり，7か月でおすわりをする。9か月でつかまり立ちし，10か月にははいはいをする。1歳を過ぎると立ち，やがて歩く。

それまでは子どもの要求や状態に合わせる一方だった養育者も，養育者の要求や周囲の状況に子どもが合わせることを求めるようになる。

この時期から，食事と排泄，衣服の着脱がひとりでできるようにしつけが開始され，養育者が子どもに「～して」「ダメ」ということが増える。

排泄には，周囲の状況（トイレかそれ以外か）に合わせて，自分の身体をコントロールすることが求められる。また，排泄に成功すると子どもは快さと自信を感じ，養育者も喜び，満足する。自分の欲求を自分の意志で周囲の状況に合わせながら満たすことは，その後の人生においても常に課題となる。これをエリクソンは自律性と呼んだ。その失敗は，周囲に合わせられなかった点で恥の感情を，自分をコントロールできなかった点で自分の能力に対する疑惑を生じさせる。

周囲の要求に合わせるだけではなく，自分の欲求を満たすことが重要である。合わせすぎて欲求を満たせないことも，欲求のために周囲の状況に合わせられないことも問題となる。

赤ちゃんは1，2か月から「ウーウー」というような発声（クーイング）をする。これはやがて「ウマウマ」のような喃語になり，1歳ごろには「マンマ」「ブーブー」のような初語を発する。2歳では二語文「ママ，ネンネ」を話し，語彙は200～300になる。ことばは，身体的成熟（構音，聴覚）のみならず，AをBで表象する象徴機能，人との情緒的つながり，外界への関心，養育者のことばかけなど多くの基盤の上に形成される。ことばはコミュニケーションばかりではなく，自分の行動を調整したり考えたりする道具としても機能する［コラム5参照］。

コラム5　🏠　ことばの機能

ヴィゴツキー（Vygotsky, L. S.）によると，ことばには音声をともない，伝達機能が優位である外言と，心の中で発話され，思考や行動の調整に用いられる内言がある。幼児が集団の中で遊んでいるときに，ひとりごとをいうことがある。これをピアジェは自己中心的言語と呼び，（個人的，内的）言語が十分に社会化されていないために生じる現象とした。一方，ヴィゴツキーはこの現象を伝達言語（外言，社会的・対人間機能）が思考機能（内言，個人内機能）に発達する中間形態であるとみなした。両者の考えの違いがあらわれている。

□ 遊戯期（3〜6歳：自主性対罪悪感）と遊びの意義

　3歳頃に子どもは大きな変化を迎える。歩行がしっかりして世界が拡がるとともに，けがや事故が増える。ことばが著しく発達する。砂を団子に見立て，目に見えないおばけをイメージする。

　男女の区別に気づき，同性の親をまねして（同一視），異性（たとえば父親）を「好き」といいはじめる。このように子どもが性別に基づき父母に愛憎や競争心，罪悪感などさまざまな感情を向け，三者関係に巻き込まれることをエディプス・コンプレックスという。

　父親は母親と同様の養育者であるばかりではなく，母親と異なる接し方（身体を用いた遊びなど）をして，母子関係を支え，三者関係の構成者となり，やがて母子関係を分離する役割を果たす。子育てには，「わが子は自分のもので特別」という一体感や思い入れと，「わが子もひとりの人間であり社会の一員」という合理的で客観的な見方のバランスが大切である。後者のように，個の確立・成長を目標として，善悪や関係を「切る」機能を父性原理，前者のように同じ場に所属する人を等しく「包む」機能を母性原理という。

　2歳半を過ぎると，子どもはしきりに「イヤ」というようになる。大人の目からは第一次反抗期にうつるが，子どもが自他の区別に気づき，自己主張をはじめた自我のめばえのあらわれでもある。「イヤ」により親はわが子の意志を感じ，親子関係は次の段階に移る。この「自分で〜する」という気持ちを自主性という。一方，自ら進んで悪いことをしたり失敗したりすると罪悪感を抱く。フロイトはこの時期に自我理想と超自我が内在化されると考えた。

　この時期の子どもを遊戯期ともいう。遊びの最大の特徴は自らすることにあり，強制された遊びはありえない。また，活動自体に喜びや楽しみ，おもしろさ，充実感や達成感があり，他に目的を持たない。子どもは遊びの中でさまざまな情緒体験をし，数多くの能力を習得する。たとえば，泥団子づくりには，素材の知識，手先の器用さ，イメージ力，秘法の伝達，喜びの体験とその共有，自他の作品を大切に思う気持ち，上手につくる人への憧れなど，心の成長に重要な要素が多く盛り込まれている。また，ごっこ遊びは体の統制，想像力，役割理解，ものの使用法と見立て，コミュニケーション，大人社会の知識などさまざまな能力が求められることから，幼児期の修了証書といわれる。

　遊びは能力のみならず，つらい体験や理解困難な出来事を自分なりに理解したり受けとめたりすることをもうながす。仲間はずれごっこや注射ごっこをすることにより，人間関係の難しさやつらい治療の必

➡同一視

他者の持つ属性を自己のうちに取り入れ，それと似た存在になることをいう。これは無意識的に生じる。意識してまねすることを模倣という。また，学習理論では他者の行動を観察して，その人の行動や特徴を取り入れることをモデリングという。

要性を子どもなりに納得する。この機能を応用したのが遊戯療法やプリパレーション（治療における事前の説明と準備）である。

　ピアジェ[→]によると，遊びには，①身体遊びや対象遊びなどの感覚運動的遊び（〜1歳半），②ごっこ遊びや想像遊びなどの象徴遊び（〜6歳），③ゲームや競技などの規則遊びという発達段階がみられる。

☐ 学童期（勤勉性対劣等感）とピアジェの理論

　小学校に通いはじめると子どもの世界は大きく変わる。家庭はよい意味でも悪い意味でもユニークであり，どの家にも他とは違う習慣や考え方がある。学校では同年齢集団の中，教師の指導のもと，社会一般の基準を習得する。教師は親とは異なる社会化の担い手である。その機能と役割は子どもの年齢に応じて変化するが，最大の違いは親が愛情に基づき自尊心や子どもの独自性を教えるのに対して，教師は公平性，社会正義の原理に基づき，社会の一員であることや規則を守ること，子ども同士は対等で平等であることを教える点にある。

　友だち（仲間）関係は，大人との関係とは異なり，対等性を特徴とし，協力・競争・妥協の体験を提供する。友だちの目を通してものごと・社会・自分を見つめ直し，友だちとの合意による確認（サリバン，H. S.）に基づく理解を深めていく。友だちと親密で排他的な集団（徒党，ギャング）を形成し，その中で集団と対人関係のルールや道徳性，自己統制，自他の個性を学ぶ。

　勉強は，社会生活に必要な知識・技能を学ぶだけではなく，自分で考え，自分で判断する体験の場であり，現実に自分を合わせる訓練の場，人類が蓄積した叡智を受け継ぐ場である。社会に適応し成功するためばかりではなく，「よく生きる」「他者と平和に生きる」「自分らしく主体的に生きる」基礎となるものである。

　現在の学校では，ひとりで何の助けも借りずにできることが評価の基準となりがちであるが，学びは本来，生活の場で大人や先輩と活動に参加する中で行われるものである。ヴィゴツキー[→]によると，当初ひとりではできない知的活動（A）は，まず，大人や先輩との協同の中でできるようになり（B），それが内在化し，独力で行うようになる。このAとBとの差を「発達の最近接領域」という。

　この時期の子どもはものづくりやもの集め，スポーツや知的活動など現実的な活動に打ち込む（勤勉性）。幼児期のイメージや空想の世界を保ちながら，現実の世界に重心を移行する。友だちと競いながら活動に没頭することにより，活動のおもしろさや現実の姿，自分の長所と短所，得意と苦手を知る。自分の能力や仲間関係における地位に絶

[→]ピアジェ（Piaget, J.: 1896-1980）

スイスの発達心理学者。知能や認知を環境への生物学的適応としてとらえ，発達（発生）する構造とみなす。行為は個体と環境との相互作用である。発達は外界を自己の行動シェマ（図式）に取り入れる同化と，外界に応じて自己の行動シェマをかえる調節との均衡化により生じる。思考は自閉的思考から論理的思考へと発達し，3〜8歳の中間期を自己中心的思考と位置づけ，実念論（夢は実在する），アニミズム（車は生きている），人工論（山は人がつくった）という特徴があるとした。

[→]ヴィゴツキー（Vygotsky, L. S.: 1896-1934）

旧ソ連の心理学者。人は計算するときに頭の中で暗算するばかりではなく，紙に書いたり指を折ったりする。子どもの指さしは養育者に何か（「あっち見て」「あれとって」）を意味する。ヴィゴツキーは認知や行為をこのように道具や記号，ことばなどの媒体により媒介される過程としてとらえた。このような媒体は個体発生のみならず，系統発生や社会・文化的発生をも形づくる。暦，印刷は人間の認知と行為を変容させ，再構成してきた。また，指さしはまず，社会の中で他者が意味を見出し，それが子どもの行動レパートリーに取り込まれていく。このような過程を「精神間機能から精神内機能への移行」と呼んだ。以上のような考え方を社会・文化的アプローチという。

望することを劣等感という。学童期はフロイトが潜伏期としたこともあり，比較的変化の穏やかな段階と考えられてきたが，近年，思春期の前段としてだけではなく，隠れた変革期として注目されている。

　子どもの思考は7〜8歳に大きな変化をとげる。ピアジェはその変化に着目して次のような実験を行った。縦長のビーカーから幅の広いビーカーに水を移して子どもに見せる。7歳以下の子どもは，「低くなった」「広くなった」という見た目に引きずられて，水量が変化したと感じるのに対して，7歳以降では「何も加えても減らしてもいないから同じ」と論理的に考える。これを操作的思考といい，それ以前を前操作的思考という。小学生は具体的な事象に限り操作が可能なことから具体的操作期というのに対して，中学生以降は「a＜bでb＜cならばa＜c」というように抽象的な思考が可能になるため，形式的操作期という。一方，表象が生まれる2歳以前の感覚運動的段階，2〜8歳までを前操作期という。

③ 思春期から壮年期まで

❏ 思春期──子どもから大人へ

　思春期は子どもから大人に生まれ変わる時期で，女子は11歳頃，男子は13歳頃にはじまる。第二次性徴により身体が大人の女性・男性に変容する。性の強烈なエネルギーは心身を揺さぶり，自分と，親，同性，異性，大人に対する見方を一変させる力を持つ。性は理性ではわりきれない動物的でしかも神聖な神秘的体験である。体格・体力の成長も著しく，成長や自信，成人の感覚を得る一方で，心理的成長が追いつかず困惑する。急激な変化は身体に不調をもたらす。

　この時期には，自己の外面や内面に目が向くようになる。他者のまなざしを気にして鏡を見る時間が長くなる。日記や交換ノート，人からの悪口などにより自分を見つめ直す。形式的操作により抽象的思考が可能になると現実を理想から批判する。それまで信じていた大人や社会の有する価値に疑問を抱き，問い直し，試す。情緒的にも不安定で，喜怒哀楽の体験が激しく入れ替わる。個の自覚は主体性とともに孤独感をもたらす。

　社会的には「大人でもない，子どもでもない」境界人（レヴィン，K.）である。周囲の子どもに対する態度や見る目も変わる。男女の違いに敏感になり，異性と同性の目を気にしながら，女らしさ・男らし

さを模索する。

　環境も大きく変化する。持ち物の趣味が変わり，大人を象徴する物を手に入れようとする。持ち物に自分らしさや秘密がこめられる。

　親に依存していた状態から，自立を求め（心理的離乳），親に反抗したり親を無視したりする（第二次反抗期）。しかし，親が不要なわけではなく，親との新しい関係や心理的つながり，親からの助言と承認を求めている。親を無条件に受け入れ理想化した段階から，一人の人間として客観的・相対的にみる段階への移行期にあり，依存と自立，強制と見守りなど複雑な関係を親子ともにやり過ごさなければならない。

　中学校は小学校とは異なり，教師は教科担任となり，生徒間にも上下関係が生じる。中学校の学級では，集団から受容されるために，目立たないように個性を押し殺しながら生活している子どもも多い。これは「私たちは同じ」という共通性や一体感を喜び，楽しみながらも，斉一性の圧力を強く感じるためである。その一方で，鮮烈な感動，ひたむきな努力，純粋な友情，ときめく初恋などは一生の財産になる。

　高校になると，少数の友人（親友）との関係の中で，集団への順応よりも個性の模索と他者の異質性が尊重されるようになる。友人は親に替わる依存対象でもあり，悩みを共有し，相談相手となる仲間である。もっとも，高校では教育困難校や1〜2％に及ぶ中退者など，学びや学校教育からの離脱が問題となっている。

　このように難しい大人への移行を，社会のしくみ（**通過儀礼**や支援体制）なしで，個人の達成として越えなければならないところに，現代の思春期の難しさがある。種々の問題行動（非行や心身の病気）が生じやすい時期であるが，それらを単なる発達の失敗や社会からの逸脱としてではなく，大人への移行のひとつの道筋（通過儀礼）として理解することもできる。

□ 青年期──アイデンティティ対アイデンティティ拡散

　大人の条件とは何であろうか？　ハヴィガースト（Havighurst, R. J.）は青年期の**発達課題**として，責任ある行動への努力，倫理体系の発達，キャリアへの準備，親からの情緒的独立，結婚と家庭生活の準備などを挙げた。つまり，ひとりの自立した責任のある社会人として，社会の中に自分を位置づけることである。大人は個人としてだけではなく，職業，所属集団，家庭内の役割など社会的役割により定義される面が大きい。

　職業を例にとると，職業は現在のあり方を自分のこれまでの過去（経験や個性，生育史），および将来の生き方への展望と関連づける。ま

➡ 通過儀礼
誕生，成人，結婚，死など，人生における重要な節目に行う儀礼的ないとなみをいう。その意義は，①移行の支援，②新しい身分と責任の認識，③新しい社会関係の調整，④参加者の連帯感の促進などが考えられる。

➡ 発達課題
個人が社会的に健全に成長するために，人生のそれぞれの時期に習得が必要な課題をいう。教育社会学者ハヴィガーストの説が有名である。ある段階の課題が学習されれば，次の段階への移行が順調になり，ある課題の達成に失敗すれば，次の段階の課題の達成も困難になるとされている。

た，職業には自分の個性と社会が求める役割が統合され，社会へのかかわり方や貢献の仕方，および自分自身の思い込みではない社会（他者）によるその人の定義が集約される。これは親役割や他の社会的役割にもあてはまる。このように過去・現在・未来の私はひとつであるという連続性の感覚と，自分の独自性や個性が社会的役割と統合されているという信念を，エリクソンは心理社会的アイデンティティと呼んだ。心理・社会的アイデンティティは人生の最終目標ではなく，社会の中で活動するための証明書のようなものである。アイデンティティの確立には，試みと迷いの中で苦闘する危機と，信念に基づきその選択に賭ける傾倒（コミットメント）が必要である。その途上にある状態をモラトリアム（[コラム6参照]），自分が何者であるかを見失うことをアイデンティティ拡散という。

□ 成人前期（親密性対孤立）と壮年期（世代性対停滞）

　成人期以降の発達は多様であり，一概に標準を示すことは難しい。

　「正常な人間にできなくてはならないことは何か？」という問いに対して，フロイトは「愛することと働くこと」と答えた。他者を愛することと社会・次世代のために働くことは，いずれも自己を超えたものに価値を置き，成人までの達成の上に築かれる営為である。

　他者との関係には3つのパターンがある。傷つくのを恐れて他者に近づかないか，他者と融合して自己を見失うか，自己を見失うことなく自らを賭けるような深い人間関係を築くかである。エリクソンは第三のパターンを「親密性」と呼び，成人前期の課題とした。具体的には結婚生活で求められる課題である。他者との親密な関係を築けない人は孤立する。

　最近までは結婚した夫婦には子どもを授かることが当然と考えられていた。今はまず子どもを「つくるかつくらないか」が選択される。子どもが生まれると，夫婦関係と家族の生活は再編を迫られる。家族

コラム6　モラトリアム

エリクソンは，アイデンティティが形成されていく一定の時間，青年期におけるアイデンティティ形成の心理社会的危機の時期を，社会的責任を猶予された時期としてモラトリアムと呼んだ。しかし，日本では小此木啓吾の『モラトリアム人間の時代』（1978年）以来，社会的責任を無限に引きのばし，幼児的な万能感と欲求の追求に浸っている，一種のアイデンティティ拡散状態を示すことが多い。

（参考）幹八郎（2002）『アイデンティティとライフサイクル論』（著作集1）ナカニシヤ出版.

が結束・協力することも，家族間の問題が顕在化することもある。また，親の内面や社会的役割にも新しい体験が生じる。特に，女性は身体面，心理面（女性から母へ），社会面（仕事，育児仲間，性役割）の再編成にエネルギーを要する。育児には不安やストレスがともなうが，何よりも他では得られない楽しくやりがいのある体験であり，責任感や共感性など得るものも大きい。現在は，生得的な母性本能ではなく，自分の育てられた体験や育児に対する価値観，周囲のサポートなどが育児に影響すると考えられている。

　ユング（Jung, C. G.）は40歳を人生の正午とした。壮年期は働きざかりであるとともに，人生の大きな転機でもある。

　外見と心身の機能に老化がはじまり，体力が衰え，無理がきかなくなる。運動能力や記憶力なども低下する。病気や体調不良から，死を意識し，健康や残された時間に関心が向く。仕事の面では充実期を迎え，創造性，生産性，社会的活動がもっとも活発になる半面，自分の限界が見えてくる。それまでは社会での成功や外界への適応がめざされてきたが，内面的に未解決の問題，やらなければならないことや本当にやりたかったことに目が向く。仕事から家庭や人間関係，趣味の世界に移行する男性，家庭と子育てから仕事や趣味，友人関係に移行する女性がみられる。仕事のみならず，家庭や地域でも社会的責任が重くなり，やりがいも大きいが，負担やストレスも大きくなる。うつ病や自殺が多い段階でもある。その一方で自分らしさや充実感をもっとも感じる人もいる。看病や介護を要する親や死別した親，思春期を迎え，やがて自立する子ども，子どもが巣立ったあとの配偶者との関係の再構築など家庭での課題も多い。

　仕事と育てたもの（子どもや後輩）はその人の生きた証しである。仕事により何かを創りだすこと，子どもや次世代を育てることをエリクソンは generativity と呼んだが，これは「生み出すこと」と「世代」を含んだ造語であり，「世代性」「生殖性・生産性」と訳されている。自己の活動が，自己を超えて拡がらないことを「自己陶酔・停滞」と呼んだ。

④ 高齢期

☐ 高齢期の特徴

　人間は生涯発達し続ける存在であり，高齢期は人間の発達の最終段階にあたる。高齢者とは一般に65歳以上の人をさすが，平均寿命が女性で85歳を超えている現状では，65歳を高齢者と呼べるかどうかは疑問である。また60代で重い要介護状態にある人もいれば，80歳を超えても現役で仕事をしている人がいるなど，高齢期は人間の発達段階の中でもっとも個人差の大きい時期ともいえるだろう。

　私たちの身の回りをみると，85年間使い続けている機械はほとんどない。家電や自動車，カメラなどは使い続けるうちにほとんどは故障し，部品の交換が必要になり，いずれは壊れてしまうが，私たち人間は，自分の体や感覚器官をほとんど部品交換することもなく，平均して80年以上使い続けている。これは驚異的なことといえるだろう。しかし，人間の体や感覚器官は，80年間同じ機能を維持しているわけではなく，年数が経つにつれて少しずつ変化していくことになる。

☐ 身体の変化

　身長と体重は加齢にともなって減少していく。身長の減少は，男性で40歳前後から，女性はそれよりも３年くらい遅れてはじまるといわれており，特に女性の減少率が大きい。身長の減少は，背筋の萎縮や脊柱の変化，水分の喪失などによって起こるものと考えられており，女性の減少率が大きいのは，**骨粗鬆症**が大きな原因である。

　体重は壮年期で増加し，高齢期で減少することが明らかにされている。高齢期の体重の減少の原因は，筋肉や骨の減少と体に占める水分の割合が低下するためと考えられている。

　体格と姿勢については，加齢にともなって腕や脚は細くなるが，胸の幅や厚みは増し，胴も太くなる。特に高齢期に胴が太くなることは，脂肪組織の増加によるものではなく，腹壁筋の緊張低下によるたるみが大きな原因といわれる。姿勢に関しては，背中が曲がって前屈みの姿勢になるが，これは脊椎の変形や腰や背中の筋力の低下によって起こる。歩行姿勢も変化し，歩幅が狭く横方向に広がり，両足が地面に付いている時間も長くなる。このため，とぼとぼと歩く姿に見えるようになる。

➡ 骨粗鬆症
骨密度が減少し，骨がもろくなるもの。骨密度は20歳前後でピークに達し，50歳前後から急速に低下する。また女性の場合には，閉経後にエストロゲンという女性ホルモンが減少することにより，男性よりも骨密度が低下しやすい。

　皮膚や顔貌の変化に関しては，高齢になると皮膚の色つやがなくなり，しわが増え，しみ（老人性色素斑）が増えたり大きくなったりする。皮膚の変化は，生物学的な老化によるものよりも太陽光線の紫外線成分による光老化と呼ばれるものが大きな原因である。屋外の仕事を長く続けた人は皮膚の変化は大きく，高齢者であっても露出の少なかった部分の変化は意外なほど少ない。また，しわの増える原因は皮膚の柔軟性と弾力性の変化によるものが大きい。

☐ 運動機能の変化

　体力は，一般に筋力や柔軟性，持久性，瞬発力などで測定される。60歳までの人を対象とした研究では，ほとんどの運動能力のピークは10代後半から30代の間にあり，その後は低下することが明らかにされている。ただし，その度合いは機能により異なり，柔軟性と瞬発力はピーク後に著しく低下するが，筋力は低下の度合いが緩やかであることがわかっている。筋力については，握力は50歳を超えると加速度的に低下するが，下肢は若いうちから低下し，80歳では20歳に比べて約60％程度に筋力が低下することや，持久力は加齢にともなって加速度的に低下し，80歳では20歳の40％のレベルに低下する。さらに縦断的に追跡した調査では，65歳を過ぎると，背筋力と下肢の筋力が低下すること，加齢にともなって身体の活発さは衰えることや，最大運動能力が衰えること，また握力は30歳まで増加し，40歳を過ぎると加速度的に減少することなどが報告されている。

☐ 感覚や知覚の変化

　私たちには，視覚，聴覚，味覚，嗅覚，触覚という感覚があり，これは五感と呼ばれる。しかし五感のすべてが加齢にともなって同じように低下していくわけではない。
　視覚は，単に視力の問題だけではなく，視野や順応，色覚といった幅広い要素を含んでいる。視力は9歳頃まで発達し，40歳を過ぎたあたりから低下がはじまるが，本人が自覚するのは50〜60歳からであり，70歳までにはほとんどの人が感じるようになる。また老眼と呼ばれる近方視力の低下は，意外なことに10歳くらいから徐々にはじまり，40歳から60歳あたりで顕著になる。視野に関しては，周辺視野の狭窄が壮年期あたりからはじまり，75歳以降に顕著となる。高齢者の色彩認知に関しては，暖色はよく識別できるが寒色の識別が困難になる。また高齢者は，ものを見るときに十分な明るさがないと対象を知覚しにくくなるなどの特徴がある。加齢にともなう視覚の変化は，車の運転

や夜間の外出など日常生活に広く影響を与えるようになる。

　聴覚は，青年期あたりまでに発達し，成人前期までは一定に維持され，40歳を過ぎた頃から低下がはじまる。特に50代では老人性難聴といわれる高音域の聴力低下が起こりはじめ，聴力低下はその後中音域から低音域にも及ぶようになる。また高齢者は，騒音や他の話し声がする中で発せられることばを聞き取ることが苦手になり，不明瞭な音声や，早口で話されるとことばの内容を聞き取ることも困難になる。高齢期の聴力低下は，コミュニケーションに影響を与えるため，高齢者とコミュニケーションを行うときには，遠くから大声で話すより，近くによって低めの声で話す方がよく聞こえる場合が多く，騒音の少ない環境で会話する方がよい。

　味覚は，味を感じる感覚が舌の場所によって異なり，しかも味覚に関する個人差は大きい。味覚は加齢にともなって低下すると一般にいわれているが，味覚のどの部分が低下するかについては，はっきりわかっておらず，見解が一致していない。また味覚は主観的感覚で測定が難しいという問題もある。これまで高齢者の味覚低下の原因は，味蕾（みらい）の数の減少といわれてきたが，最近では，唾液量の減少や，唾液の各成分の濃度の増加，義歯などの口腔内の変化にともなう咀嚼状況の変化，口腔内衛生の低下などが味覚低下に影響を与えることが指摘されてきている。

　嗅覚は，1984年にドティ（Doty, R. L.）らによって行われた大規模な調査結果から，女性は男性よりも全年齢層で成績がよいこと，喫煙者の成績が悪いこと，20〜40代の成績は良好だが60代以後は成績が顕著に低下すること，65〜80歳の高齢者のうち6割以上が嗅覚に関する中等度以上の障害を有しており，80歳を超えるとその数は8割に達することなど，が明らかにされている。しかし，健康を害している高齢者の嗅覚はかなり衰えるが，健常者には加齢による嗅覚の低下はほとんど認められないという報告もあり，嗅覚の衰えは，加齢の影響よりもむしろ病気の影響を受けやすいことも考えられる。

　触覚は，刺激を皮膚で感じるものであるため，皮膚感覚とも呼ばれている。皮膚の感覚は，皮膚を圧迫することや，皮膚を刺激して二点に感じるか，一点に感じるかを調べる二点触域という方法を用いることが多い。これまでの研究では，高齢者は二点触域の弁別閾が低くなることや，強い刺激を与えないと感じにくくなること，物体の温度を感じる機能も鈍化してくることなど，加齢にともなって皮膚感覚が鈍化していくという結論は共通しており，この原因は，加齢による皮膚の変化と考えられている。しかし皮膚の変化は加齢によって比較的一

律な低下を示すが，皮膚感覚の変化は高齢者に一律に起こるものではなく，個人差がきわめて大きい。また高齢者は痛みの感覚が鈍化しているという考え方があるが，熱を用いた実験の結果では，年齢による差がないことが報告されている。痛みは主観的な感覚であり，しかも痛みの耐性には個人差の影響が強くあらわれる。高齢者は痛みの感覚が鈍いというのは，誤った認識である。

☐ 反応や注意力の変化

　高齢者は反応が鈍くなるといわれるが，具体的にどのような反応が鈍くなるのであろうか。反応は，反応時間を測定することによって評価されることが多いが，反応時間には，一つの刺激に対して一つの反応をする「単純反応時間」と，複数の刺激に対してそれぞれ異なる反応をする「選択反応時間」がある。これまでわかっていることは，若い人に比べると高齢者は反応時間が遅く，特に選択反応が遅いこと，しかも選択反応の選択肢が多いほど反応時間が遅いことが明らかにされている。しかしこれらは，新しい課題の場合に当てはまることであり，慣れた課題の場合や，課題を練習することによって高齢者であっても反応時間の遅れは目立たなくなるということがわかっている。つまり，高齢者であっても十分に練習することができれば，反応時間の遅れを克服できる可能性があるということである。

　反応時間を実験的に測定する中で，若い年代の人でも高齢者でも間違った反応をしてしまうことがある。異なるのは，このエラーからの立ち直りの問題である。若い年代の人は，間違いが起こった直後は，反応時間が遅くなるが，その後反応時間は早くなっていく。つまり立ち直りが早いのである。一方高齢者は，エラー後の反応時間はなかなか早くならず，立ち直りが遅い。このことは，純粋に反応の問題というよりは，高齢者の慎重な態度がそうさせている可能性がある。

　次に注意力について考えてみたい。注意力には，「持続注意」「選択的注意」「分割的注意」などがある。「持続注意」とは，気が散らないような場面で単一刺激の状況で決められた課題に集中するような能力のことであり，具体的には，流れ作業の中で不良品をチェックし，探し出すような能力のことである。持続注意に関しては，若い人と高齢者に差がないことが報告されている。「選択的注意」とは，気が散るような刺激がある中で，所定の課題に集中するような能力をさす。これは私語の多い教室の中で教員の話に意識を集中したり，車を運転しているときに看板や風景に目をうばわれず，信号機などを認識するような能力であり，高齢者の能力が若い年代の人の能力よりも劣ること

がわかっている。

「分割的注意」とは，さまざまな情報に同時に注意をはらい，それを処理する能力をさす。これは，ラジオ番組を聞きながら試験勉強するような能力であり，高齢者の成績は，若い年代の被験者に比べて悪いという報告が多い。

これらの結果を総合的に考えると，高齢者は一つのことに注意を向けることは得意でも，よけいな刺激がある中で大切な事柄に注意を向けることが苦手になるということがいえるだろう。

☐ 記憶の変化

高齢者は一般に最近のことを忘れても，昔のことをよく覚えているといわれる。しかしこれまでの研究では，病的な記憶障害がない限り，高齢になっても感覚記憶や短期記憶が目立った低下を示すことはないことがわかっている。つまり，直前のことを忘れるのは，認知症のように病的な障害が起こった場合にみられるものである。

昔の記憶や最近の記憶とは，記憶の保持時間による分類であるが，記憶に関する質的な分類としては，個人的な体験の記憶である「エピソード記憶」，学習によって獲得された「意味記憶」，水泳のように身体で覚える「手続き記憶」などがある。

この中で，もっとも加齢の影響を受けやすいのは，意外なことに個人の体験的記憶であるエピソード記憶であるといわれる。しかし，高齢者の場合には，そのエピソード記憶が正しいのかどうかを確かめることは非常に難しい。これは，その体験が正しい記憶なのかどうかを証明する人が少なくなるためである。したがってエピソード記憶に関しては，高齢者にある事柄に対する自分の思い出を詳細に報告してもらい，時間が経過した後にも同じように報告されるかどうかで確かめることになる。その結果，時間的経過が長くなってくると，過去に話したエピソード記憶の内容の大筋は一致していても，細かい部分になるとその内容が変化してくることが明らかになっている。つまり，高齢者の体験の記憶は，基本的な部分は変わらないにしても，正確さについては変わってくる可能性があるということである。これに比べて学習によって蓄積された専門知識などに代表される「意味記憶」は，加齢の影響を受けにくい。高齢になっても専門家の知識は保たれるのはこのためである。さらに身体で覚えたような手続き記憶は加齢の影響をもっとも受けにくい記憶といわれる。歳をとっても名人は名人なのである。

一般に高齢者は覚えが悪くなるとか，人の名前がなかなか出てこな

くなる，あるいは忘れっぽくなるなど，記憶力が低下すると考えられている。しかし，もの覚えが悪いのは学習の問題であり，記憶を確かめるためには，学習したものを思い出してもらってそれが正しい記憶であったのかどうかを確かめるしか方法がない。このように記憶と学習は密接なつながりを持っている。ここで難しいのは，「思い出せない」のは，「覚え込むこと」ができなかったのか，「覚えておくこと」ができなかったのか，「思い出すこと」ができなかったのかがわかりにくいことである。

　覚え込むことに関する脳の画像を用いた研究では，年齢による違いが明らかにされており，高齢者は覚え込むことが苦手になることは，おそらく真実である。

　また「ど忘れ」の体験は，若い人にも高齢者にも起こる。しかし，どの年代であってもど忘れは90％以上解消されるという研究結果をみると，ど忘れは貯蔵の失敗ではなく，記憶の検索の失敗といえるだろう。若い人と高齢者の違いは，ど忘れの内容を思い出すまでの時間に差があるということである。これは，高齢者ほど多くの情報を貯蔵しているため検索がむずかしくなると解釈するのが妥当かもしれない。

　貯蔵の失敗に関しては，現在のところそれを明らかにする方法がなく，今後の研究に期待されるところである。

❏ 知能の変化

　人間の知能は，生後急速に発達しはじめ，青年期でピークを迎え，その後急速に低下していくというのがこれまでの一般的な考え方であった。しかしこれらの研究の多くは，横断的研究と呼ばれるさまざまな年代層を比較した結果であり，個人の追跡を行ったものではない。

　横断的研究では，各年代の比較を行っているため，それぞれの年代の育った時代の影響や平均教育年数の違いなどが考慮されていない。特に知能と教育年数は高い相関を示すことは，多くの研究者に支持されている考え方であり，横断的研究の最大の欠点はここにある。この影響を排除するためには，一人の人を長年にわたって追跡する縦断的研究が有効となる。

　しかし，縦断的研究では，その期間が長いほど脱落者が増え，最終的には優秀な集団が残る可能性が出てくるため，必ずしも理想的な研究方法とはいえない。これらの研究法の長所を取り入れたのが，ある一定期間追跡して比較する縦列法というやり方である。この研究法によって明らかになったことは，知能は青年期にピークに達するのではなく，青年期以降もゆっくり上昇し続け，60歳を過ぎたあたりから緩

やかに低下するというものである。しかし知能はさまざまな能力の集合体であり，その中には加齢の影響を受けやすい部分もあれば，受けにくい部分もある。ホーン（Horn, C. A.）とキャッテル（Cattell, R. B.）は，この個別的な能力を「結晶性知能」と「流動性知能」で説明している。結晶性知能とは，個人が長年にわたって経験し，獲得してきた能力で，教育や学習，経験などによって獲得されていく知能である。これには，一般常識や専門知識などが含まれる。一方の流動性知能とは，新しい環境に適応していくために働く能力で，新しい情報を獲得し，それをうまく処理し，操作していく能力のことであり，新しいゲームにチャレンジしたり，新しい機械の操作を覚えたりする能力などが含まれる。ホーンとキャテルは，結晶性知能は加齢の影響を受けにくく，60代を過ぎても発達を続けているのに対し，流動性知能は加齢の影響を受けやすく，20代から低下がはじまると報告している。

　その後シェイエ（Shaie, K. W.）は，流動性知能は30代でピークを迎え，その後しばらく維持されて60代あたりから低下がはじまることを報告しているが，この長期的研究では半数以上が脱落しており，やや問題が残る。しかし，結晶性知能に比べて流動性知能の方が加齢の影響を受けやすいことは確かである。ただし，高齢者であっても流動性知能の低下が見られない一群が15％程度いるという報告もあり，知能の問題についても個人差の影響は大きいといえるだろう。

☐ 高齢期と喪失体験

　人間は生涯発達する存在であり，その過程においてさまざまなものを獲得していく。しかし，高齢になるにつれて獲得するものは次第に減りはじめ，失うものが多くなる。これが高齢期における喪失体験である。

　たとえば，永年勤めた会社を定年退職した人や，自営業を引退した人などは，地位の喪失と役割の喪失が起こる。また，仕事で収入を得ていた人が退職すると社会的収入を失うことになり，仕事や子育てを生きがいにしていた人は，退職や子どもの独立によって生きがいを失うことになるだろう。退職や転居，死亡などによって仲間の喪失も起こっていくことになり，加齢にともなって増えてくる慢性疾患は，健康を喪失させることになる。人が最初に獲得するものは生命だが，最後に喪失するものも生命である。このような多くの喪失体験を経験していく高齢者が，心穏やかに生活するということは大変なことであり，さまざまな喪失体験は，高齢者の心の健康に大きな影響を与えているといえるだろう（表6-1）。

表6-1　高齢期の喪失体験

地位の喪失	仕事や家庭内の地位
役割の喪失	仕事・家庭・社会的役割
収入の喪失	就労による社会的収入
生きがいの喪失	退職・引退・育児など
仲間の喪失	退職・転居・死別など
健康の喪失	身体機能低下や病気
生命の喪失	加齢にともなう余命

◻ 高齢期のパーソナリティ

　これまで「高齢者は頑固だ」とか，「高齢者は融通が利かない」というような否定的で画一的なイメージが持たれてきた。しかし頑固な小学生もいれば，融通の利かない中学生がいるように，これは高齢者に限った特徴ではない。ただし，加齢による心身の変化や環境の変化，これまでの生活体験などが高齢者の性格に影響を及ぼすことは事実であろう。高齢者は，人生の中で大きな問題がない場合には，極端な性格変化がみられないといわれ，適応した生活を送っていれば，円熟傾向が増すといわれている。

　ライチャード（Reichard, S.）は，退職後の高齢者の性格を「成熟型」「安楽いす型」「自己防衛型」「外罰型」「内罰型」に類型化して説明している。「成熟型」とは日常生活に建設的で現在の生活に満足を感じている未来指向型の高齢者であり，このタイプは積極的な適応型といわれる。「安楽いす型」とは，受動的，依存的で安楽に暮らすことを望むタイプであり，消極的な適応型ということができる。「自己防衛型」とは，老化への不安や苦悩を抑圧する自己防衛的なタイプであり，防衛できているときには適応しているが，防衛しきれなくなると，不適応を起こすタイプといわれる。「外罰型」とは，人生の生き方の不満を他人のせいにして攻撃するタイプであり，攻撃をしても満足できないタイプであるため，不適応タイプといわれる。「内罰型」は人生を不幸や失敗の連続と考え自分を責めるタイプであり，抑うつ的になりやすい不適応タイプといえるだろう。このような類型は理解しやすいが，実際には典型タイプに当てはまることは少なく，複数のタイプをあわせ持ったり，状況によっても変化する場合もあるだろう。

表6-2　エリクソンのライフサイクルにおける課題と危機

発達段階	発達課題	危　機	獲　得
①乳児期	基本的信頼	不　信	希　望
②早期幼児期	自律性	恥・疑惑	意　志
③幼児期	主体性	罪悪感	目　的
④学童期	勤勉性	劣等感	自　身
⑤青年期	自我同一性の確立	自我同一性の拡散	誠　実
⑥成人前期	親密性	孤　立	愛
⑦成人後期	生殖性：世代継承性	停　滞	世　話
⑧老年期	自己統合性	絶　望	英　知

☐ ライフステージと発達課題

　かつて高齢期は衰退の時期と考えられていたが，近年では生涯発達心理学の視点から高齢期を発達の最終段階としてとらえるようになった。人間は生涯発達する存在であり，ライフステージのそれぞれの段階には乗り越えるべき課題があると考えたのがハヴィガースト（Havighurst, R. J.）やエリクソン（Erikson, E. H.）である。

　ハヴィガーストは，人間の発達段階にはステージごとに達成すべき発達課題があるとし，それを社会的役割の視点からまとめており，課題の達成は幸福をもたらし，その後の課題達成も可能にするとしている。ハヴィガーストによる発達段階は，乳幼児期，児童期，青年期，早期成人期，中年期，老年期の6段階であり，特に老年期の発達課題は，「体力と健康の衰退への適応」「退職と収入の減少への適応」「配偶者の死に対する適応」「自分の年齢集団の人と率直な親しい関係を確立する」「柔軟なやり方で社会的な役割を身につけ，それに適応する」「満足のいく住宅の確保」としている。

　一方エリクソンは，人間の生涯をライフサイクルとしてとらえ，乳児期，早期幼児期，幼児期，学童期，青年期，成人前期，成人後期，老年期の8段階に区分している（表6-2）。エリクソンは自我の発達を課題の中心に置き，それぞれの発達段階には焦点化されるテーマがあり，乗り越えなければならない課題に失敗すると危機が訪れるとした。エリクソンは，ポジティブなものとネガティブなものを対提示して，ポジティブなもの（課題）がネガティブなもの（危機）を上回ることが大切であるとしている。

　高齢期は第8段階「老年期」にあたり，「統合」が課題となる。統合とは，自分の人生を受容しながら自身の人生を有意義なものと感じ，死に対しても安心した態度で臨むことをさす。統合によって獲得されるものは英知である。一方統合に失敗したときに訪れる危機は「絶望」であり，自分の人生に対する後悔や否定的な思いが心の大部分を占めることによって抑うつ的なるとしている。

□ 高齢期と適応（サクセスフルエイジング）

　幸福な老いをイメージすると，家族に囲まれ，経済的にも恵まれた生活を多くの人は思い浮かべるかもしれない。しかし，実際にそのような生活を送っている人であっても，家族を煩わしく思い，たとえ貧しくても気ままな生活を送りたいと思っているかもしれない。一方，家族から離れて生活しており，一日の生活がやっとという高齢者であっても，本人はいたって気楽に生きている可能性もある。「幸福」という概念はかなり主観的なものであり，何を幸福と感じるかはその人によって異なる。ロートン（Lawton, M. P.）は，幸福な老いを迎えるための条件として，①精神科的な疾患の症状がないこと，②楽天的な思考，③現在の状況を受け入れていること，④歳をとることによって環境が悪い方向に変化しているという認識を持っていないこと，⑤高齢者に対する画一的な考え方を拒否すること，⑥環境をプラス面に評価することの6点を挙げている。つまり，精神的に健康で楽天的であり，高齢者に対する偏見を受け入れず，環境変化を否定的ではなくプラス面に考えていくことが，幸福な老いにつながると考えているのである。

　人生の最終段階である老年期を幸せに送りたいというのは誰もが思うことである。幸福な老後を送り，人生の最後を適応した状態で送る生き方はサクセスフルエイジング（幸福な老い）と呼ばれ，そのためにはどのような生活を送ることが望ましいのかという問題について，いくつか理論的な検討がなされてきた。

　ハヴィガーストらは，引退後であっても壮年期の社会的活動レベルを維持することが必要であり，それを高齢期にも維持することによってサクセスフルエイジングを実現可能にするという考え方を示した。これを「活動理論」という。つまり職業や社会生活を引退したとしても，さまざまな活動を行い，たとえ退職によって友人を失ったとしても，新たな社会活動を行うことによってそれを補い，引退前と同じような活動水準を維持し続けることを重要視している。これは高齢期になって新たな生活様式を獲得するよりも，壮年期の生活様式を継承し，それを維持する方がよいという考え方である。

　その後カミング（Cumming, E.）らは，「離脱理論」という考え方を提唱し，人間は引退することによって活動量や人間関係は減少するものであり，それは必然的なものであるとしたうえで，高齢期の個人の人生を職業生活や他者との関係性に結びつけず，個人的な価値観や高齢期の目標に費やすことが重要であることを指摘した。この考え方は，離脱は高齢者にとって望ましいというもので「活動理論」とは逆の考

え方であり，活動理論に代わって支持されるようになった。

　この二つの理論に対して，ニューガーテン（Neugarten, B.）らは「連続性理論」という考え方を示している。この考え方は，退職などによって社会生活から離脱した場合に，その生活に適応できるかどうかは，個人のパーソナリティによって異なるとしたうえで，活動理論のように活動的な社会生活を継続し続けることによって幸福感を感じる人もいれば，離脱理論のように社会活動を抑制することで老年期に適応する人もいるということを指摘している。つまり，老年期は，これまでの発達段階の連続線上にあり，これまでの変化は個人が選択してきたものであるという考え方である。

☐ 現代社会における高齢期の課題

　サクセスフルエイジングは，高齢期を生きるうえで理想的なことではあるが，現実問題として，どれほど多くの人がサクセスフルエイジングを迎えているのだろうか。高齢期を否定的にとらえ，否定的な面を高齢者自身が受け入れてしまうことにも問題があるが，サクセスフルエイジングを強調しすぎることも問題である。老年期は発達心理学的にみてもっとも個人差が大きい時期であり，健康で活動的な高齢者がいる反面，支援が必要な虚弱な高齢者も多いのが現実である。

　人生モデルでは，子どもから青年世代を第一世代，成人世代を第二世代，老年期を第三世代と考えてきた。しかし，先進諸国では超高齢化が進み，後期高齢者の増加だけではなく，さらに上の年代の超高齢者といわれる人たちも増加しているのが現状であり，平均寿命を超える第四世代の問題が出てきたのである。このような第四世代の存在に対しては，これまでのサクセスフルエイジングの概念をそのまま当てはめて考えること自体が困難になってきている。

　サクセスフルエイジングを構成する要素としてロウ（Rowe, J. W.）とカーン（Kahn, R. I.）は①病気や障害のリスクを最小限にしていること，②心身の機能を最大限にしていること，③社会的・生産的な活動を維持していること，の3つの要素を挙げているが，第四世代においては，この3つの要素を満たすこと自体が難しいだけでなく，このうち一つでさえ維持することが困難であるのが現状であろう。高齢者全般について考えても，高齢者の8割以上の人が慢性疾患を抱えているという事実だけではなく，質的に異なる病気が複数存在していることも多いこと，治療のために用いる薬物の種類も多くなるため，副作用が起こりやすいことなど，病気による生活の質の低下の問題もある。さらに認知症の出現率は加齢とともに加速度的に増加し，高齢者全体

では15％以下の発症率も，平均寿命である85歳では40％以上となり，２人に１人が認知症を発症する可能性があることなど，老年期を一括して考えること自体が困難な状況にあるといえる。

　社会生活面に関しては，第四世代の多くは女性であり，その多くは夫に先立たれて一人暮らしであることや，最終的には病院か施設でひとりで死亡するという事実が指摘されている。

　高齢化に対する負のイメージが強調され，「老人差別（エイジズム）」と呼ばれた時代への反動として，肯定的な老い（ポジティブ・エイジング）の考えが強調されるようになり，サクセスフルエイジングといった肯定的側面が強調されるようになったが，近年ではこの両者の極論ではなく，高齢期を生きる人の現実を直視する必要性が問われるようになってきた。このことは，第四世代の増加や，核家族化にともなう高齢者夫婦世帯の増加，老々介護の問題，その後に訪れる高齢者の一人暮らしの問題，自立が難しくなった場合の在宅生活の継続の問題，施設入所の問題など，多くの課題が出現してきたことによるものであろう。

　近年介護予防の考え方が提唱されるようになり，心身ともに健康な状態を維持していこうとする動きがある。このこと自体は非常に意義深く，価値のあることではあるが，現時点で要介護状態になった人たちの多くは，予防を怠った結果としてそのような状態に陥った人ばかりではない。しかし，予防という視点があまり強調されすぎると，要介護状態の人たちは何か落伍者のように扱われる可能性があり，本人や家族は肩身が狭い思いをすることになるかもしれない。たとえ虚弱になっても，認知症になったとしても，その人は自分らしく，尊厳を持って生きる権利があるのである。それを支えるのが福祉の役割だといえるだろう。

⑤ 障害と発達

　本節では，さまざまな障害と人間の発達の関係性，その理解・受容と支援，支援フィールドについて，社会福祉士・精神保健福祉士にとって必要な具体的な知見を紹介する。

☐ 障害とは

　世界保健機関（WHO）が，2002年に国際生活機能分類（ICF：International Classification of Functioning, Disability and Health）を採択して，人間の生活機能と障害に関して定義している。人間の生活機能と障害は，「心身機能・身体構造」「活動」「参加」の３つの次元，および「個人因子」「環境因子」の影響を及ぼす因子から構成されるとした。それ以前の障害のとらえ方として，身体機能の障害による生活機能の障害（社会的不利を分類する）という考え方が中心であったのに対して，ICFは環境因子という観点を加え，たとえばバリアフリー等の環境をすすめることで障害に対するとらえ方が変わっていくことを示唆した。

　具体的には，生まれつき左足がないという「心身機能・身体構造」の場合，歩行や走るなどの運動の「活動」に制限が生じる。しかし，それによって運動会や地域のスポーツ大会に「参加」できないという制約につながらないようにすべきである。歩行や走る以外の活動における個人の才能も見出し，持ち得る機能や活動できるもので参加できるようにしたり，または参加できる環境づくりにつとめていくことで，障害のある人の活動と参加を保障していこうとする考え方である。障害者を含むすべての人々の保健・医療・福祉サービス，社会システムや技術のあり方の方向性を示すものとされている。

☐ 支援フィールドにおける障害と発達について

　社会福祉士・精神保健福祉士が働く支援フィールドは，社会福祉領域にとどまらず極めてたくさんの機関・施設などがある。基本的な社会福祉分野でいえば，児童施設，障害者施設，高齢者施設である。そのほかに，幼稚園・学校などの教育機関，病院・リハビリテーション施設などの医療機関，障害者や高齢者が働く企業・施設などの労働機関，役所や相談等センターなどの行政機関がある。ソーシャルワーカー（医療ソーシャルワーカー，スクールソーシャルワーカーなどを含む），

相談支援員，生活支援員，児童支援員，介護支援専門員（ケアマネジャー），職業・就労支援員，福祉担当職員，地域福祉コーディネーター，など実にさまざまな職種や役割を担う（事業・機関ごとに色々な名称が用いられている）。

　いずれも，対象はさまざまな支援が必要な子どもや成人であり，具体的には，障害児者，高齢者，生活・就労などに困難さを抱える者，などである。加えて，その保護者・家族などを対象とする。経済的支援，医療的支援（健康維持を含む），就労支援，生活支援，学習支援，余暇支援，環境整備，情報提供，などのサービスを探し出して紹介や提供をする。物理的，空間的，治療的なサービスを実際的に提供することが支援の中心となる。

　目に見えることをすぐにしてもらえるのが，第一に求められることは容易に理解できるが，当事者やその家族から寄せられる声には，「話しを聞いてほしい」「しっかり説明してほしい」「自身のつらい現状を受けとめられるようにしたい」「納得したい」「精神面・心理面の負担を軽減してほしい」などが少なくない。つまり，心理的援助の必要性を訴えるものである。話を聴くのはカウンセラー（心理職）だけの仕事ではなく，社会福祉士も担うことが多い。むしろ，実際的な支援の話を説明し提案する場面で，こうした心理的な側面に対するケア技術が求められる。

🗌 身体障害・知的障害・精神障害・発達障害について

　障害があると認定されると，障害種別の障害者手帳が交付される。主に，手帳があることによって各種福祉サービスを利用できる。そして，そのサービスは障害者総合支援法により，障害種別に分け隔てられることなく包括的に定められている。同法では，「障害福祉サービス」「地域相談支援」「地域生活支援事業」の3つのサービス体系に分類し，市区町村が行う事業と都道府県が行う事業を分け，それぞれの役割を明確にしていている。**表6-3**に，各障害の概要と福祉手帳を紹介する。発達障害者には特有の福祉手帳はなく，他の障害が合併した際に，必要に応じて取得する。

🗌 障害者相談支援の中核である基幹相談支援センター

　基幹相談支援センターは，障害のある者やその家族の最初の相談窓口として，地域の市区町村（委託された法人等）に設置されている障害福祉に関する相談支援の中核的な役割を担う機関である。障害の種別（身体障害・知的障害・精神障害・発達障害）や障害者手帳の有無にかか

表6-3　障害の概要と福祉手帳

障　害	福祉手帳	障害の概要と手帳の区分
身体障害	身体障害者手帳	・身体障害者福祉法に示される障害の種類（視覚障害／聴覚又は平衡機能の障害／音声機能，言語機能又はそしゃく機能の障害／肢体不自由／心臓，じん臓又は呼吸器の機能の障害／ぼうこう又は直腸の機能の障害／小腸の機能の障害／ヒト免疫不全ウイルスによる免疫の機能の障害／肝臓の機能の障害）を対象とする。 ・身体障害者程度等級表において，障害の程度によって重度側から1〜6級に区分される。
知的障害	療育手帳	・知的障害者福祉法には，定義が設けられていないため，都道府県ごとに判定基準が異なる。 ・A（重度）とB（その他）に区分される。 ・「知的障害児（者）基礎調査」では，知的障害を「知的機能の障害が発達期（おおむね18歳まで）にあらわれ，日常生活に支障が生じているため，何らかの特別の援助を必要とする状態にあるもの」としている。
精神障害	精神障害者保健福祉手帳	・精神保健福祉法第5条に定められた「統合失調症，精神作用物質による急性中毒又はその依存症，知的障害，精神病質その他の精神疾患を有する者」のうち，知的障害者を除いた者が対象となる。 ・精神疾患の程度，能力障害の程度により，1〜3級の等級がある
発達障害	手帳なし ※他の障害があれば上記の手帳を取得	・発達障害者とは，「自閉症，アスペルガー症候群その他の広汎性発達障害，学習障害，注意欠陥多動性障害などの脳機能の障害で，通常低年齢で発現する障害がある者であって，発達障害及び社会的障壁により日常生活または社会生活に制限を受ける者」としている。

出所：筆者作成．

わらず，相談者に必要な支援などの情報提供や助言などを行う。

　また適切な支援を行うために，エリア内の関係機関の連携の中心に位置している。具体的には，①障害者に対する総合的・専門的な相談支援（特に対応が困難と判断されるケースをあつかう），②地域の相談支援体制の強化（関連機関に対する専門的な指導や助言，人材育成のサポート，連携強化など），③地域移行・地域定着，④障害者の権利擁護・虐待防止（障害者虐待防止センターを兼ねたり，家庭内または施設内での障害者虐待に関する相談窓口として機能）などを実施する。

　専門的な相談支援スキルを有する職員の配置が求められており，国もその機能強化に努めている。社会福祉士や精神保健福祉士，保健師，相談支援専門員などが勤務する。ここで求められるスキルとは，相談支援業務であるが，内容として，「カウンセリング（主訴の傾聴）」「アセスメント（問題の把握）」「コンサルテーション（専門的な助言）」「コーディネーション（他機関と連携）」である。

❏ インクルーシブ保育・教育

　障害の有無にかかわらず，すべての子どもを対象に一人ひとりの特別な教育的ニーズに応じた保育・教育を行うべきとされるのがインクルーシブ保育・教育である。障害者基本法で「障害のある児童生徒が通常の学級・学校でも充実した配慮・支援を受けながら，障害のない児童生徒と共に学ぶ環境を提供すること」が規定され，インクルーシブ保育・教育の実現を推進している。障害をその人の個性や特徴としてとらえ，認め合い，みんなが同じように生活や活動に参加できるように，必要（ニーズ）に応じて配慮や支援を提供していくことが求められている。

　現在の幼稚園や保育所で行われる障害児保育の形態には，障害幼児のみを対象とする形態（分離保育：障害児通所・入所支援事業）と，健常幼児と障害幼児を合わせた集団を対象とする形態（インクルーシブ保育・幼児教育），両者の中間となる形態（交流保育・教育）がある。インクルーシブ保育は，各園の保育体制や施設・設備などの実情と障害幼児の発達や障害の状態などに応じて，多様な段階・内容で展開されている。

　一方で，特別支援教育（障害児教育）では障害の状態や程度に応じて，特別支援学校（重度障害のある児童生徒を対象として教育を行う学校）や特別支援学級（中度・軽度障害のある児童生徒のための通常の学校に障害種別ごとに置かれる学級），通級による指導（通常の学級に在籍している児童生徒が必要な特別の指導を特別の場で行う）などにおいて指導や支援が行われている。子どもに合った学習の場を提供するために就学相談・教育相談などが行われている。

　一方で，当事者・家族の想い・希望と学校フィールドなどがうまくかみあわないケースもある。子どもの実力・実態などに必ずしも適さない教育環境であったりした場合は，子どもはもちろん，その家族においても悩みやストレスなどが生じることが少なくない。特に，福祉的援助が必要とされる場合，スクールソーシャルワーカーが相談を担うケースが近年は急増している。

❏ アセスメント

　アセスメントとは，支援対象者の実態を理解・把握するために，その情報を様々な角度から集め，その結果を総合的に整理・解釈していく過程のことをいう。その機能には2つあり，一つは，ある条件や基準に照らし合わせ，大まかにその対象となりうるものを抽出する「スクリーニング的な機能」（たとえば，「発達障害」であるかを判別する）で

ある。もう一つは具体的・専門的に状態像を探っていく「診断的機能」（たとえば，「自閉スペクトラム症」であると診断し必要な支援を把握する）である。

医師の障害・疾病の医学的診断や心理職が行う心理検査・発達検査による心理的診断と異なり，障害の状況を把握し，その処遇や生活支援などを立案する社会福祉士・精神保健福祉士が実践するアセスメントは，多様であり多角的なものである。これらは「判断・実態把握」「個別支援計画の作成」「他機関連携」などの重要な情報源となる。当事者や関係者からの聴取にとどまらず，行動観察や日常場面の様子も総合的に加味し，当事者や家族，関係者が抱く問題の背景要因や解決に向けた支援について検討することが求められる。

☐ 障害が発達に与える影響：二次的な障害（問題）

学校や会社などという社会的環境で子どもたちに不適応が起きていることを総称して「学校不適応」，それが大人であれば「社会不適応」と呼ばれる。不登校や引きこもりが代表例であるが，学校不適応は不登校だけにかぎらない。たとえば，いじめ問題におけるいじめられる側の苦痛は学校不適応の原因となり，いじめる側についてもその背景には何らかの問題が推測されたりする。非行も学校不適応に含まれる。

見落とされがちであるが，知能から期待されるよりも学力が低い「アンダー・アチーバー（学業不振）」やその反対の「オーバー・アチーバー（学業優秀，天才的）」で不適応となるケースが少なくない。また，友人や集団に過度に同調してしまう「過剰適応」も一見すると適応的であるが，学校不適応に含まれるという見方もある。

その他，家庭では普通に話すことができるのに，特定の場面（学校など）や特定の人（先生や級友など）に対して選択的・持続的に話をしない「選択性かん黙」などがある。

不適応とは，個人の特徴と環境の要求との不一致で生じるものといえる。岡田有司は，「心理的適応と社会的適応を区分して捉えることが重要」としている。[6] 心理的適応は「欲求充足：他から求められることと自分のやりたいことにズレがない状態」と「要請対処：他から求められることと自分の行動にズレがない状態」，社会的適応は「孤立傾向：周囲からの孤立という非社会的な状態」と「反社会的傾向：周囲に被害を与える反社会的な状態」に分け，問題をとらえると指摘している。

当事者の能力・行動と環境（学校や社会）が求める水準・傾向との不具合で起きている状態であるが，障害・疾患のある者は，その特性

からさまざまな制限があり環境にうまく適応ができないことがある。また，先天的な脆弱性を抱えることが多く，もともとのハンディキャップに加えて二次的な問題（障害）が生じやすい。学校不適応や社会不適応も二次的な問題（障害）といえる。とりわけ，情緒障害といわれる行動や精神の問題を引き起こし，高じると社会的行動に問題を示し，重篤な精神症状が現れて，生活上の困難さが生じる。

　先天的な障害（知的障害，発達障害）や年少期に生じた場合も含む身体障害などは，環境とのマッチングがうまくないと成長・発達にかかわる二次的な問題（障害）が現れたりする。一方，10代以降で増加する統合失調症や気分障害，不安障害，ストレス障害などの精神疾患も，先天的な知的障害・発達障害や年少期からの身体障害のある者に併発することが少なくない。近年，10代に多いと注目されている神経性やせ症（摂食障害）や選択性かん黙，起立性調節障害，ゲーム障害などは，先天的な障害に併発する情緒障害として増えている。

☐ 障害の受容

　障害のある当事者や保護者が，障害やわが子に向き合う際に，障害受容という言葉が用いられる。1950年代にアメリカで提唱された概念であり，上田敏は「あきらめでも居直りでもなく，障害に対する価値観の転換であり，障害をもつことが自己の全体としての人間的価値を低下させるものではないことの認識と体得を通じて，恥の意識や劣等感を克服し，積極的な生活態度に転ずること」（価値転換論）と定義している[7]。

　1950年代から唱えられた障害受容の段階モデルは，①ショック，②回復への期待，③悲嘆，④現実認識，⑤適応（順応），というプロセスに整理される。

　段階説は，再適応（順応）を前提としているが，その逆の見解として，オルシャンスキー（Olshansky, S.）は知的障害児をもつ保護者の「慢性的悲哀」を主張した[8]。保護者がさまざまな防衛機制から真の受容に達していない状態があることを指摘しており，慢性的悲哀を否定的な意味でなく，正常な反応とした。当事者や保護者に悲哀を乗り越える励ましばかりではなく，悲哀などの自然な感情を表明することも大切である。また，障害のある幼児の歩き始め，発語，就学・進学，就職の時期などの発達マイルストーンやライフイベントの節目に，保護者は悲哀が再起するとされている。すなわち，常に悲哀の状態にはなく，標準的な発達の事象や社会的なできごとが，障害児の家族の悲哀を再燃させる契機となり周期的に現れる。

表6-4　障害受容の段階説・慢性的悲哀説と心理的ケア

当事者の障害受容過程（Cohn）	家族の障害受容過程（Drotar）	「慢性的悲哀」説（Olshansky）	保護者の受容らせん型（中田）	支援者がおこなう心理的ケア
ショック ↓ 回復への期待 ↓ 悲　嘆 ↓ 防　衛 ↓ 適応（順応）	ショック ↓ 否　認 ↓ 悲しみ・怒り ↓ 適　応 ↓ 再　起	［防衛機制］ 悲　哀 一時的な適応 悲　哀 【繰り返す】	［異常発見］ ↓ 障害の否定 （落胆） ↓ 障害の肯定 （適応） ⋮ 【繰り返す】	【傾聴】不安の表出を促す／悲嘆を受容・共感する 【問題の整理】期待を受け止める／可能性の説明をする／受容のレベルを確認 【対応】仲間（ピア）やカウンセリングの紹介／生活しやすい具体策の提示／ニーズに応じた実際的な対応

出所：筆者作成.

　さらに，中田洋二郎は「らせん型モデル[9]」を提唱した。保護者の内面には，障害を肯定する気持ちと障害を否定する気持ちの両方の感情が常に存在し，表と裏の関係にあると考えた。そのため，表面的には２つの感情が交互に現れ，落胆と適応の時期を繰り返しながら，少しずつ受容が進んでいく過程を示した。

　当事者や家族への心理的ケアとして，その受容の程度に応じた，①傾聴，②問題の整理，③段階に応じた対応，が必要となる。

　障害者自身とその家族のストレスや負担は，外からは計り知れない。一方で，障害（児）があることが負担ばかりでなく，当事者や家族の人生に肯定的な影響を与えることも支援者は見逃してはならない。

　支援者の姿勢として，保護者の悲哀をわかったつもりになったり，安易に励ましたりすることが，保護者の自然な感情の表明を妨げてしまう可能性もある。特に，保護者が障害を受容できているか，できていないか，という視点に立つのではなく，保護者本人にしかわからない思いがあると受け止めるマインド（態度）と保護者の言葉に耳を傾け，心情を理解しようと常に努める姿勢が重要である（表6-4）。

□ 障害児者やその家族への心理的支援

　心理療法のブリーフセラピーでは，相談者のタイプを「ビジター」「コンプレイナント」「カスタマー」の３つに分類しており，障害児を持つ保護者にもあてはまることから，こうしたタイプを見極めながら相手に応じた対応をしていくことが必要である（表6-5）。相談を進めていくにあたって重要なことが，相談者の主訴・問題の明確化である。対話を通して，何に困っているのか，もしくは問題視していないのか，どうしたいと望んでいるのかを明確にし，関与する支援者らの考えを共有しながら共通理解を図る。

　認知行動療法の理論を援用して，①主訴や想いに対する受容・共感，

表6-5　保護者のタイプ

ビジタータイプ	相談者自身が問題を感じていないか，感じてはいてもそれを表明しない，もしくは変化することをまったく期待していないタイプ 【対応例：人間関係づくりを目標とし，相談者に合わせる】
コンプレイナントタイプ	不平不満を強くもち，自分が感じている問題を何とかしようと考えてはいるが，問題発生の責任を他者や周囲の環境に求めるタイプ 【対応例：相談者を尊重しながら，よりよい目標を設定するのを支援する。相談者自身に変化を求めない】
カスタマータイプ	相談者が実際困っていて，何とかしようと思っている。また，問題が自分にあることを自覚していて，自分が変化したいと強く思っているタイプ 【対応例：解決に向けての有効な質問を用いながら，目標を具体的なレベルにしていくように支援する】

出所：枡千晶（2020）「教育相談における保護者とのかかわりと専門機関との連携」『教職課程コアカリキュラム対応版キーワードで読み解く特別支援教育・障害児保育＆教育相談・生徒指導・キャリア教育』福村出版，228.

傾聴といった「感情面へのアプローチ」，②障害や支援方策などへの認識・考え方を適切なものに導く「認知面へのアプローチ」，③具体的な対応・支援方法を伝える「行動面へのアプローチ」の3側面にアプローチしていく。これら3つのアプローチを相談者の受容の様相や状況などに応じて調節して提供する。

☐ 社会受容（バリアフリー）について

　障害があることで社会から負わされる苦しみに，差別や偏見（境界やスティグマ）などといった障壁がある。障害に対する知識のなさや無理解などにはじまり，健康状態や心身機能の制限を「できない存在」として社会参加を阻む扱いや空気をつくっている。現在では，雇用や教育の機会，あらゆる社会参加を促す取り組みが法律で定められており，差別的な待遇は禁止されている。

　最も重要なことは，心のバリアフリーであり，社会に暮らすあらゆる人が，障害とその当事者・家族への理解を深め，共生社会を実現するために努力する姿勢であろう。

　一方，障害者支援の専門家らは，障害に関する医学・教育・福祉・労働分野における，これまでの知見や実績などを踏まえることは大切であるが，「自閉症だから○○にするべきだ」といった画一的な対応・方策がエビデンスに基づいていると信じ込んでしまい，ステレオタイプに陥りがちでもある。最も重要なのは，障害のある当事者とその家族という「個」であり，主訴や問題などに注視し耳を傾けた上の相談活動を経て，個に応じた支援を展開することである。

❏ カウンセリングマインド

　障害者や困難を抱える者，その家族に対する相談支援活動では，心理の専門家以外でも，カウンセリングマインド（カウンセリング的に相談者と関わろうとする態度や心構えなど）が求められる。具体的には，「傾聴」「受容」「関心と意欲の表明」「共感的理解」などである。よく話を聴き，コミュニケーションを深め，親身になった相談活動を展開することで，信頼関係を構築することにつながる。一方，障害児者個人の成長や所属・環境の変化にともない，相談主訴や抱える問題が変化していくことに留意して，当事者や保護者・家族，関係者らとの情報交換や連携などを常に進めていく必要がある。

◯注

(1)　Macfarlane, A.（1977）*The psychology of childbirth.*（＝1982, 鹿取廣人・高橋晃訳『赤ちゃん誕生』サイエンス社）

(2)　Condon, W. S. & Sander, L. W.（1974）"Neonate movement is synchronized with adult speech." *Science*, 183, 99-101.

(3)　Thomas, A. & Chess, S.（1980）*The dynamics of psychological development*, Brunner/Mazel.（＝1981, 林雅次監訳『子供の気質と心理的発達』星和書店）

(4)　Winnicott, D. W.（1965）*The maturational process and the facilitating environment*, London: The Hogarth Press.（＝1997, 牛島定信訳『情緒発達の精神分析理論』岩崎学術出版）

(5)　Levin, K.（1951）*Field theory in social science*, Harper & Brothers.（＝1979, 猪股佐登留訳『社会科学における場の理論』誠信書房）

(6)　岡田有司（2015）『中学生の学校適応──適応の支えの理解』ナカニシヤ出版.

(7)　上田敏（1980）「障害の受容──その本質と諸段階について」『総合リハビリテーション』8，515-521.

(8)　Olshansky, S.（1962）Chronic sorrow: A response to having a mentally defective child. *Social Casework*, 43, 190-193.

(9)　中田洋二郎（1995）「親の障害の認識と受容に関する考察──受容の段階説と慢性的悲哀」『早稲田心理学年報』27，83-92.

◯参考文献

[第5節]

Cohn, N.（1961）Understanding the process of adjustment to disability. *Jounal of Rehabilitation*, 27, 16-19.

Drotar, D., Baskiewicz, A., Irvin, N., et al.（1975）The adaptation of parents to the birth of an infant with a congenital malformation: A hypothetical model. *Pediatrics*, 56(5), 710-717.

■第7章■
現代の心を取り巻く課題

① 発達障害（神経発達症）

☐ 発達障害（神経発達症）

　日本の保健統計には WHO（世界保健機関）の国際疾病分類（The International Classification of Diseases and Related Health Problems： ICD）が用いられている。福祉制度利用のための診断書も ICD 分類に準拠して作成されており，ICD は社会福祉士・精神保健福祉士の業務にも密接な関係をもつ。WHO は ICD 第10版（ICD-10）から実におおよそ30年ぶりとなる改訂を2018年に発表した。この ICD 第11版（ICD-11）は2019年に世界保健会議で承認され，わが国でも厚生労働省が ICD-11の運用に向けた検討を行っている。

　ICD-11への改訂は2013年に刊行されたアメリカ精神医学会の「精神疾患の診断・統計マニュアル（Diagnostic and Statistical Manual of Mental Disorders）第 5 版（DSM-5）」との整合性を視野に入れて行われ，臨床現場や研究分野での混乱の収束がはかられている。

　発達障害に相当する名称として ICD-11では DSM-5と同様に神経発達症群（Neurodevelopmental disorders）が用いられている。ICD-11では神経発達症群を以下のように記載している。

　　「神経発達症群は発達期に始まる行動と認知の障害であり，それら障害は特定の知的機能や運動機能あるいは社会的機能を獲得したり実行したりするうえで明確な困難を生じる。行動と認知の欠陥は，発達期に発症しうる多くの精神と行動の障害（たとえば統合失調症や双極性障害など）でもみられるが，神経発達にその中核的特徴がある障害のみが神経発達症群に含まれる。神経発達症群で推定される病因は複雑で，多くの個別事例で病因は不明である。」

　神経発達症群は ICD-11の「06　精神，行動および神経発達の障害」に位置づけられ，以下の診断群で構成されている。

　6A00　知的発達症（ICD-10では知的障害）

　6A01　発達性発話または言語症群（ICD-10では会話および言語の特異的発達障害）

　6A02　自閉スペクトラム症（ICD-10では広汎性発達障害）

　6A03　発達性学習症（ICD-10では学力の特異的発達障害）

　6A04　発達性協調運動症（ICD-10では運動機能の特異的発達障害）

6A05　注意欠如多動症（ICD-10では多動性障害）

6A06　常同運動症（ICD-10では常同運動障害）

8A05.0　一次性チックまたはチック症群（ICD-10ではチック障害）

6E60　二次性神経発達症候群

6A0Y　神経発達症, 他の特定される（ICD-10では他の心理的発達の障害）

6A0Z　神経発達症, 特定不能（ICD-10では特定不能の心理的発達の障害）

　ICD-11では所属する大分類（Parent, 親）を複数もつことが許されている（multi-parenting）。「一次性チックまたはチック症群」は一義的には「08　神経系の疾患」の「運動障害」のなかに位置づけられるが, 神経発達症のなかにも位置づけることが認められ, 発達障害としての支援を受ける公的根拠が与えられている。

　なお, 本節のICD-11診断名和訳は公益社団法人日本精神神経学会2018年6月1日版に, DSM-5診断名和訳は日本精神神経学会2014年医学書院版に, その他ICD-11記述は2020年7月時点でのWHOウェブサイト記述の私訳である。ICD-11を臨床に用いるためのガイドラインはまだ公表されておらず, アメリカ精神医学会も今後DSMを第5.1版, 第5.2版, と微修正していくことを明言している。発達障害（神経発達症）は臨床知見の集積にもとづく再編の時を迎えようとしている。

❏ 日本における「発達障害」

　日本では知的障害者福祉法（昭和35年4月施行）により知的障害（知的発達症, 知的能力障害）が公的支援の対象として明記された。「知的障害をともなわない発達障害」は発達の視点からの支援が必要でありながら, 長らくサービスのはざまにあった。2005（平成17）年4月に施行された発達障害者支援法は「自閉症, アスペルガー症候群その他の広汎性発達障害, 学習障害, 注意欠陥多動性障害その他これに類する脳機能の障害であってその症状が通常低年齢において発現するものとして政令で定めるもの」を発達障害と定義し, 公的支援に法的根拠を与えた。福祉や教育の分野では, この発達障害者支援法の条文をもって発達障害の定義とする立場がある。すなわち知的障害のみの場合は発達障害に含めないという立場である。後述するように, 医療では知的障害（知的発達症）も発達障害ととらえることが一般的であり, 福祉・教育と医療との行き違いの一因となっている。

　児童精神科で発達障害として対応されている主な診断名に「知的障

害（知的発達症）」「広汎性発達障害（自閉スペクトラム症）」「多動性障害（注意欠如多動症）」「学力の特異的発達障害（特異的学習症）」「会話および言語の特異的発達障害（発達性発話または言語症群）」があり，チックも慢性の経過をたどるものは発達障害ととらえて対応されている。「運動機能の特異的発達障害（発達性協調運動症）」も発達障害臨床の対象で作業療法士が指導に当たることが多い。

☐ 発達障害（特に自閉スペクトラム症）に関する知識の重要性

　文部科学省が2012（平成24）年に全国の小中学校を対象に実施した調査で，「知的発達に遅れはないものの学習面又は行動面で著しい困難を示す」児童・生徒は通常学級に在籍する児童・生徒（男女）の6.5％，男子の9.3％と大きな割合を占めることが示された。

　独立行政法人日本学生支援機構は大学・短大・高等専門学校における障害学生の実態調査を2005（平成17）年度から毎年実施している。発達障害（診断書有）は2005年度調査では「その他」に分類される例外的存在だったが，2006年度調査から独立した回答項目となった。2006年度調査の127人（障害学生の2.6％）から年々増加して，2019年度調査では7065人（障害学生の18.8％）となり，肢体不自由2391人，聴覚・言語障害1980人，視覚障害887人を合算したよりもはるかに多い人数となっている。身体障害をモデルとして構築されてきた大学での障害学生支援は大きな変革が求められている。

　この2019年度調査では発達障害（診断書有）7065人のうち3781人は自閉スペクトラム症であり，自閉スペクトラム症の学生は医学部・歯学部を含め全ての学部に在籍していた。また，成人期に至った発達障害の治療は一般精神科でも大きな関心を集め，不登校，ひきこもり，繰り返される休職などさまざまな支援領域で発達障害が注目されている。教育・福祉・医療に携わる専門職にとって発達障害（特に自閉スペクトラム症）についての知識をもつことは，利用者の年齢帯にかかわらず，必須のことといえよう。

　本節では，知的障害（知的発達症），広汎性発達障害（自閉スペクトラム症），学習障害（発達性学習症），多動性障害（注意欠如多動症）に関して，それぞれの状態の意味するところを概説する。

☐ 知的障害（知的発達症）

　知的障害（知的発達症）は，知的機能と適応機能とが平均よりも明らかに低い状態で，その起源が発達期にあるものを指す。

　知的障害（知的発達症）の評価のためには，知的機能と適応機能の

２軸について標準化された検査が適切に個別的に実施されることが望ましく，２標準偏差以上低いことが目安とされる。

　日本でも知的機能を評価する標準化された検査（知能検査）はいくつか存在するが，これまでは適応機能を評価する標準化された検査は存在しなかった。適応機能の把握には，コミュニケーション，身辺自立，家庭生活，社会的（対人的）技能，地域資源の利用，自己決定，実用的学力，仕事，余暇活動，健康維持，安全管理など多岐にわたる領域に関して評価する必要があり，欧米では Vineland 適応行動尺度の使用が勧められている。日本でも Vineland-Ⅱ適応行動尺度の標準化作業が完了し2014年に日本語版が出版された（辻井ら，日本文化科学社）。今後は知的障害（知的発達症）の重症度の判定の目安として，標準化された適応機能評価ツールの使用は広まると考えられる。

　これまで標準化された適応機能評価ツールが日本には存在しなかったという現状もあってか，周囲が迷惑を被っていないことをもって適応機能に問題がないと判定されてしまうことがある。たとえばIQ60の児童が，授業はわからないままに，おとなしく着席を維持していたとする。IQ60の知力で通常学級の進度にあわせて新しい知識（概念）を消化・吸収していくことはきわめて困難である。そうした困難は学業の不振にとどまらず，子どもに不安や混乱をもたらし，自信を失わせ，自己肯定感（困難はあっても自分ならやりようはあると実感でき，努力はきっと報われると希望をもって，自分を信じられること）をそこなう結果となりかねない。「周囲に迷惑をかけていないこと」と「実生活上の困難がないこと（支援が不要であること）」はまったく別である。

　知的障害（知的発達症）はその重症度によって軽度・中度・重度・最重度に区分される。知的障害（知的発達症）の重症度は知的機能と適応機能の両面から判断する必要がある。このことを大前提として，ICD-10と DSM-Ⅳ では重症度の目安となる IQ が示されていた（軽度：50〜69，中度：35〜49，重度：20〜34，最重度：20未満）。しかしDSM-5では，重症度はIQではなく適応機能に基づいて評定されるという記載に変更され，重症度の目安としてのIQは示されなくなった。

◻ 自閉スペクトラム

　自閉症の臨床は1943年にアメリカの児童精神科医カナー（Kanner, L.）が11例の症例報告を行ったことにはじまる。カナーの自閉症概念は現在のものよりもずっと狭い範囲に限定されていた。イギリスの児童精神科医ウィング（Wing, L.）は自閉症と同じ能力不全をもちながらカナーの基準には当てはまらないために支援の対象からはずされてし

まっている子どもたちが多く存在することに気づき，グールド（Gould, J.）とともに大規模調査を行ってこうした子どもたちの存在を実証した（1979年）。そしてウィングは典型例である自閉症（カナータイプ）からアスペルガー症候群（アスペルガータイプ）などの非典型例まで状態像は連続的で支援の原則は共通するとして，自閉スペクトラム（the Autism Spectrum）という用語を提唱した。

　ウィングは，「三つ組」（後述）があれば支援の基本方針は共通するので，細かく下位分類することは臨床上の価値が小さく，また下位分類を定めてもそれらに明確な境界線を引くことはできないので下位分類の何に当たるかに拘泥することは現実的でもないという立場をとっている。ウィングの自閉スペクトラム概念や自閉スペクトラム症という用語（ウィングも支援対象であることを明確化する際には自閉スペクトラム症という用語を使用）はDSM-5やICD-11に取り入れられたが，用語は同じでもウィングの自閉スペクトラム症とは相違点も多い。

　ウィングは自閉スペクトラムの特徴を以下の3つに整理した（ウィングの「三つ組」）。

　①　対人交流の質的障害

　定型発達では特別な技能を駆使しなくても，相手の感情や意図を直感的に感じ取り，自然に振る舞えば結果としてその状況に適した行動になり，相互的な人間関係を自然に築くことができる。母親と感情を共有し喃語や視線で相互的に関わる能力は定型発達では0歳の乳児でも観察される。

　自閉スペクトラムではこの能力に不全があり，対等で相互的な対人交流を維持・発展させることに困難がある。対人交流の評価は，同年代児集団における行動を中心に，量よりも質（内容の適切さ）を重視して検討する。

　②　社会的コミュニケーションの質的障害

　自閉スペクトラムでは幼児期には話し言葉の遅れが心配されることが多い。しかし，診断上重要なのは，言葉の遅れではなく，社会的コミュニケーションの質的障害である。自閉スペクトラムでは，言語性知能では説明がつかないほどに実用上のコミュニケーションが困難で，相互性に乏しい。ビデオのせりふは長々と暗誦しているのに，意思伝達のためには限られた単語しか用いない，会話が一方的でかみ合わない，言葉を字義通りにとってしまい裏の意味が読み取れない，相手の真意をくめず誤解が多い，といった状況がこれにあたる。**エコラリア・代名詞反転・隠喩的表現・新作言語**など独特の話し言葉が認められることもある。

　また非言語的なコミュニケーションにも質的障害がある。指さしやうなずきなどの出現が遅れたり，掌を自分に向けた逆転のバイバイなどの特異な所見がみられることも多い。非言語的に会話を補うことが適切に行えず，視線・表情・ジェスチャーなど非言語的コミュニケーションの使用が乏しかったり，ときには過剰あるいはパターン的で奇異な印象を与える。

　③　社会的イマジネーション（社会的想像力）の障害

　社会的イマジネーション能力とは，見たり触ったりできない，物事の本質（概念）・いきさつ・先の展開などを直感的に把握したり処理したりする能力である。こうした能力はある程度の年齢にならなければ評価できないが，ウィングは社会的イマジネーションの障害が示される事例では幼児期の見立て遊びに出現の遅れや内容の独特さがみられることに注目し，見立て遊びの発達を社会的イマジネーション能力の重要な指標とした。

　社会的イマジネーション能力の不全は，対人・コミュニケーション技能にも影響を及ぼすが，特に思考や行動の柔軟性の乏しさとして表現される。すなわち，思い込みやすく，考えや行動をリセットすることが困難で，新しいもの・新しい場面（自分にどのような影響が及ぶか見通しの立たない状況）で強い不安を示すことが多い。また，自分の予定していた行動が変更されることを嫌い，そうした介入で時に強い混乱を生ずる。興味・活動は「浅く広く」よりも「狭く深く」の傾向（偏り）がみられる。偏った興味の対象は，乗り物・数字・時刻表・信号・地図・歴史などさまざまである。物並べや手順への執着がみられることもある。また常同運動（つま先歩き，くるくる回る，手をひらひらさせる，など）がみられる場合もある。ウィング自身はこうした反復的な常同行動は社会的イマジネーションの障害とは区別して第4の特徴としているが，両者が表裏一体をなすものであることも明言しているので，本節では「三つ組」の3番目に含めて記載した。

□　広汎性発達障害・自閉スペクトラム症

①　広汎性発達障害・自閉スペクトラム症とは

　広汎性発達障害（Pervasive Developmental Disorders）は自閉症を中核とする発達障害群のグループ名である。広汎性（pervasive）とは「すべての領域に浸透して」という意味で，特異的発達障害（学習障害）と対になる用語として1980年に DSM-Ⅲ で使用され，現在も ICD-10 の用語として公的診断書等で用いられている。知的障害は全般的な能力不全だが自閉症は特定の領域に限定された能力不全なので

「広汎性」発達障害という命名は不適切だという声明が多くの臨床家・研究者から出されたが，今日まで30年以上にわたってこの名称は使用されてきた。しかしアメリカ精神医学会は2013年のDSM-5では自らが提唱した広汎性発達障害に替えて自閉スペクトラム症（Autism Spectrum Disorder：ASD）という診断名を使用した。WHOもICD-11では自閉スペクトラム症を診断名として採用している。

ICD-10では広汎性発達障害は7つの下位分類（小児期自閉症，アスペルガー症候群，非定型自閉症，レット症候群，他の小児期崩壊性障害，精神遅滞および常同運動に関連した過動性障害，他の広汎性発達障害，広汎性発達障害で特定不能のもの）のグループ名と位置づけられているが，DSM-5でもICD-11でも，自閉スペクトラム症は下位分類をもうけずにひとつの診断として括っている。広汎性発達障害に含まれる**レット症候群**は進行性の神経疾患でここに分類されることは学術的にも臨床的にも不適切であったが，DSM-5でもICD-11でもこの点も修正され，DSM-5では鑑別診断の筆頭にレット症候群が挙げられている。

脳波異常やてんかんの合併が多いことや双生児研究・家系研究などから，広汎性発達障害・自閉スペクトラム症が脳の生物学的要因に起因することは確実と考えられている。育て方の失敗や経験不足で生じるのではない。

広汎性発達障害・自閉スペクトラム症は，従来は稀な障害と考えられていたが，2006年のイギリスでの大規模調査では1万人あたり116人（人口の1.2％）と報告され，DSM-5では自閉スペクトラム症は人口の約1％と記載されている。また男性の有病率は女性の3〜4倍と報告されてきたが，女性は見逃されやすく有病率が過小に評価されているという意見もある。

広汎性発達障害・自閉スペクトラム症では知的障害，てんかん，チックなどの並存が多く，気分障害（うつ病など）や不安障害，強迫性障害などの合併も稀ではない。

広汎性発達障害・自閉スペクトラム症は，CTやMRIなどの脳画像診断，脳波，血液検査など狭義の医学検査では現時点では診断できず，診断は行動特性によりなされる。

② **広汎性発達障害の基本症状**

ICD-10では広汎性発達障害の基本症状を以下の3つに整理している。

(1)対人的相互反応における質的障害

(2)コミュニケーションの質的障害

(3)行動・興味・活動の限定された反復的で常同的な様式

➡ レット症候群

レット症候群は女児でのみ報告されている病態で，生後しばらくの発達は正常もしくはほぼ正常の状態でありながら，次第に頭囲の発達が減退し運動発達にも退行がみられ精神発達も停滞する疾患である。手を目的に応じて使用することがみられなくなり，特有の手もみ動作を繰り返すことが特徴的とされている。

精神障害者保健福祉手帳用診断書や自立支援医療診断書（精神通院）など多くの公的診断書でこの症状項目が用いられている。

広汎性発達障害の三徴候はウィングの「三つ組」との類似点も多いが，社会的イマジネーションという視点をもたないことや見立て遊びをコミュニケーション障害の項目に位置付けていることなど違いも大きい。

アメリカ精神医学会はDSM-IVではICD-10とほぼ同一の三徴候を診断基準に掲げていたが，DSM-5では自閉スペクトラム症の診断に必要な症状は，(1)社会的コミュニケーションと対人交渉の障害がさまざまな文脈において持続的にみとめられること（ICD-10の最初の2項目に相当），(2)行動・興味・活動の限定された反復的な様式，と2つにまとめられた。

またDSM-5では限定された反復的な様式の具体的症状項目に「感覚刺激への過剰反応［コラム7参照］・低反応，あるいは感覚への異常な興味」が盛り込まれたことも変更点である。

③　自閉スペクトラム（ウィング）と自閉スペクトラム症（DSM-5，ICD-11）

ウィングは「よく適応できている人は，仮に多くの自閉的特徴があっても，……受診し診断を受けることはなく，彼らに受診して診断を

コラム7　感覚の偏り

自閉スペクトラム症では基本症状以外にも，感覚の偏り，不注意，多動，不器用さなどが同時にみられることが多い。なかでも感覚の偏りは本人や周囲の暮しにくさの大きな要因となっていることも多く，重要な症状である。DSM-5では診断基準の症状項目にも取り入れられた。

感覚の偏りのなかでもよく知られているのが聴覚の偏りである。自閉スペクトラム症では，呼びかけには無反応なのに，小さな物音でもすぐに目を覚ます，好きなCMは耳ざとく聞きつける，特定の音をとても嫌がる，といった音への鈍感さや過敏さがみられることが多い。これを聴覚の偏りという。聴覚の偏りは，聴力とは別の問題である。

聴覚の偏りは苦痛や混乱の原因になるだけではない。音への好みがはっきりしている，メロ

ディをすぐに覚える，エンジン音で誰の車が帰ってきたのか言い当てられるといった好きな音の聞き分けや記憶の高さは長所でもある。

聴覚以外にも，触覚（布・水・粘土・砂など特定の手触り・肌触りをとても好む／嫌がる，服のタグが当たるのを嫌がる，特定の食感のものをとても好む／嫌がる，など），視覚（回るもの・光るものなど特定のものを眺めるのが好き，水平方向から／横目でなど特別の眺め遊びをする，など）など，どんな感覚にも偏りは生じうる。自閉スペクトラム症の子どもで多くみられる偏食には，こだわり（決めごと）や感覚の偏り（味覚や口腔内の触覚）が関与していることが大半で，こうした評価に基づいて対応を検討する必要がある。

受けるよう勧めることは不当な口出しである」と記載し[1]，自閉スペクトラムであることは必ずしも診断名を有することを意味しない（必ずしも治療対象であることを意味しない）ことを明示している。ウィングの自閉スペクトラムは病的か否かという判断とは別の，発達の多様性を示す用語・概念である。

　診断名（疾患名）には合致しないが自閉スペクトラム特性を有する人たちが存在するという認識をもつことは，多様性を有する児童・生徒・学生・社員の精神的健康を維持・増進する予防医学的見地から非常に有用である。

　DSM-5やICD-11の自閉スペクトラム症は，明らかな機能障害のために支援を必要とする場合にくだされる診断名（疾患名）である。自閉スペクトラム（ウィング）と自閉スペクトラム症（DSM-5，ICD-11）は，名称は似ているが異なる概念を示す用語である。

☐ 注意欠如・多動症（ADHD）
① 注意欠如・多動症（ADHD）とは

　注意欠如・多動症（Attention-Deficit/Hyperactivity Disorder：ADHD）はアメリカ精神医学会のDSMで用いられている診断名で，WHOのICD-10では多動性障害がこれに相当する。わが国では発達障害者支援法の発達障害の定義に「注意欠陥多動性障害」の診断名が用いられており，臨床でも多動性障害よりもADHDの診断名が広く使用されている。なおICD-11でもADHDの名称が採用され，和訳は原語の違いを反映して・のない注意欠如多動症となっている。

　ADHDは下記の条件を満たした場合に診断される。
(1)不注意あるいは多動性─衝動性は，6か月以上持続しており，発達水準に見合わないほど強い
(2)症状は12歳になるより前から明確に認められていた
(3)その症状は，学校だけ，あるいは家庭だけなど，1場面に限定されたものではない
(4)その症状は明らかに社会的機能・学業・職業機能などの質の低下や支障の原因となっている
(5)その症状は，統合失調症やその他の精神疾患（気分障害，不安症など）では説明がつかない

　DSM-5では症状項目を不注意と多動性─衝動性の2つに分けて示し，両方が診断基準を満たす混合状態，不注意のみの不注意優勢状態，多動性─衝動性のみの多動性─衝動性優勢状態のいずれに相当するかを特定することが求められている。

　症状発現の時期はDMS-IVでは7歳になるより前とされていたが，就学後に症状が明確化する事例は稀ではない（特に不注意）という知見を考慮し，DSM-5では12歳になるより前と修正された。またDSM-IVでは広汎性発達障害の症状とADHDの症状が同時にみられた場合，それらの症状は広汎性発達障害で説明可能であるとして診断は広汎性発達障害のみとする規定があったが，広汎性発達障害・自閉スペクトラム症では説明がつかないADHD症状（特に不注意）を有する事例の存在を認め，DSM-5では自閉スペクトラム症とADHDの診断併記が可能とされた。

　ADHDの有病率は3〜7％（14人〜33人に1人）と考えられており，どのクラスにも1人や2人はいるような子どもたちだといえる。ただし，よくいる子どもだということは特別な支援が必要ないということではない。以前は正しく認識されなかったために叱責の対象とされてきた子どもたちに，診断名がついたことで適切な支援の道が開けたということである。男性の有病率は女性の1.6〜2倍と報告されている。

②　ADHDの症状

　不注意，多動，衝動性という用語が日常生活でも用いられる語であるために，ADHDの症状は誤解されやすい。各々の症状の意味するところを正確に理解する必要がある。

　注意力には，焦点化（向けるべき先に注意を集中させる），集中持続，配分（何かに注意を集中させていても周囲にも適度に注意を配る），シフト（必要に応じて別の対象に集中を移動させる），転導性（他の刺激で注意が逸れてしまう）など，多くの側面がある。不注意というのはこうしたいろいろな側面に不全があることで，何ひとつとして集中できない状態をいうのではない。むしろ，ひとつのことに並外れた集中ができてしまう子ども（過集中）は不注意を疑って詳細に評価する必要がある。不注意は，苦手な教科の授業への集中など，苦手だけれど（あるいはしたくないけれど），しなくてはいけないという社会的判断はできている課題で評価する。具体的にはケアレスミスや気の散りやすさ，整理整頓の苦手，なくし物，忘れ物，やり忘れなどを評価する。

　多動には，着席が守れない，列から外れてしまう，いつもせわしなく活動している，といった実際にからだが移動する多動だけでなく，着席はしているけれども落ち着きがない（貧乏揺すりや手いたずら，鉛筆嚙みなど），おしゃべりが止められないといったからだの移動をともなわない多動も評価する。

　衝動性は，行動や感情のアウトプット（出力）の前に躊躇が乏しく，答えがわかってしまうと聞かれるまで待てない，順番が待てない，気

持ちが高ぶりやすいといった行動として示される。

☐ LD（学習障害）

　日本でLDと表記された場合，英語の原語には2種類ある。ひとつはLearning Disorderで，もうひとつはLearning Disabilityである。

　これら2つの用語は意味する範囲に違いがあることを認識することが重要である。

　① 「読む」「書く」「計算する」能力の障害のみをLDとする立場

　古来，日本には「読み書きそろばん」という言葉があるが，英語圏にも3R's（reading・writing・arithmetic）という言葉があり，狭義のLDはこれらのどれかあるいはいくつかが知能に見合わないほど障害されていることを意味する。これがICD-10の「学力の特異的発達障害」（ICD-11では「発達性学習症」）でありDSM-5の「限局性学習症（Specific Learning Disorder）」である。学力の特異的学習障害では「読字障害」「書字障害」「算数能力障害」のそれぞれを特定することが求められている。日本では医学診断名（厚生労働省）のLDは3R'sの障害を意味する。このLDの原語はLearning Disorderである。

　② ①の定義に「聞く」「話す」「推論する」能力の障害も加える立場

　同じアメリカでも全米合同委員会の定義では「LD（Learning Disability）」には「読み書きそろばん」障害に加え，知能に見合わないほど「聞く」「話す」「推論する」能力の障害がみられる状態も含まれる。日本の文部省協力者会議の最終報告（1999年）のLDの定義は全米合同委員会の定義にならったもので，当然，文部科学省もこの定義を踏襲している。

　言語性知能に見合わないほどに「聞く」ことや「話す」ことが不得手な状況は自閉スペクトラムの社会的コミュニケーションの質的障害に，知能に見合わないほどの「推論する」能力の障害は社会的イマジネーションの障害に相当する可能性が極めて高い。教育現場で用いられるLDのうち3R's以外のLDは自閉スペクトラム症状の一部のみに注目し自閉スペクトラム症であることを見逃している危険性があるので注意が必要である。

☐ 発達障害をもつ子どもへの支援

　発達障害（神経発達症）をもつ子どもへの支援の目的は，子どもが自分に自信と誇りをもって心穏やかに生きることにある。認知発達の促進や生活技能の習得はそのための手段であって，技術の習得自体が目的ではない。

　恐怖や強制によりどんな技術を覚えさせても，子どもが自信を失い不安や不信感を高めてしまうような対応を支援とは言わない。

　一方，たとえば彼らのこだわりへの没頭や多動を「楽しんでいる」「元気にしている」と安直に解釈して放置し，その根底にある不安・混乱を軽減させるための教育や環境調整を怠ることは支援の放棄である。習得可能な適応技術や学力を学ぶ機会を提供しないことは，子どもの権利を剝奪する行為である。子どもの発達の水準や偏り，並存する精神科的状況，支援する親や教師の技術力，子どものおかれた状況などを評価して初めて適切な支援計画が立案できる。

　発達障害の支援は，①子どもへの直接的な技術指導［コラム8参照］，②子どもに提示される課題と支援の適正化（環境調整）［コラム9参照］，③子どもへの心理学的医学教育（自己理解支援）［コラム10参照］，④補助的治療法としての薬物療法，⑤保護者支援，⑥きょうだい児支援，⑦その他（自助グループ活動の支援など），などに大別される。

コラム8　🏠　自閉スペクトラム症のコミュニケーション指導

　言葉の遅い子にはたくさん話しかけるようにと古典的な育児書には記載されている。しかし自閉スペクトラム症ではこのアプローチは混乱を生じやすい。

　たとえば「いちご」という言葉を知らない子どもがいたとする。大人がいちごを渡すたびに「いちご」と簡潔に言ってあげれば，目からの情報を取り入れやすくパターンになじみやすい彼らは「目の前のこれ（意味）」と音（言葉）をセットのものとして覚えていく。つまり意味と音が1対1の対応をなすものとして理解され「いちご」という語彙を獲得したことになる。

　でも「いちごよ，おいしいねえ。ほら見て，プツプツもあるよ。ビタミンCいっぱいだからね。たくさん食べてね」と話しかけられたら，目の前にある「これ」の名前がどの音なのかをなかなか学ぶことができない。パターンを作りやすい子どもたちなので，いちごの名前が「ビタミンC」だと間違ったセットを作ってしまう場合すらある。切り替えの苦手な彼らは一度間違って覚えたセットを修正することも困難である。

　言葉かけは簡潔に，見てわかる情報を添えて伝えることが，子どもの混乱を回避することにつながる。のべつまくなしに話しかけるより，確実に伝わることが重要である。

　話しかけが子どもに確実に伝わるものだけに絞られていくと，子どもはある日「言葉（音）にはすべて意味がある」「人は音をぶつけ合っているのではなく，意味を渡し合っている」「意味を渡し合うことは便利だ」と気づく。これがコミュニケーションの土台である。自閉スペクトラム症では，言葉をたくさん発していても独り言ばかりで要求は力づくで行う子どもや，人に向かってしきりと意味のない音の羅列で「話しかける」子どもがしばしば観察される。こうした子どもたちはコミュニケーションの土台が不確実なままに言葉を発していると推測される。自閉スペクトラム症のコミュニケーション指導では，話し言葉にとらわれずに，確実に情報がやり取りできる手段を選んでコミュニケーションの有用性を体験させ，コミュニケーションの土台を作っていくことが重要である。

子どもへの直接的な技術指導（狭義の療育）では，子どもの強みや興味を活用して指導することが重要である。たとえば自閉スペクトラムであれば，

- 見て気づく・見て納得する・見て覚えるのが得意
- いつも通りだと（見通しがもてると），実力が出しやすい
- 好きなことには高い集中力や知識欲を発揮し，これを教材や報酬に使えば意欲を引きだしやすい
- パターン的な記憶（具体的な記憶）は得意
- 覚えたこと・納得したことには，人一倍まじめに取り組む

といった自閉スペクトラム特性を強みとして活用し，苦手を補う技術を教えていく。自閉スペクトラム特性を活用する上での具体的なアイデアは TEACCH➡ プログラムから多くを学ぶことができる。

LD 教育に関しては指導方法のインターネット研修講義を含め独立行政法人国立特別支援教育総合研究所（文部科学省）の発達障害教育

➡ TEACCH
Treatment and Education of Autistic and Related Communication Handicapped Children の略で，「自閉症および関連するコミュニケーション障害を持つ子どもの治療と教育」の意味。「ティーチ」と読む。

コラム 9 　聴覚過敏

　小学校 2 年生のさとしは特別支援学級に在籍する自閉スペクトラム症の男の子である。去年はピストルの音に驚き，運動会を中断させてしまった。今年の担任は母親に宣言した。「今年はさとしがピストルの音に耐えられるように全力を尽くします。何度も聞かせて慣れさせます。」担任の熱心さはうれしかったが，さとしが泣きながら耳ふさぎをしていた昨年の様子が思い出され，母親は悩んだ。

　自閉スペクトラム症でみられる聴覚過敏には，大脳での情報処理の偏りが関与している。さとしにとってピストル音は耳に痛みを生じるほどの音刺激かもしれない。一般的に，年齢が大きくなるにつれて処理できる感覚刺激の範囲は広がり過敏症状は軽減する。一方で，おびえていると小さな物音にも体がビクッと震える（＝聴覚過敏の所見）ように，不安・緊張・混乱のもとでは処理できる感覚刺激の範囲は小さくなる。運動会とその練習は，指示の内容が抽象的で理解しにくく，見通しも立ちにくく，不器用な子どもではダンスなどの習得にも困難が大きいことが多い。自閉スペクトラム症の子どもでは運動会とその練習が不安と混乱をもたらし聴覚過敏を増悪させていることが稀でない。

　母親は決心した。ただでさえ不安が大きい運動会の日に聴覚過敏に取り組ませても苦しいばかりで成果があがりにくいだろう。運動会以外ではピストル音はしないのだから，ピストル音への聴覚過敏があっても生きていく上での支障は小さい。学校も母親の意向を理解し，運動会では電子音を合図にしてくれた。また同時に，さとしが自分でチェックできるような当日の進行表（スケジュール）を本人の手元に用意し「今どこまで終わったのか」「お弁当はあといくつ種目が終わったら食べられるのか」といった流れを理解できるように支援した。ピストル以外にも子どもたちの歓声や応援合戦の太鼓の音が苦しいさとしのために，練習の段階から耳栓やイヤーマフ（防音用の工事現場用品）の使用を促し，苦痛が回避できることを実感させた。フラフープを置いて立つべき位置を視覚的に示すことで整列も自信をもってできるように支援した。こうした自閉症支援の結果，さとしは安定して運動会に参加することができた。

情報センター[(2)]で多くの情報を得ることが可能である。厚生労働省も発達障害情報センター[(3)]による情報発信を行っている。

　発達障害臨床においては，過去には定型発達に近づけることが指導の目標であった。この指導目標に転換をもたらしたものの一つにLDの治療教育（特別支援教育）の歴史がある。LDの教育では，定型発達と同じ過程をたどらせる（たとえば書字表出障害の子どもにただただ何百回も書かせて練習させる）という視点を離れ，彼らの認知特性をより詳細に評価し，書字困難のタイプに応じた教育を行い，なおかつ子どもの状況によってはたとえばパソコンで文字表出ができること（あるいは算数障害であれば電卓で計算ができること）が支援目標とされる場合もある。

　ところが自閉スペクトラムの支援（特別支援教育，療育）では「ひとりで過ごすよりも，友だちと過ごす」「究めるよりも，臨機応変」「視

コラム10　子どもへの心理学的医学教育

　「僕って，自閉症？」

　子どもからの突然の問いかけに親や担任が動転してしまうことはめずらしくない。自閉スペクトラム症では本質的な能力障害として社会的自己理解に不全がある。しかし一方で，彼らは自他の相違を突きつけられる場面にも遭遇しやすい。知的障害をともなわない自閉スペクトラム症の子どもたちは，早くは8歳以降，多くは12歳前後から，自他の相違に気づき悩み始める。

　自分に関する適切な情報をもつことは，適応の向上（避けられる混乱を避け，自分の長所を発揮する方法を選択する）のうえでも有用だが，何より重要なことはそれが肯定的自己理解に役立つという点である。自閉スペクトラム症の子どもたちに特別な工夫や特別な練習が必要なのは，彼らが多数派の間で暮らす少数派だからである。しかし，子どもたちはできないことや叱られたことから自他の相違に気づくことが多く，「自分が皆と感じ方が違うのは，なぜか」「自分に特別な工夫や選択が必要なのは，なぜか」という疑問は「自分が悪い子，ダメな子だから」という回答に到達しやすい。

　心理学情報・医学情報の提供を仲立ちとして適切な自己理解を支援するカウンセリングを筆者は心理学的医学教育と呼んでいる。

　心理学的医学教育とは子どもにやみくもに診断名を告げることではない。まずは具体的な困難（たとえば，分担が不明確なために掃除当番でトラブルが繰り返される）に対して具体的な支援（全員分の明確な分担表を貼り出す）を提供し適応の改善を図る。その過程で子どもの強みや弱点とそれをカバーするコツをキーワードとして提供していく（「なんとなく分担するのは苦手だけど，はっきり決まっていると真面目に守る人だよね」「書いてあると，納得しやすいね，誤解しなくていいね」など）。そうした具体的支援とキーワードの提供を繰り返したのちに，それらの得手と不得手には名前がつくという文脈で診断名を伝える。そして，これからも困ったことには対処方法が探していけることや，親や担当者もそのためのチーム・メンバーであることを確認する。心理学的医学教育ではどのように診断を説明するかということ以上にその前後の支援が重要である。

　（参照）吉田友子（2011）『自閉症・アスペルガー症候群「自分のことのおしえ方」』学研教育出版.

覚提示よりも，話し言葉」といったことが常によいこととみなされ，支援（特別教育，療育）の実質が「普通に近づけること」である場合がいまだに稀でない。異なる認知特性を有する彼らの存在に敬意を払い，多数派（定型発達）と少数派（非定型発達＝医学区分としては発達障害）の双方が共存の道を探る姿勢が支援の原点である。

うつ

□ うつとうつ病

うつは状態を表し，うつ病はひとつのまとまりを持った疾患をさす。うつ病には必ずうつが症状として出現する。しかし，うつは健康な人にも出現するし，うつ病以外のさまざまな精神疾患にも出現するので，うつがあるからうつ病というわけではない。うつが現れる代表的な精神疾患としては，神経症性障害，パーソナリティ障害，症状性を含む器質性精神障害，精神作用物質による精神障害，統合失調症，摂食障害などがあげられる。

今日，うつとうつ病の混同が起きており，うつ病概念の拡散が精神医学領域のみならず，社会一般に大きな影を落としている。この混乱は1980年代以降に導入された操作的な診断基準（**表7-1**）によってもたらされた。操作的な診断基準はうつ病の原因を問わず，経過を斟酌しないため，ある時点において一定のうつ症状を認めればうつ病と診断されてしまう。したがって，各種精神障害にともなううつも容易にうつ病と診断されてしまい，境界が不鮮明になっているのである。

□ 軽症うつ病

うつ病が増加しているといわれて久しい。たしかに医療機関を訪れるうつの患者は増えているが，典型的なうつ病（うつ病エピソード（ICD-10）または大うつ病性障害（DSM-5））がとくに増えているわけではない。近年増加が著しいのは，軽症うつ病と呼ばれる現代型うつ病である。そこから「うつは心の風邪」などというキャッチフレーズが生まれた。

しかし，軽症が必ずしも簡単に治ることを意味しない。軽いけれども慢性化し，抗うつ薬になかなか反応しないのが現代型うつ病である。新しいタイプのうつ病は典型的なうつ病とは大きく異なる。

軽症うつ病の特徴は，①パーソナリティ要因が発病に深く関わって

➡ うつ病の症状
主観的には憂うつな気分，意欲低下，客観的にはうち沈んだ表情，思考・行動の緩慢化，自律神経症状など。

➡ ICD
世界保健機関（WHO）の国際疾病分類のこと。

➡ DSM
アメリカ精神医学会の「精神疾患の診断・統計マニュアル」のこと。

表7-1　うつ病の診断基準（DSM-5）

```
●基本的な症状
  1．抑うつ気分              2．興味・喜びの喪失
●一般的な症状
  1．食欲・体重の異常        2．睡眠の障害
  3．精神運動性の障害（焦燥・制止）  4．疲れやすさ・気力の減退
  5．無価値観，罪責感        6．思考力・集中力の減退・決断の困難
  7．死や自死を考えたり，自死を企てる
 ＊基本症状の1か2を含む5項目以上がほぼ一日中，2週間以上毎日続くこと
```

いる。依存的で，他人の言動に過敏に反応し，社会規範を守る意識に
乏しい傾向が目立つ。②発病の契機がはっきりしないことがある。③
仕事や学業は手につかないが，趣味やアルバイトには精を出す。④過
眠・過食を呈し，慢性的な疲労を訴える。

　さらに，最近 SSRI ➡ や SNRI などのいわゆる第3世代の抗うつ薬が
登場し，使い勝手のよさから一般医の処方が増え，うつ病治療の裾野
が大幅に広がった。そのことがさらにうつ病の診断を増加させる一因
ともなっている。

➡SSRI

選択的セロトニン再取
り込み阻害薬，フルボ
キサミン，パロキセチ
ンなどがある。

🗌 典型的なうつ病

　これという理由なしに，深い，心の底から滲みでるような憂うつ感，
悲哀感が起こり，全身倦怠感，違和感をともない，自発性を失う。思
考も行動も抑制され，自信を失い無口になり，人を避ける。何事につ
け悲観的で，自分を責める内容の妄想（罪業妄想），職を失って家計を
支えることができなくなるという妄想（貧困妄想），不治の病に襲われ
たという内容の妄想（心気妄想）をもち，自死を図ることもある。

　具体的には，朝なかなか床から離れられず，食欲もなく，何をする
のもおっくうになる。夜はよく眠れず（入眠障害），いったん眠りにつ
いても途中で目が覚めてしまったり（途中覚醒），朝早く目がさめてし
まう（早朝覚醒）。そして，起きても熟睡感がなく（熟眠障害），気分は
重いままである。また，決断力が鈍り，行動が緩慢となり，笑顔が消
えて表情が乏しくなる。しだいに考え方が悲観的，絶望的となり，些
細なことで悲しくなったり，他人に迷惑をかけていると思い込み，死を
願ったりするようになる。

　うつ病は心の症状のみならず，体の症状もともなうので，体の病気
と勘違いされることがある。軽い場合には体の症状だけが前面に出る
こともある（仮面うつ病）。食欲不振，体重の減少，全身のだるさ，性
欲の減退，頭痛，動悸，めまい感，口渇，便秘など多彩な症状が同時
に出る。

□ 病前の性格と発病の契機

　典型的なうつ病にかかりやすい人は，仕事の面では几帳面，真面目，仕事熱心，責任感旺盛，堅実，綿密，熱中性である。また，対人関係では，誠実，律儀，世話好き，家族想いで，秩序を重んじ，他人と円満な関係を維持することに気を使う性格特徴をもっている。

　こうした性格傾向は，メランコリー親和型性格または執着性格と呼ばれる。発病前の社会適応は良好で，企業にとっては理想的ともいえるタイプで，周囲からの信頼もあつく，人より早く責任ある職制につくことが多い。しかし，こうした人は義理固く，仕事を頼まれると嫌と言えないために，過重な仕事と責任を抱えてしまうことになる。さらに，過度に良心的でもあるので，性格がつまずきの石を呼び寄せる傾向がある。

　多くの場合，発病にはきっかけがあり，生活の変化が発病の契機となる。男性では転勤，昇進（昇進うつ病），転職，定年などがひき金になる。女性では，引越し（引越しうつ病），出産（産後うつ病），子どもの独立（**空の巣症候群** ▶）などがきっかけとなる。男女に共通した契機としては，身体疾患，過労（燃え尽き症候群），事故，近親者の死などがあげられる。

□ うつ病の治療と経過

　典型的なうつ病に対する治療としては，まず休養をとることである。そのうえで薬物療法が行われる。うつ病が典型的な場合，患者の治療意欲は高く，抗うつ薬によく反応する。

　うつ病が長びく場合は，**認知行動療法** ▶を中心とする精神療法，家族に対するカウンセリング，職場の理解を得るための調整などが行われる。また，さまざまな理由から薬物療法が行えない場合，焦燥感や自殺念慮が強く緊急を要する場合，高齢者で食事が摂れず栄養状態が悪化した場合などは無けいれん電撃療法が行われる。

　典型的なうつ病の経過は概して良好だが，繰り返す傾向がある。しかも悪化する季節が各々一定している特徴がある。病前性格と症状が典型的であればあるほど治りがよいが，**心気症状** ▶，**強迫症状** ▶が加わると長びく。また，高齢者や脳動脈硬化症などがある場合は長びいて治りがよくない。

　典型的なうつ病患者に対する周囲の者の接し方の要諦については，あせらずにゆっくり休ませ，無理に励まさず，重大な決断は先送りさせるなど，いまや一般の人々にとっても常識となりつつある。

現代型うつ病

　いわゆる現代型うつ病には，たくさんの種類の亜型（型の下位に位置する分類）が含まれており，さまざまな呼称が提案されている。なかでも，逃避型抑うつ，気分変調症（Akiskal, H. S.），ディスチミア親和型うつ病(5)などが代表的である。

　逃避型抑うつは，過保護な養育を受けた20代，30代の若者に多い。完全主義の傾向があり，要求水準が高いが努力をしないなどの性格特徴を有する。発病前の社会適応は一見良好である。しかし窮地に追い込まれると逃避型行動や**転換症状**を呈する。症状は選択的抑制を示し，本業の仕事以外の場面では積極的に行動する。抗うつ薬に反応しない。

　また，気分変調症は2年以上続く軽症かつ慢性のうつ状態である。発病には性格因の関与が大きい。性格傾向によって，抗うつ薬に反応するタイプ（依存的・演技的）と反応しないタイプ（消極的・厭世的）の2群に分けられる。陰うつ・不快気分に加え，不眠・過眠，過食，慢性的な疲労，などを呈し社会的ひきこもりとなる。

　また，ディスチミア親和型うつ病は，もともとそれほど規範的ではなく，むしろ規範に閉じこめられることを嫌い，仕事熱心という時期がみられない青年層を中心に，常態的にやる気のなさを訴えてうつ状態を呈する。ディスチミア親和型うつ病では，抑制よりも倦怠が強く，自責や悲哀よりも，漠然とした万能感を保持したまま回避的行動をとり，輪郭のはっきりしないうつ病である。

　こうした若者が増えてきた社会文化的背景として，秩序や役割への愛着と同一化が極度に薄く，逆にそういった枠組への編入が「ストレスである」と回避されるような，「個の尊重」を主題として育った世代であることが想定される。

現代型うつ病の治療

　うつの程度はそれほど重篤ではないのに，職場復帰を果たせないでいる若者たちの中に現代型うつ病が確実に増えている。現代型うつ病は，一般に抗うつ薬に反応せず慢性化する傾向がある。長引く現代型うつ病に対して，典型的なうつ病に対する場合と同じように，たんに休養を勧めると，かえって社会参加が遠のくことがある。したがって，薬物療法にくわえて，認知行動療法を主とする精神療法や，職場復帰支援プログラムなどの方法が必要となる。また，家族や周囲の人々に対しても心理的な支援が必要である。

転換症状
無意識の葛藤が体の症状として現れる。

149

③ 児童虐待

▢ 児童虐待の定義

　児童虐待（child abuse）とは，養育者によって，子ども・未成年者が，身体的ないしは精神的な暴行を加えられていることである。日本[6]においては，「児童虐待の防止等に関する法律」（2000年）によって，「保護者（親権を行う者，未成年後見人その他の者で，児童を現に監護する者をいう）が，その監護する児童（18歳に満たない者をいう）について行う次に掲げる行為をいう」（第2条）と定義されている。条文中の「次に掲げる行為」とは，具体的には，親あるいは親代理の養育者によって，子ども・未成年者に対して加えられる，次のような行為を指す。[7]

　① 　身体的虐待

　身体に外傷が残る暴行（例：打撲傷，あざ〈内出血〉，骨折，頭部外傷，刺傷，火傷など），あるいは，生命に危険のある暴行（例：投げ落とす，激しく揺さぶる，首を絞める，布団蒸しにする，溺れさせる，逆さ吊りにする，毒物を飲ませる，食事を与えない，戸外に締め出すなど）。

　② 　保護の怠慢または拒否（neglect：**ネグレクト**）

　遺棄，ないしは，健康を著しく損なう衣食住や衛生に関する放置（例：家に閉じ込める，自動車の中に放置する，栄養不良，極端な不潔，保護の怠慢あるいは拒否による病気の発生，重い病気になっても病院へ連れて行かない，学校に登校させないなど）。

　③ 　性的虐待[8]

　親による近親相姦または親に代わる保護者などによる性的暴行，性的行為を子どもに見せること，ポルノグラフィの被写体にすることなど。

　④ 　心理的虐待

　以上の①②③には含まれないが，それ以外での極端な心的外傷（psychic-trauma：トラウマ）を子どもに与えたと思われる行為。心的外傷とは，子ども・未成年者において，不安，怯え，うつ状態，凍りついたような無感動や無反応，内外への強い攻撃性，習癖の異常，**「愛情遮断症候群**[9]**」**など，日常生活に著しく支障をきたすと思われる精神症状が現れているものに限定される。具体的には，子どもの目の前で家族に暴力を振るう，無視する，きょうだい間で差別的扱いをす

▶ ネグレクト

虐待行為の中には必ずしも自覚をともなわないものもある。たとえば，ネグレクト（養育の怠慢）の中で，親がパチンコをしている間，子どもを自動車内に放置するなど，それが「危険な行為」という認識もなく行われる事例が後を絶たない。遺棄，衣食住や清潔さについての健康状態を損なう放置，それによる病気の発生，学校に登校させないなどだけがネグレクトではないのである。

▶ 愛情遮断症候群

養育者が子どもの健康と発育に必要な保護，衣食住の世話，情緒的・医療的ケアを，長にわたり放棄した結果，子どもに治療を要する症状が生じた状態をいう。中には養育者の愛情に対する慢性的欲求不満状態により，摂食があるのに低身長・低体重になるケースもある。この場合は「愛情遮断性小人症」と呼ばれ，夜間睡眠時の成長ホルモン分泌の低下が特徴である。

る，言葉による威圧や脅しなどである。

◯ 児童虐待の構造的要因

　厚生労働省の「子ども虐待対応の手引き(10)」では，「児童虐待は家族全体における構造的問題である」との観点から，子どもの虐待が生じる家族は，保護者の性格・経済状況・就労・夫婦関係，住居・近隣との関係，家族の医療的課題，子どもの特性など，さまざまな問題が，複合し，さらには連鎖的に作用して，児童虐待の構造的背景となっている。したがって，単なる一時的な助言や注意あるいは経過観察だけでは改善が期待しにくく，虐待の状態を放置すれば，循環的に事態が悪化・膠着化するので，重要なのは積極的介入型の支援を展開することである，と述べられている。

　児童虐待の構造的要因としては，①虐待者である養育者の多くは，その子ども時代に大人から愛情を十分に受けてこなかったこと，②現在進行形での経済的不安・夫婦の不和・育児の加重負担など，生活上のストレスが積み重なっていて危機的状況にあること，③社会的に孤立しており，援助者が皆無であること，④望まぬ妊娠であること・愛着形成が阻害されていること・養育者にとって育てにくい子どもであることなど，養育者にとって意に沿わない子どもであること，以上の4点が大なり小なり同時に含まれていることが，指摘されている。

◯ 児童虐待への対応──児童相談所を中心に

　日本国憲法で明文化されている「基本的人権の尊重」は，そのまま児童虐待への対応の原則となる。すなわち「子どもの人権の尊重(11)」である。虐待された子どもの救済や保護を主に担当するのは，**児童相談所**(12)であるが，児童相談所では，それぞれの事例を精査し，保護者に対する助言や援助を行ったり，虐待された子どもに必要な医療的ケアを手配したり，場合によっては，虐待している養育者の親権の剥奪や，虐待された子どもの**児童養護施設**への収容を手配することもある。

　なお，日本国内の児童虐待に適切に対処するために，それ以前は育児全般に関する相談を受け付けていた児童相談所が，2003（平成15）年9月以降は，「児童虐待と非行問題を中心に対応する機関」（厚生労働省）とする位置づけになった。なお，虐待を発見したときの通報は，「虐待対応ダイヤル：189（いちはやく）」へかければ地域の児童相談所につながるようになっている。この際，通報が間違いであっても通報者にはペナルティはない。

　児童虐待に関する当事者への対応の概要(13)について述べる。

▶ 児童相談所

児童福祉法第12条に基づき，各都道府県に設けられた児童福祉の専門機関である。「児相（じそう）」とも略称される。すべての都道府県および政令指定都市および中核市に最低1か所以上の児童相談所が設置されており，都道府県によってはその規模や地理的状況に応じて複数の児童相談所およびその支所を設置している。児童虐待支援・相談の直接の窓口である。

▶ 児童養護施設

「環境上，養護を要する（家庭環境が悪く，家庭での生活が困難）」と児童相談所長が判断した児童を養育する，児童福祉法に定められた児童福祉施設のひとつである。児童養護施設には，予期できない災害や事故，親の離婚や病気，また不適切な養育を受けているなど，さまざまな事情により，家族による養育が困難なおおむね18歳未満の児童が，心身ともに健康な発達と将来の自立をめざして生活している。

まず，虐待を受けている子どもに対しては，緊急避難的に「虐待環境からの隔離」を行い，最終的には，可能な限り長期間保護できる場所を検討する。また，医療機関において「身体的治療」を行う。さらには「受容」を基本としたカウンセリングや心理療法を行う場合もある。

　一方，加害者である養育者への対応であるが，基本は「虐待の事実を確認すること，または認めさせることをいったんは保留しておくこと」である。この点に固執しても支援の進展を阻害するだけである。

　虐待者への対応の中心は，精神障害がない限り，児童相談所などの児童福祉機関の対応が現実的である。その際，援助者側（児童福祉司，社会福祉士，医師，看護師，保健師，精神保健福祉士，公認心理師，臨床心理士，教師など）がチームで対応することが必要である。

　虐待者への具体的支援として次の6点をあげたい。すなわち，①養育能力の再教育（対応機関への定期的来談あるいは受診による育児知識および育児技能の再教育，②カウンセリング的対応（それまで虐待者が経験してきたストレス状況への理解と，その解決方法に関する話し合い），③福祉的援助（その家庭が置かれている社会経済的問題への対応，父親が虐待者の場合は，母親への安全および生活保障情報の提供），④地域精神保健福祉の観点からの対応（グループに対してや家庭訪問などによる育児支援サービス，相談機会の提供と保障），⑤心理療法（必要に応じて精神科医・小児科医の参加），⑥警察への通報（身体的虐待の再発予防が不可能と判断された場合）である。

□ 児童虐待への対応──心理的支援を中心に

① 虐待されている子どもの心の問題

　支援体験からいえば，虐待を受けている子どもは，虐待している養育者を悪く言わないことが多いと思う。むしろ「自分が悪かったから，お仕置きされた」と訴える子どももいる。

　対人援助者としては，この子たちが，現実を「否認」し，崩れそうになっている「自分」を必死に守っているのだと精神分析的解釈するだけでは不十分である。対人援助者は，援助者としての役割は堅持しつつも，その子の視点まで下りていき，そのような状態に陥っている子どもを，心から受け容れ共感的にかかわっていくことが最も大切である。

② 虐待している養育者への心の支援

　たとえば，アルコール依存・薬物依存・精神病発病など，虐待者への精神医学的援助が必要な場合は，各都道府県の精神保健福祉セン

ーなどを窓口として，その他の関係機関と連携して支援を進める。

　そのような治療が安定期に入ったならば，カウンセリングによる支援が可能になる。虐待している養育者自身，その親や養育者から虐待経験がある，あるいは虐待とまではいえないが，心理的身体的に大きく傷つけられているケースがある。

　そのような場合，「この人は親から虐待されていたから自分の子どもを虐待するのだ。つまり虐待者との同一化により今までの人生を乗り切ってきたのだ」という精神分析的解釈をするだけでは不十分である。そのことを対人援助者は心の中にしっかり持ちつつも，実際のカウンセリングでは「傾聴」に徹し，心から，その養育者を受け容れ，共感的にかかわることにより，養育者自身が自らを建設的な方向に向かわせるよう支援していくのである。

③　子どもの心のケア

　子どもの心のケアは，遊戯療法（play-therapy）を通して行われることが多い。大人のように自分の心をことばで表現することが苦手な子どもたちには，ことばを用いず，「遊び」を通じてかかわり支援していくのである。その際，遊びの中で，さまざまな心の中の怒りや悲しみや葛藤が表現されることもある。

　たとえば，ある女児は，人形を使って自分が虐待されている様子を再現した。対人援助者は，女児の遊びに参加しながら，その様子をじっと静かに見守り，女児の心を理解していった。このような受容と共感の姿勢により，ともに遊ぶこと，ともにあることを基本としてかかわっていくことが，子どもの心のケアの中心となる。

 ## 4　ドメスティック・バイオレンス（DV）

❏ ドメスティック・バイオレンスとは

　「ドメスティック・バイオレンス」（Domestic Violence：DV[14]）は，直訳すれば「家庭内暴力」となるが，日本の場合，これは一般的には，思春期の子どもが親に暴力を振るうことをさす。そこで，その思春期の「家庭内暴力」と区別するために，パートナーからパートナーへの暴力を「ドメスティック・バイオレンス」とカタカナ表記して区別している。

　「パートナーからパートナーへの暴力」と広く表現する理由は次のとおりである。かつてDVは，一般的には，夫婦あるいは元夫婦，恋

人あるいは元恋人のあいだの「男性から女性への暴力」をさすことばだったが，徐々に，「女性から男性への暴力」も指摘されるようになってきていること，また，同性愛カップルの場合，「男性から男性」，「女性から女性」への暴力もありうるからである。なお，ここでは以下，「パートナーからパートナーへの暴力」ということばを用いて，表現が煩雑になるのを避けるため，DVを「家庭内での夫から妻への暴力」に代表させて解説する。

ところで，そもそも家庭内で起こる暴力は「単なる夫婦喧嘩」とみなされることが多かった。「夫婦喧嘩は犬も食わない」などと表現されるように，第三者はそれに関与しないことが暗黙のルールであった。

しかし，現在に至るまでには，そのような許容範囲内での民事的いさかいを超えた刑事的人権侵害にあたるケースが増加してきたのである。そこで，その対策のひとつとして，国は「**配偶者からの暴力の防止及び被害者の保護等に関する法律（通称：DV防止法➡）**」を制定したが，そこではDVにおける暴力を次の3つに分けて定義している。

① 身体的暴力（例：殴る・蹴る・髪を引っ張る・首をしめる）
② 精神的暴力（例：理不尽な罵声を浴びせる・人付き合いを制限する）
③ 性的暴力（例：性的関係を無理やり迫る・性器や性行為について非難する）

以上のような暴力は当然，被害者である妻に大きな身体的および精神的な傷を負わせることになる。

☐ ドメスティック・バイオレンスの要因

まず，暴力を振るう夫側の言い分であるが，「食事ができていなかった」「おかずがまずい」「自分より先に寝た」「相談なしに勝手なことをした」「帰宅が遅い」「子どものしつけがなっていない」「返事をしなかった」「女のクセに生意気だ」「態度が反抗的だ」「口答えした」「言い訳をした」などが挙げられる。[15]これらをみると，「妻は自分の支配物」「妻を自分の思いどおりにしたい，またしていいのだ」「妻に劣等感があり，妻を陥れたくなる」といった心理がうかがえる。

つまり，「妻は夫に従うべきである」「自分（夫）が妻を養っている」といった事実誤認から起こっている。「妻は夫に従うべきである」というなら，「夫も妻に従うべきである」。また「自分（夫）が妻を養っている」という経済的優位性は，仮に夫側の収入の方が多いとしても，生計をともにするパートナーとしては無論同等なのである。それらのことが頭ではわかっているのに日常生活上で実感できていないため，根拠のない優越感や無用な劣等感を妻に対して抱くのかもしれない。

➡配偶者からの暴力の防止及び被害者の保護等に関する法律（DV防止法）
2002年4月1日に施行された。この法律により，家庭内であっても，暴力行為があると判断されたら，被害を防止するために，第三者が介入すること，専門家による相談と支援，また法的措置を行使することなどが可能になった。これは，国と地方公共団体が，被害者を保護し，被害者に暴力が及ばないように，加害者に命令できる法律である。

　一方，そのような暴力からなぜ妻は逃げないかについては，次の4点にまとめられる。[16]

①　家庭を崩壊させたくない（例：自分さえ我慢すれば，子どもに悪影響を及ぼさずにすむ）

②　夫との関係を崩したくない（例：暴力的な夫だが，もともとは優しいところもあった）

③　経済的にやっていく自信がない（働いているといっても非正規雇用で経済的に自立していくのは難しい）

④　優しいときもあり，今度こそやり直せると思うことがある（例：ごくたまに優しいことばをかけられたり，短期間，暴力がなくなると，やり直せるのではないかと思ってしまう）

　このように，現実的には崩壊している夫婦関係なのに，妻側に具体的に行動して解決をはかりたい気持ちが起こらず，現状が仮に最悪の状態であっても，なるべく維持したいという心理が働くのは，そのDVケース自体がすでに重篤なものになっている証拠でもある。このような心理は「強制収容所体験」や「洗脳体験」に類似したものなのである。

　上述のような加害者・被害者側の心理は容易に，次のような「暴力の連鎖サイクル」を生み出す。[17]

　①ハネムーン期（加害者は後悔し，優しい態度を示す。赦しを乞い，二度と繰り返さないと誓う）→②緊張の高まり（ことばや軽い暴力による些細な虐待が続く）→③破綻・激しい虐待（高まった緊張が抑制できずに，激しい虐待となって放出される）。

　以下，①→②→③が繰り返される。この悪循環は本人たちの努力ではどうしても抜けられない。そこで第三者による専門的な支援が必要になってくるのである。

❑ ドメスティック・バイオレンスへの対応

　先に紹介した「DV防止法」では，①通報と②相談について次のように規定されている。[18]

①　通　報

　通報については「配偶者からの暴力を受けている人を見つけた場合，配偶者暴力相談支援センターや警察官に通報するよう努めなければならない」（第6条第1項），「医師や看護師などの医療関係者が，配偶者からの暴力による怪我などを見つけた場合，配偶者暴力相談支援センターや警察官に通報することができるが，通報するかどうかは被害者の意思を尊重するよう努める」（第6条2項）と規定されている。

② 相 談

　主たる窓口として各都道府県に設置されている「**配偶者暴力相談支➡
援センター**」があり，そこでは苦しかった体験の傾聴を基本としなが
らも，さらに「相談および相談機関の紹介」「医学的・心理学的，その
他の必要な指導」「被害者およびその同伴家族の一時保護」「自立支援
のための情報提供等」「保護命令制度の利用についての情報の提供等」
「被害者を居住させ保護する施設の利用についての情報の提供等」が
行われている。このうち，「一時保護」および「保護命令」について，
次に解説する。

　「一時保護」の制度とは，被害者が緊急に避難したいときに，配偶
者暴力相談支援センターが窓口となり，一時保護の対応をすることを
いうが，実際の一時保護施設は「公営シェルターや民間**シェルター**➡」
である。

　一時保護施設に関する情報としては次の 6 点が挙げられる。

　(1)場所は非公開である

　(2)一時保護期間中は利用料はかからない

　(3)食事は支給される

　(4)保護施設から仕事場への通勤はできない

　(5)集団生活になることもある

　(6)被害者本人だけでなく，家族も一緒に避難することができるが，
　　　子どもの年齢を制限していたり，子どもがシェルターから学校へ
　　　通学することは原則としてできない。

　次に，「保護命令」の制度とは，被害者がさらなる配偶者からの暴
力によって，その生命または身体に重大な危害を受けるおそれがある
ときに，裁判所が被害者の申し立てにより，配偶者に対して接近禁止
や退去を命令することができる制度である。この保護命令には次の 2
種類がある。

　ひとつは「接近禁止命令」である。暴力を振るった加害者が被害者
の身辺に付きまとうことを半年間禁止する。手紙や電子メールも不適
切な内容を頻繁に送り付けてきた場合は「付きまとい行為」になる。
また，付きまといを禁止しているのは，暴力を受けている配偶者のみ
ならず，その親族もである。

　もうひとつは「退去命令」である。これは暴力を振るった加害者に，
2 週間のあいだ，被害者と同居していた住居から出て行くことを命じ
るものである。この 2 週間のあいだに，被害者は加害者から逃げる方
法を得るのである。

　以上のような，法律に基づく実際的支援を行う際にも，被害者の苦

しみへの共感と受容，またそれらの具体的表現である傾聴を担当者は忘れるべきではない。さらに今後の課題としては，日本では，まだなかなか進まない「加害者への支援」を，被害者支援と同時に行っていく必要がある。

☐ ドメスティック・バイオレンスへの心理的支援

① 被害者への心理的支援

DV の被害にあった人は，対人援助者が想像できないほど大きな心の傷を負っている。また一概に DV といっても，ケースにより，その内容，程度，背景など，千差万別なのである。

そこで，支援の当初は受容と共感を基本とする傾聴に徹底する。何回も面接を重ねるうちに徐々に被害者の側から DV へのふりかえりが語られることがある。そこから被害者自身の自己治癒力が芽生えはじめ，さらに面接の進展により，自らの生活，自らの人生を肯定的方向へ創り直していくこともある。

つまり，被害者の中にある健康的な部分に着目し，カウンセリングを続けることによって，被害者の傷ついた体験も被害者自身の力によって癒されていくのである。

② 加害者への心理的支援

かつては，被害者への支援が第一とされ，加害者の支援は後まわしにされるか無視されることもあった。しかし，先述のとおり加害者への支援も被害者への支援と同時に行っていかなければ DV 自体の減少につながっていかないことは自明である。

その支援の一例として「怒りのコントロール訓練」がある。DV などの突発的な怒り，継続的な怒り，弱い者への怒りというのは，その人が何らかの誤った学習をしたことが条件づけられ固着したものであるととらえる。この固着した不適切な行動を，再学習（＝訓練）により適切な行動に変えていくのである。

たとえば，口より先に手が出てしまう人には，まず怒りが起きてくる状況を再現させ，そのときにことばによって怒りを表明できるようにする。このような訓練を状況ごとに一つひとつ適切な行動に変えていくように指導するわけである。

⑤ 高齢者虐待

☐ 高齢者虐待の防止，高齢者の養護者に対する支援等に関する法律の制定

　日本では，急速に進む高齢化に対して，介護保険制度を創設するなどして対策を行ってきた。介護保険制度の目的は，高齢者の尊厳を保持し，有する能力に応じて自立した生活を営めるよう社会全体で支援することにある。しかしながら，そのようにして支援されるべき高齢者に対して，暴力や心理的な攻撃，介護や世話の放棄・放任が行われるような事態が一方では表面化してきている。その中には高齢者が死亡に至るような深刻な事例もあり，社会的な問題となってきている。

　このような状況に対し，2006（平成18）年4月より「高齢者虐待の防止，高齢者の養護者に対する支援等に関する法律」（以下，高齢者虐待防止法）が施行された。同法では同時に，虐待を行いうる側の養護者，すなわち主に家庭内で高齢者を養護する家族・親族等への支援も主眼のひとつとしている。また，介護保険法および老人福祉法に規定される施設・事業所の従事者（養介護施設従事者等）による虐待についても法の対象としている。

☐ 高齢者虐待の定義と法に示される責務

　高齢者虐待防止法では，**表7-2**に示したように，身体的虐待，介護・世話の放棄・放任（ネグレクト），心理的虐待，性的虐待，経済的虐待の5類型が高齢者虐待の定義として示されている。ただし，これらの類型は，あくまで高齢者虐待を「高齢者が他者から不適切な扱いにより権利利益が侵害される状態や生命・健康・生活が損なわれるような状態に置かれること」と広くとらえたうえでの法の対象規定であり，類型にあたるかどうか判別し難い場合であっても，同様の影響が考えられる場合は同法の取扱いに準じて対応を図る必要がある。[19]

　またこのように考えると，後述するように，施設・事業所などでその利用者である高齢者に対して行われる**身体拘束**も，原則的に高齢者虐待としてとらえることができる[20]（ただし介護保険施設等の**指定基準に定める「緊急やむを得ない場合」**を除く）。

　また，関連深い事象として，極端に不衛生な環境・栄養摂取不良状態に自らを置くようなセルフ・ネグレクト（自己放任）や，自虐・自

➡身体拘束

ひもやベルト等で縛る，つなぎ服やミトン型手袋等を着用させる，ベッドを柵で囲むなどして，行動の制限を行うこと。身体拘束は，介護保険制度の施行にともない，「緊急やむを得ない」場合以外には原則禁止された。

➡指定基準に定める「緊急やむを得ない場合」

身体拘束を禁止する規定は，介護保険施設等の「人員，設備及び運営に関する基準」（いわゆる指定基準）で定められている。ここでいう「緊急やむを得ない場合」とは，①緊急性，②非代替性，③一時性という「例外3原則」にすべて該当するもので，かつ慎重な判断と手続き，記録を行ったものに限られる。

表7-2　高齢者虐待防止法に示される虐待の定義

身体的虐待	高齢者の身体に外傷が生じ，又は生じるおそれのある暴行を加えること
介護・世話の放棄・放任（ネグレクト）	高齢者を衰弱させるような著しい減食又は長時間の放置／【養護者】養護者以外の同居人の身体的・心理的・性的虐待と同様の行為の放置等養護を著しく怠ること／【養介護施設従事者等】その他の高齢者を養護すべき職務上の義務を著しく怠ること
心理的虐待	高齢者に対する著しい暴言又は著しく拒絶的な対応その他の高齢者に著しい心理的外傷を与える言動を行うこと
性的虐待	高齢者にわいせつな行為をすること又は高齢者をしてわいせつな行為をさせること
経済的虐待	高齢者の財産を不当に処分することその他当該高齢者から不当に財産上の利益を得ること（＊養護者による高齢者虐待においては，養護者のほか「高齢者の親族」を含む）

出所：「高齢者虐待の防止，高齢者の養護者に対する支援等に関する法律」第2条より筆者作成．

傷行為があり，特にセルフ・ネグレクトについては，高齢者虐待防止法に準じた対応を行うこととしている自治体もある（ただし高齢者虐待防止法自体では定義されていない）。セルフ・ネグレクトの背景には認知症やうつの存在が考えられることが多いため，注意が必要である。

　また，高齢者虐待防止法では，高齢者虐待の問題にかかわる人の責務と義務についても示されている。虐待を受けたと思われる高齢者を発見した人には，生命・身体に重大な危険が生じている場合は速やかに市町村等へ通報する義務や，それ以外の場合でも通報するよう努める義務がある（第7条および第21条）。加えて，保健・医療・福祉の仕事に携わる人は，虐待を発見しやすい立場にあることを自覚し，その早期発見に努めるべきだと謳われている（第5条）。特に，養介護施設従事者等に該当する人には，生命・身体への危険にかかわらず，その仕事の中で養介護施設従事者等が行う高齢者虐待を発見した際の通報義務（努力義務ではない）が課せられている。

☐ 養護者による虐待（家庭における虐待）

　養護者による（家庭における）高齢者虐待に関して自治体（市町村もしくは地域包括支援センター）へ寄せられた通報・相談・届出（虐待を受けた高齢者本人からの通報）については，全国の状況を厚生労働省が整理し，毎年度公表している。その結果によれば，2006年度に市町村への相談・通報が1万8390件，その後の事実確認により高齢者虐待事例に該当すると判断された事例が1万2569件であったのに対し，2020年度ではそれぞれ3万5774件・1万7281件であった。また，同調査では年間20〜30件ほどの，虐待等による死亡事例も確認されている。

　これらの結果に共通して，虐待行為の種類としてもっとも多いのは

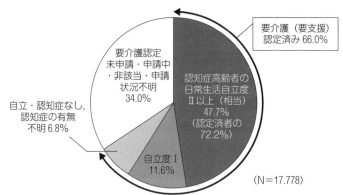

図7-1 養護者による高齢者虐待の被害者における要介護（要支援）認
定及び認知症高齢者の日常生活自立度の状況（2020年度時点）

出所：厚生労働省（2021）「令和2年度『高齢者虐待の防止，高齢者の養護者に対する支
援等に関する法律』に基づく対応状況等に関する調査結果（添付資料）」11-21,
をもとに筆者作成.

表7-3 高齢者虐待発生関連要因

A	社会的要因	経済発展の遅れ，社会政策の貧困，社会福祉サービスの不足など
B	文化的要因	エイジズム（高齢者差別），家父長制イデオロギー，女性差別など
C	ソーシャルサポート　ネットワーク	親族・近隣からの支援の欠如，社会的孤立など
D	介護問題	介護負担や負担感，介護疲れ，介護意欲欠如，介護知識不足など
E	家族状況	家族関係不和・対立，無関心，共依存関係，住環境の悪さ，責任感の共有の欠如など
F	高齢者：　個人的要因	性格的な偏り，精神疾患，依存症，経済的問題，過去に虐待した体験など
G	虐待者：　個人的要因	性格的な偏り，精神疾患，依存症，経済的問題，被虐待体験など

出所：日本高齢者虐待防止センター（高齢者処遇研究会）（2006）『高齢者虐待防止トレーニングブック　発見・援
助から予防まで』中央法規出版，17.

　　　　身体的虐待であり，次いで心理的虐待，介護・世話の放棄・放任（ネ
グレクト），経済的虐待などの順となっている（ただし，法施行以前に行
われた調査では，心理的虐待，介護・世話の放棄・放任，身体的虐待の順
となっている[22]）。虐待を行った養護者が被虐待者と同居していたケース
が全体の85%程度を占めており，続柄でみると息子が40%前後，夫と
娘（息子の配偶者を除く）がそれぞれ20%前後を占めている。一方，**図
7-1**に示すように，虐待を受けた高齢者のうち70%ほどの人が要介
護認定を受けており，うち70%程度（全体では50%弱）が認知症の症状
を示していた（認知症高齢者の日常生活自立度Ⅱ以上）。

　　　家庭における養護者による高齢者虐待の要因は多様で，その多くは
家族間の関係にかかわる構造的なものである。養護者自身が介護疲れ
や疾病，生活困難など重大な問題を抱えている場合もある。したがっ
て，**表7-3**に示すように，関連する背景要因には階層や範囲の異な

る幅広いものがあり，しかもいくつかの要因が重なりうることを知らなければならない。また，家族間の葛藤や依存関係など，心理的課題が大きく関係している場合があることにも注意が必要である。

　さらに，養護者による高齢者虐待の防止や発生後の対応には，身近な地域での支援が欠かせない。この支援は，市区町村やその委託を受けた**地域包括支援センター**➡等が中心となることになっている。特に地域包括支援センターにおいては，その主たる業務を担う専門職種として，保健師，主任介護支援専門員とともに社会福祉士が指定されており，その役割は重要である。地域包括支援センターの本来業務として権利擁護業務が定められており，市町村とともに地域での高齢者虐待の早期発見や見守り，さらに介入のためのネットワークを構築することを含め，具体的な防止策・支援策を展開していくことが求められている。

☐ 養介護施設従事者等による虐待（施設・事業所における虐待）

　養護者による高齢者虐待と同様，養介護施設従事者等による虐待についても，年度ごとに集計が行われ，公開されている。その結果，法施行年度（2006年度）から2020年度の間に，市町村への通報等の件数は273件から2,097件へ，虐待と判断された事例の件数は54件から595件へと増加している[23]。ただし，養護者による虐待にも共通するが，これらは通報等があったことを起点とし，かつその中で虐待であるとの判断に至った事例であり，実際には相当の暗数（通報等に至らなかったケースや実際には虐待であるがその判断に至らなかったケース）が存在すると考えられる[24]。

　上記のように公に把握されている範囲では，虐待行為の種類としてもっとも多いのは圧倒的に身体的虐待であり，次いで多いのは心理的虐待や介護・世話の放棄・放任とされている。しかし，実際には心理的虐待が多い可能性も指摘されている[25]。心理的虐待は遡っての事実確認や虐待か否かの判断が困難な場合があり，注意が必要である。また同調査では，前述した「緊急やむを得ない」場合以外の身体拘束が一定数存在することも示されている。身体拘束は「安全のため」という理由で行われることも多いが，本人への精神的苦痛や拘縮などによる身体機能低下といった重大な影響が生じる可能性があり，できる限り避けるべきものである。さらに，虐待を受けた高齢者の特徴として，認知症があり，かつ攻撃的な言動や介護への強い抵抗などの形で**行動・心理症状（BPSD）**を示す場合が多いことも示唆されている[26]。したがって認知症の人の心理や，適切な介護のあり方を知ることが必要

➡ **地域包括支援センター**

2006年の改正介護保険法の施行にともない創設された機関で，市町村もしくはその委託を受けた法人が設置主体となり，地域住民への介護予防ケアマネジメント，総合相談・支援，権利擁護（高齢者虐待の早期発見・対応や防止を含む），包括的・継続的ケアマネジメント支援などを包括的に行う。

➡ **行動・心理症状（BPSD）**

認知症の原因となる疾患から直接的に生じる記憶障害などの認知機能障害を中核症状という。それに対し中核症状と周囲の環境や本人の心身状態との相互作用によって生じる行動症状（攻撃性や徘徊，異食，性的逸脱行為など）や心理症状（不安や幻覚，妄想など）を総称して（認知症にともなう）行動・心理症状という。

である（次節参照）。

　また，虐待発生の背景要因として，養介護施設従事者等が抱える職務上のストレスや組織体制の問題についても理解する必要がある。夜間にひとりで大勢の高齢者を介護する負担と不安や，夜間に限らない業務量の多さ，従事者間の人間関係，適切な介護の提供が保証されない組織体制や教育の不足といったさまざまな背景要因をとらえなければ問題解決や再発防止には結びつきがたい。また，これらの背景要因がある場合，虐待行為が発生する以前に不適切な介護のしかたやそれを放置するような状況が存在すると考えられる。したがってこの段階で虐待発生の「芽」を発見し，それを摘むような予防的な取り組みが求められる。

☐ 高齢者虐待防止のための基本的な姿勢

　高齢者虐待の問題は，「高齢者＝被害者」「介護者＝加害者」という単純な図式であらわされるものではなく，「被害者を守り加害者を罰する」ことで解決するものでもない。定義や特徴・背景を知ったうえで関係するすべての人の心理や関係を理解し，心理的な側面を重視した支援を図っていく必要がある。被害を受けた高齢者の心身のダメージを緩和する支援が第一であるが，虐待を行ってしまいうる側への支援も同時に考えたい。

　家庭内での虐待は高齢者と養護者あるいは他の家族との関係，すなわち家庭全体の問題としてとらえる必要があるし，家庭と地域社会との関係についても考えなければならない。また養介護施設従事者等への教育的支援や，施設・事業所の組織改善も考えなければならない。養介護施設従事者等が抱えるストレスや慢性的な業務量の多さ，組織体制の不備といった背景をとらえなければ，再発防止には結びつかないからである。なお，家庭や施設にかかわらず，虐待を受けた高齢者の多くは，隠そうとしたり我慢したりすることを含めて，何らかのサインを示しており，そのサインを見逃さない観察眼が求められる。

　最後に，高齢者虐待防止法の趣旨は，その名称のとおり虐待の「防止」にある。虐待の発見や事後の対応のみならず，予防的な観点から積極的にかかわっていく姿勢が大切である。

⑥　認知症

❏ 認知症という病気の理解

　認知症とは，脳の障害によって一度獲得した能力を失っていく病気であり，ほとんどの認知症は，進行性で回復しないものといわれている。診断には，DSM-5➡やICD-10➡などの診断基準が用いられることが多い。

　認知症の原因となる疾患にはさまざまなものがあり，その原因疾患によって認知症の病名が区別されている。認知症の中でもっとも多いのは，アルツハイマー型認知症であり，認知症全体の60％以上を占めている。アルツハイマー型認知症は，脳の神経細胞が病的に減っていくことによって起こる脳の萎縮性の認知症である。特徴は，ゆっくりと発症し，もの忘れを中心とした全般性の症状を示し，ゆっくりと確実に進行していく。次いで多いのが脳血管性認知症であり，認知症全体の約20％を占めている。原因は脳出血や脳梗塞であり，発作とともに比較的急に症状があらわれるという特徴がある。また脳の中で障害を受けている部分と障害を受けていない部分が混在するため，症状がまだら状にあらわれる。さらに再発作のたびに急に悪化していくため，階段状の進行を特徴とする。3番目に多い認知症は，レビー小体型認知症であり，認知症全体の約10％を占めている。レビー小体型認知症の大きな特徴は，パーキンソン症状を示すことと，明確な幻視があるということであり，一日のうちでも症状が変動する（日内変動）ことが多い。その他の認知症としては，前頭葉と側頭葉が限局して萎縮し，人格変化を特徴とする前頭・側頭型認知症，慢性硬膜下血腫による認知症，甲状腺機能低下症による認知症などがあり，それらが認知症の約10％を占めている。

❏ 中核症状とその対応

　認知症の症状は，脳の障害が原因で起こる中核症状と，心理・社会的要因などが原因となって起こる行動・心理症状（BPSD）を合わせた形であらわれる。このうち中核症状は，認知症の人のほとんどにみられる症状である。アルツハイマー型認知症の中核症状には「もの忘れ」「見当識障害」「判断力の障害」「実行機能の障害」などがあるため，この症状を正しく理解し，その症状に合わせた対応法を考えていかな

➡DSM-5
アメリカ精神医学会の精神疾患の診断・統計マニュアル第5版（2013年）であり，2014年に日本語に翻訳された。

➡ICD-10
世界保健機関（WHO）の国際疾病分類の第10版（1990年）。もともとは死因統計の国際比較を目的に1900年に発表されたが，第7版から疾病分類が追加され，現在では治療や疫学，統計の分野でも使用されている。認知症は，精神および行動の障害の章である第5章に分類され，認知症の診断には「アルツハイマー病の認知症」「血管性認知症」「他に分類される疾患の認知症」「特定不能の認知症」がある。

ければならない。

① もの忘れ

認知症の人は同じことを何度も聞いてくるが，これは近時記憶の障害（直前のもの忘れ）によるものである。もの忘れに対しては，それを責めることなく根気よく対応していくことが原則となる。もの忘れを責められることは，認知症の人にとっては理由がわからないいいがかりのようなものであり，介護者と認知症の人の人間関係にまで影響を及ぼす不適切な対応となる。

② 見当識障害

認知症の人は，「場所」「時間」「人」に対する見当をつけることが困難となる。これを見当識障害という。

「時間の見当識障害」が起こると，昼夜の区別や時間の見当がつかなくなってくる。このような場合には，カレンダーを工夫したり，会話の中に時間の話題を入れるなどして時間的な感覚が理解しやすくなるような工夫が必要となる。さらに日常生活の日課はなるべく変えず，規則正しい生活リズムを確立していくことも時間の見当識障害のケアとしては有効である。

「場所の見当識障害」が起こると，自宅付近の慣れた場所で迷ったり，自宅にいてもここが家でないと感じるようになったりする。そのため認知症の人が場所を理解しやすいように，また場所の見当をつけやすいように環境を整えていくことが必要となる。名札や張り紙などの工夫をする場合があるが，すべての人に有効なわけではなく，病気が進行してくると，名前を書いた文字自体も理解できなくなる。ただし場所の見当識障害に対する対応の基本は，環境の調整であるため，さまざまな方法を試み，その人にあった環境を整えていくことが重要である。

「人に対する見当識障害」が起こると，知人や家族のことがわからなくなる。これは介護している家族にとって非常にショッキングな出来事であるが，介護者は認知症の人の混乱に振り回されず，落ち着いて冷静に対応していくことが大切である。たとえば，「あなたは誰？」というようなことをいわれても，落ち着いて「私はあなたの娘ですよ」という事実を伝えることもいいだろう。「私はだれだかわかる？」とか「私の名前は何？」というように，認知症の人を試すような対応は効果がないだけではなく，認知症の人のプライドを傷つけるやり方であり，感心できる方法ではない。周囲の人がわからないということは認知症の人を不安にさせることであるため，「大丈夫ですよ。私たちはあなたのことがよくわかっていますから，心配しないでください

ね」というように，本人を落ち着かせ，不安を取り除くように対処していくことが重要となる。

③　判断力の障害

私たちが考えたり行動したりするときには，過去の同じような出来事を思い出し，現状と比較して判断したり，いくつかの情報を比較しながらさまざまな判断をくだすことになる。認知症の人は，これらのことが困難になっていく。このような場合には，判断の材料を減らして認知症の人が判断しやすいようにしていかなければならない。私たちでも情報が多すぎると何を選択していいのかに迷うように，認知症の人の場合には多くの情報は役立つというよりも判断を妨げるものとなるのである。

④　実行機能の障害

認知症の人は物事の手順を踏んだ作業が困難になってくる。日常生活では，洗面動作や入浴すること，出かける準備をすることや，部屋の掃除を行うこと，料理をつくることなど一連の手順を踏んで作業を進めることがなどがこれにあたり，これを実行機能という。実行機能の障害が起こると，日常の何でもないような作業が非常に複雑なものになる。認知症の人は，全体的な見通しを立てること自体が困難となり，その手順を覚えておくこともむずかしくなる。しかし実行機能の障害が起こったからといって，何もできなくなるわけではない。一度に作業全体のことをいうのではなく，ひとつずつ伝えていくというような「言葉かけによるケア」が実行機能障害に対しては有効となる。

❑ 行動・心理症状（BPSD）という考え方

記憶の障害や見当識の障害，判断力の障害，実行機能の障害などの中核症状が，認知症の人にほぼ共通してみられる症状である。しかし，認知症の人には，徘徊や妄想，攻撃的行動，不潔行為，異食など，さまざまな症状がみられることも多く，これらの症状は「周辺症状」と呼ばれてきた。周辺症状は，実際に介護する人を悩ませる行動であり，これらの多くの症状はこれまで「問題行動」と呼ばれ，介護を困難にさせる行為として中核症状よりも対応が難しいやっかいな問題としてとらえられてきた。しかし認知症の人は，介護者の手を煩わせようとか，介護者を困らせようとしてこれらの行動を起こしているわけではない。つまり「問題行動」という呼び方は，ケアを提供する側が問題視しているだけであって，本人が問題と感じているわけではないという視点に立つと，これら一連の行動を「問題行動」と呼ぶこと自体が「問題」だったといえるだろう。したがって，現在専門職の間では「問

題行動」という用語は不適切な用語と考えられるようになった。現在これらの一連の症状は「認知症の行動・心理症状」（Behavioral and Psychological Symptoms of Dementia）と呼ばれ、その頭文字をとってBPSDとも呼ばれている。行動・心理症状は、行動としてあらわれる「行動症状」と、実際の会話の中で明らかになる「心理症状」に分類される。行動症状には、徘徊、攻撃的行動、不潔行為、異食、昼夜逆転、性的逸脱行為等があり、心理症状には、妄想、幻覚、抑うつ、不眠、不安などがある。

☐ 認知症の行動・心理症状（BPSD）の原因と対応

中核症状は、認知症の人の比較的共通した症状であるが、行動・心理症状（BPSD）は、一律にみられる症状ではなく、その出現時期も人によって異なる。また、行動・心理症状が単独の症状であらわれる人もいれば、複数の症状が同時にあらわれる人、症状の内容が進行にともなって変化していく人などさまざまであるが、認知症の進行の中でほとんどの人は1種類以上の行動・心理症状が出現するといわれている。

行動・心理症状は、記憶障害などの中核症状が背景にあり、それに加えて不安感や焦燥感、ストレスなどの心理的要因が作用して出現するものと考えられている。このため、行動・心理症状に対しては、「徘徊」や「妄想」という現象だけをとらえて対処法を考えていくのではなく、その原因となる「不安」や「焦燥」、「ストレス」などに目を向けて対処していくことが重要になってくる。また行動・心理症状は身体的要因や心理的要因によって起こるだけではなく、なじみのない環境や、居心地の悪い環境など、不適切な環境が行動・心理症状を誘発することもある。

さらに認知症の人と介護者との両者の関係の中で行動・心理症状が誘発されることもある。行動・心理症状は介護者にストレスを与えることが多く、介護者がイライラしたり、介護意欲を低下させたりすることにもつながる。その結果、介護者が大声を出したり、叱責するなどの不適切な対応をしてしまうこともあるだろう。そのような不適切な対応は、認知症の人にストレスを与えることになり、その結果として認知症の人の行動・心理症状が増長されることになる。このように増長された行動・心理症状は、介護者の負担をさらに増加させるという悪循環が起こってくる。このような悪循環を断ち切るためにも介護者に対するケアは重要になってくるのである。適切な環境や適切なケアは行動・心理症状を予防したり抑制したりするが、不適切な環境や

　不適切なケアは，行動・心理症状を誘発するということを忘れてはならない。

　行動・心理症状は，認知症の初期から終末期に至るまですべての段階でいずれかのタイプの症状を示すことが知られており，その対応は，認知症の人をケアしていくうえで避けられない問題である。しかも対応は個別的であるために，介護者にとっても非常に介護負担の多い問題といえるだろう。行動・心理症状に対する対応の第一選択肢は，非薬物的なアプローチといわれている。つまり認知症の人のさまざまな行動・心理症状に対しては，薬物を用いないケアをまず優先して考えるべきということである。しかし適切なケアだけでは解決しない症状もあり，このような場合には，適切な薬物療法が効果を生む場合が多い。しかし，薬物療法を行ったとしても，薬物だけに頼るのではなく，ケアの工夫を続けながら薬物とケアの両輪で認知症の人のケアにあたることが大切なのはいうまでもない。

□ ケアによる状態像の変化

　認知症の症状は，中核症状と行動・心理症状が重なった形で出現する。中核症状に関しては，進行をある程度抑制できる可能性はあるが，改善させることは困難である。しかし行動・心理症状は，基本的には心理的要因や環境要因などが作用して出現してくるため，この部分は適切なケアや環境の工夫などによって改善できる可能性がある。認知症の人が良好な環境のもとに適切なケアが提供されているような場合，認知症が改善したように見えることがあるが，これは中核症状が改善しているわけではない。実際には適切なケアや生活環境の整備によって認知症の人の心理的ストレスが軽減し，行動・心理症状が抑制されたり予防された結果として認知症の症状の周辺部分が改善することによるものである。このように行動・心理症状が改善された場合，認知症の状態像は変化するものであり，このことがケアの本領が発揮できる部分ともいえるのである。

○注 ─────────

(1)　Wing, L. (1996) *The Autistic Spectrum A Guide for Parents & Professionals*, London: Constable, 177.
(2)　http://icedd.nise.go.jp/blog/index.html
(3)　http://www.rehab.go.jp/ddis/index.html
(4)　広瀬徹也・内海健編（2005）『うつ病論の現在』星和書店.
(5)　樽味伸（2006）『臨床の記述と「義」』星和書店.
(6)　宮本信也（1995）「小児虐待」宮本信也『〔改訂〕乳幼児から学童前期のこ

　　　ころのクリニック——臨床小児精神医学入門』安田生命社会事業団，52-61.

(7)　児童虐待調査研究会（1985）『児童虐待』日本児童問題調査会.

(8)　森田ゆり編（1992）『沈黙をやぶって——子ども時代に性暴力を受けた女性の証言＋心を癒す教本（ヒーリング・マニュアル）』築地書館.

(9)　三木裕子（2001）『愛情遮断症候群』角川書店.

(10)　厚生労働省（1999）「子ども虐待対応の手引き」（http://www.mhlw.go.jp/bunya/kodomo/dv12/00.html）.

(11)　森田ゆり（1995）『子どもの虐待——その権利が侵されるとき』岩波書店.

(12)　川崎二三彦（2006）『児童虐待——現場からの提言』岩波書店.

(13)　庄司順一（1991）「虐待を受ける子どもたち」帆足英一編『子どもの心身機能の発達と障害』放送大学教育振興会，131-138.

(14)　小西聖子（2001）「ドメスティック・バイオレンス」小西聖子『トラウマの心理学——心の傷と向き合う方法』日本放送出版協会，77-104.

(15)　豊田正義（2001）『DV ドメスティック・バイオレンス——殴らずにはいられない男たち』光文社.

(16)　小西聖子（2001）『ドメスティック・バイオレンス』白水社.

(17)　Walker, L. E.（1979）*The battered woman*, New York: Harper & Row.（＝1997，斉藤学監訳／穂積由利子訳『バタード・ウーマン——虐待される妻たち』金剛出版）

(18)　「夫（恋人）からの暴力」調査研究会（1998）『ドメスティック・バイオレンス——実態・DV 法解説・ビジョン』有斐閣.

(19)　厚生労働省老健局（2018）「市町村・都道府県における高齢者虐待への対応と養護者支援について」（平成30年３月改訂版），2-4.

(20)　同前，96-97.

(21)　厚生労働省老健局高齢者支援課（2021）「令和２年度『高齢者虐待の防止，高齢者の養護者に対する支援等に関する法律』に基づく対応状況等に関する調査結果（添付資料）」1-35.

(22)　医療経済研究機構（2004）「家庭内における高齢者虐待に関する調査報告書」40-56.

(23)　(21)と同じ。

(24)　認知症介護研究・研修仙台センター（2017）「高齢者虐待の要因分析及び調査結果の継続的な活用・還元方法の確立に関する調査研究事業報告書」109-115.

(25)　吉川悠貴（2010）「施設・事業所における高齢者虐待の実態と防止のための教育」『日本認知症ケア学会誌』9(3)，472-478.

(26)　吉川悠貴（2010）「認知症者への虐待には適切に対応できているか」『老年精神医学雑誌』21(1)，52-59.

■ 第 8 章 ■
日常生活と心の健康

目まぐるしく変化する日常生活の中で，心の健康を維持することは非常に重要な問題である。適度なストレスは，仕事をする上で仕事のパフォーマンスを高める。しかし，過度なストレスは，仕事のパフォーマンスを低下させるだけでなく，うつ症状や燃え尽きたような無気力な症状を引き起こす。特に，社会福祉士等の対人援助に関わる職業では，自分自身のストレスを理解し，うまく処理しなければ，他人に対して十分な心理的援助をすることは難しい。

本章では，ストレスに関連する概念や基本用語を学び，ストレスとうまくつきあう方法への理解を深めることを目指す。

ストレッサー／コーピング

☐ ストレスとは

ストレスという言葉は，日常生活では非常に馴染みのあるものである。適度なストレス（よいストレス）であれば，緊張感をもって仕事を行うことができるものの，過剰なストレス（悪いストレス）の場合は，眠りが浅かったり，イライラしたり，お酒やたばこの量が増えたりといった心のサインとなって現れる。さらに，片頭痛や肩こり，胃の痛み，血圧上昇などの身体の不調をきたす場合もある。

よく知られたストレスには，仕事中の人間関係トラブルからくるストレス，仕事の負担感があるにもかかわらず，思ったほどの成果が得られなかったことによる燃え尽きたような空虚な気持ちとして**燃え尽き症候群**といわれるストレス反応が知られている。同様に，子育て中の母親にとっての**育児ストレス**も家庭の中で起こる家事と育児の負担感を原因としている。

さらに，大震災の被災者は，心に大きな傷を持つ，すなわち**心的外傷後ストレス障害（PTSD）**のような深刻なストレスをこうむることがある。[1]しかしながら，とても悲しくつらい体験をしたとしても，その体験を乗り越えることができる。最近では，そのような困難な状況を克服する心の成長プロセス，心的外傷後成長（PTG：Post Traumatic Growth）が取り上げられるようになってきた。[2]

しかし，ストレスの定義は，研究分野によって異なり，必ずしも一致した見解があるわけではない。ストレスということばは，何らかの外的刺激であるストレッサー，およびそれによって引き起こされる心理的・身体的反応をストレス反応の総称として用いられる。ストレス

➡ 燃え尽き症候群
フロイデンバーガー（Freudenberger, H.）が提唱したバーンアウト・シンドローム（Burnout syndrome）の訳語。それまで目標を掲げて仕事などに生きがいを感じて熱中してきた人間が，何らかの理由で意欲を失い，活力を失う不適応状態をさす。目的達成後に，無気力，抑うつ，不眠などの心身症状がみられる。

➡ 育児ストレス
乳児を抱える母親にみられる，不安，不眠，うつ状態などの精神症状をさす。育児による睡眠不足，子どもの発育や発達，健康状態に対する育児不安などが加わって，精神的に不安定になりやすいことも誘因になる。

反応の引き金となるストレッサーは，仕事，家庭，社会といった人が関わる至るところに存在する。ストレス反応の代表的なテスト，ストレス反応尺度（SRS-18）では，抑うつ・不安因子，不機嫌・怒り因子，無気力因子という 3 つの因子が想定されている[3]。たとえば，私たちが近親者と死別したり，仕事を失ったり，恋人と別れたりすると，絶望感や憂うつ感を持つことになる。このような感情がストレッサーとなって，抑うつ状態といったストレス反応を呈し，やがて深刻な心身に変調をきたすことになる。

　ストレスという概念は，「あらゆる要求に対する身体の不特定の反応」と定義される。ストレスは，1930年代にはセリエ（Selye, H.）によって，1960年代になってラザルス（Lazarus, R. S.）によって研究されてきた。

□ ストレスに対する生理的反応

　セリエは，伝染病患者の臨床経験およびホルマリンを注入された動物実験の観察によって，①副腎皮質肥大，②胸腺・リンパ節・脾臓の萎縮，③十二指腸の出血といった症状が起こることを見出した。また，実験動物を寒冷や高温等の有害環境に曝すことによって，上記の 3 症状が観察された。

　これらの観察結果から，セリエは，ストレッサーに曝された生体がその環境の中で適応しようとする結果，非特異的な生物学的反応がいつも現れることを確認した。このような反応は，下垂体—副腎皮質ホルモン系を中心とした反応で，一般適応症候群（GAS：General Adaptation Syndrome）と呼ばれている（図 8-1）。

　①　警告反応期（Alarm reaction）

　好ましくないストレッサーが生体に取り込まれたことによる初期反応。体温・血圧・血糖値の低下，白血球・リンパ球減少，筋緊張低下，などのショック相を経て，体温・血圧・血糖値の上昇，白血球増加，などの反ショック相に至る。

　②　抵抗期（Resistance stage）

　好ましくないストレッサーに曝され続けると，反ショック相から抵抗期に移行する。この時期では，ストレッサーに対して積極的に抵抗し，適応した状態になる。

　③　疲憊期（Exhaustion stage）

　さらに好ましくないストレッサーが残り続けると，再度警告反応期のショック相が起こる。この段階に入ると，生体の抵抗能力が消耗，崩壊する衰弱状態からやがて死に至る。

➡ 心的外傷後ストレス障害（PTSD）
PTSD は post-traumatic stress disorder の略。死に直面したり，死の恐怖を感じたり，あるいは自己や他者への深刻な障害を含む大惨事を経験あるいは目撃した際に遅れて起こる，比較的長く続く不安障害のこと。発汗，激しい恐怖や無力感，幻覚，追体験などの苦痛や生理的反応を伴う。

図8-1　一般適応症候群の3段階

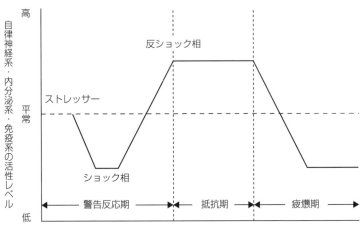

出所：日本健康心理学会編（2002）『健康心理学概論』実務教育出版，より筆者作成.

□ ラザルスの心理的ストレス理論

　セリエの生理学的なストレス理論に対して，ラザルスのストレス研究は，日常生活の中で経験するストレッサー（Daily hassles）とそのストレッサーに対する個人の意味づけ（cognitive appraisal：認知的評価）や対処の仕方（coping：コーピング）といった認知行動的な要因を重視した心理的ストレス理論である。

➡ 認知的評価

ストレッサーがもたらす脅威の程度を評定する機能をいう。

　図8-2のストレスモデルは，ラザルスら[4]やマセニー（Matheny, K. B.）ら[5]によって提案されている心理的ストレスモデルを改変したものである。自己への要求，生活の変化，役割の要求，イライラごとからなるストレッサーは，意識的な気づきを生み出す。

　これは認知的評価といわれる過程で，さらに気づきを評価することで一次的評価が完了する。もしそれらの要求に意識的に気づかない場合は，様々な要求が直接的なストレス反応となる。二次的評価は「あるコーピング方略を採用した場合，どんな結果が起こるのか」「その結果を導くための行動をうまく遂行できるか」という見通しについての認知的評定である。

　このモデルを参考にしたストレス・マネジメントは，

①　ストレスモデルの起点となるストレッサーを回避すること
②　ストレッサーに影響を及ぼす認知的評価（主観的な評価）を健康的な機能へと変えること
③　コーピング（対処行動）を増やすこと
④　ストレス反応をコントロールすること

が考えられる。つまり，ストレス反応を自己コントロールするための訓練は，ストレス・マネジメントの実施の目的となる。

図8-2　代表的な心理的ストレスモデル

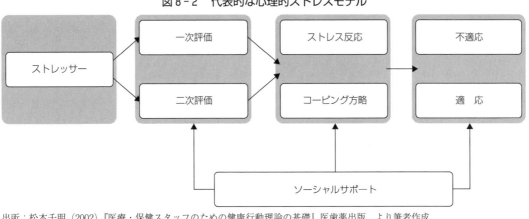

出所：松本千明（2002）『医療・保健スタッフのための健康行動理論の基礎』医歯薬出版，より筆者作成.

　また近年，社会的ネットワークやソーシャルサポートの重要性も指摘されている。エンカウンターグループ等の人との話し合いや触れ合いは，ストレッサーの評価やストレス反応，さらにはコーピングに直接的，間接的に影響を及ぼし，ストレスを和らげる効果があると考えられている。

☐ 健康に関連する行動：ストレスを和らげる方法

　福祉関係者の職場は，言語・非言語にかかわらず，人とのコミュニケーションや協同作業が求められるという意味では，ストレスフルな職場である。次々と新たな問題が提起され，それに対処できる豊かな人間性と創造性を兼ね備えた人材の育成が求められている。

　そのような人材トレーニング方法として，ブレインストーミング促進用カードゲームが注目されている。ゲームは4人で行い，各プレイヤーは，ブレインストーミングの手法を効率よく学習できるように，①批判禁止，②質より量，③突飛さを歓迎，④他人に便乗，という役割を一人一役割り当てられる。テーマに沿った話し合いを行い，アイデアが出やすい環境を整えること，すなわち他人を批判せず「それいいね」と他人のアイデアをほめたたえる雰囲気をつくり出すことで，プレイヤーのストレス反応を軽減することができる。[6]

　この領域は，創造的問題解決といわれ，企業での人材教育にも取り入れられている。また，**スーパーバイザー**➡や**ファシリテーター**➡等のリーダー養成のための実践的なトレーニング方法としても注目を集めている。

　また，北欧スウェーデンのタッチケア[7]によるストレス緩和方法の試みもある。この方法は，施術者がケアを受ける人の背中，手，足に触れることで，心地よさや安心感を与えることができる。このケアでは，

➡**スーパーバイザー**
相談業務において，カウンセラーやソーシャルワーカーなどの相談員の指導や監督を行う者をいう。

➡**ファシリテーター**
問題解決や合意形成などの集団活動が円滑に行われるように支援する方法をファシリテーションといい，それを取り仕切る者。特に，アイデア会議を催す際の進行役のことをいう。

皮膚に触れることでオキシトシンが分泌されること，それによって不安やストレスが和らげられると考えられている。日本では，認知症高齢者の認知症緩和ケアとして用いられてきた実績がある[8]。現在，乳児から高齢者まで，看護や介護，保育の場面で広く活用されている。

② ストレスと心の健康

本節では，ストレスと免疫について考える前に，中枢神経系，自律神経系，内分泌系などの働きが免疫系と密接に関係していることを知る。加えて，ストレスとなるライフイベントが疾患の発症に密接に関連していることが明らかになっていること，人はどんなときに健康不安を感じ行動を変容させるのか，を健康信念モデルを通して学習する。

☐ 神経系の分類

神経系は中枢神経系と末梢神経系に大別される。中枢神経系は，脳と脊髄から構成され，末梢神経系は体性系と自律系に分けられる。体性系は感覚受容器から中枢神経系へ信号を伝達するのに対して，自律系は内蔵の機能維持を中心とした信号を伝達する。

☐ ホメオスタシスと自律神経系

外部環境が変化しても，体温や体液のイオン濃度，血糖濃度などを常に一定に保とうとする機能が生体には備わっている。この生体の恒常性を保持する機能のことをホメオスタシスという。気温や湿度のような物理的環境だけでなく，心理的ストレスに対して体内環境を維持することで，我々は健康状態を保っている。

自律神経系（Autonomic Nervous System：ANS）は，末梢神経系のひとつであって，生体の意志と無関係に，内臓，血管，腺などの機能を自動的に調整する神経系である。交感神経と副交感神経の2つに分類される。多くの場合，交感神経と副交感神経は拮抗的に作用し，交感神経が緊張すると，副交感神経は抑制的に働き，自律神経系の安定状態を保つ。

適度なストレス刺激であれば，交感神経の緊張が生じ，心臓の拍動が促進される。一方，体内での心臓の拍動の高まりを感じると，副交感神経の緊張により，心臓の拍動を抑制するように働く。

❑ ストレスと免疫

　考え方や生き方などの心の問題が自律神経系や免疫系に影響することは，古くから語られてきた。たとえば「病は気から」といったことわざや，「がん患者の発病前の生活を振り返ると，強くストレスをもたらすような心理─社会的な事例が数多く報告されている。健康や疾病が心理社会的なストレスと密接に関係していることは疑う余地はない。

　心理学的に免疫と関連するストレス研究は，うつや不安などの感情障害，統合失調症，がん，HIV[9]，ヘルペスなどへと対象が広がっている。これらの研究は，総じて悲観的な人の免疫系は，楽観的な人に比べてあまりよく機能していないこと[10]，その原因として，悲観的な人は出来事をよりストレスが高いと感じ，評価すること[11]が挙げられる。

　エイダー（Ader, R.）[12]に端を発したストレス研究では，免疫に関係する各種免疫指標を定量的に測定する技術の進歩とも強く関係している。内分泌指標であるコルチゾール，免疫指標であるナチュラル・キラー細胞活性や分泌型免疫グロブリンAがストレス研究に用いられる。

❑ ストレスとライフイベント

　ここでは，社会的再適応評価尺度（Social Readjustment Rating Scale：SRRS）とストレス価（Life Change Units value：LCU）の合計得点と疾患の発症について説明する。

　ホームズ（Holmes, T. H.）とラーエ（Rahe, R. H.）[13]は，ストレスと疾患の関係について研究を行い，心理社会的ストレッサーの中でも，結婚や近親者の死などのライフイベントに着目し，ライフイベントが健康状態や疾患に及ぼす影響を検討している。表8-1の社会的再適応尺度は，ライフイベントの中心である「結婚」を中心に据え，ストレッサーに適応する労力基準をストレス価（LCU得点）として表している。表8-2のLCU合計得点は，ストレス価の合計得点が高いほど，疾患の発症率が高くなることを示している。

　また，夏目は，ホームズらの社会再適応尺度を用いて，健常者とストレス関連疾患者群との比較によって，ライフイベントがストレス疾患の発症に影響を及ぼしていることを示した[14]。特に，健常者219点に対して，ストレス関連疾患患者群（ノイローゼや心身症，軽症うつ病など）の受診者は335点，職場との関連性が高い適応障害（職場不適応症）の受診者は391点と最も高いことがわかった。

▶HIV（ヒト免疫不全ウイルス）

HIV（Human Immunodeficiency Virus）は，人の免疫細胞に感染して破壊し，最終的に後天性免疫不全症候群（AIDS）を発症させるウイルスのことをいう。

▶コルチゾール

副腎皮質ホルモンのひとつ。抗炎症作用を利用し，各種の炎症性アレルギー性疾患などに用いる。ヒドロコルチゾンやハイドロコーチゾンともいう。

▶ナチュラル・キラー細胞活性

リンパ球の一種。がん細胞を破壊する作用を持つ。NK細胞ともいう。

▶分泌型免疫グロブリンA

グロブリンを構成する主要なタンパク質。抗体の本体で，すべての脊椎動物の血清および体液中に含まれる。B細胞由来の形質細胞から生産され，性状によって5つのクラス（IgG, IgM, IgA, IgE, IgD）に分けられ，それぞれ特異的な機能を示す。

表8-1　社会的再適応評価尺度

順位	出来事	LCU 得点	順位	出来事	LCU 得点
1	配偶者の死	100	23	息子や娘が家を離れる	29
2	離婚	73	24	親戚とのトラブル	29
3	夫婦別居生活	65	25	個人的な輝かしい成功	28
4	拘留	63	26	妻の就職や離職	26
5	親族の死	63	27	就学・卒業	26
6	個人のけがや病気	53	28	生活条件の変化	25
7	結婚	50	29	個人的習慣の修正	24
8	解雇・失業	47	30	上司とのトラブル	23
9	夫婦の和解・調停	45	31	労働条件の変化	20
10	退職	45	32	住居の変更	20
11	家族の健康上の大きな変化	44	33	学校をかわる	20
12	妊娠	40	34	レクリエーションの変化	19
13	性的障害	39	35	教会活動の変化	19
14	新たな家族構成員の増加	39	36	社会活動の変化	18
15	仕事の再調整	39	37	10,000ドル以下の抵当（借金）	17
16	経済状態の大きな変化	38	38	睡眠習慣の変化	16
17	親友の死	37	39	団らんする家族の数の変化	15
18	転職	36	40	食習慣の変化	15
19	配偶者との口論の大きな変化	35	41	休暇	13
20	10,000ドル以上の抵当（借金）	31	42	クリスマス	12
21	担保，貸付金の損失	30	43	些細な違法行為	11
22	仕事上の責任の変化	29			

出所：図8-1と同じ.

表8-2　LCU 合計得点と疾患の発症

	1年間のLCU 合計得点	疾患の発症率
軽度ライフ・クライシス	150～199点	37%
中等度ライフ・クライシス	200～299点	51%
重度ライフ・クライシス	300点以上	79%

出所：図8-1と同じ.

❏ 健康・未病・病気とは

　WHO（世界保健機関）によると，健康とは，「身体的，精神的ならびに社会的に完全に良好な状態であって，単に疾病や虚弱でないというだけではない」と定義されている。

　最近では，予防医学への関心が高まり，病気でもないが健康でもない状態のことを「未病」といい，①自覚症状はないが，検査結果に異状がある場合と，②自覚症状はあるが，検査結果に異状がない場合に大別される。前者については，高血圧，高脂血症，高血糖，肥満，動脈硬化，骨粗しょう症など，後者については，倦怠感，肩こり，冷え，のぼせ，手足のしびれ，めまい，食欲不振などがある。

❏ 健康をつくるパーソナリティ

　健康で長生きできるパーソナリティがあるとすれば，どのようなも

のであろうか。心身の健康を導く傾向があるH因子（健康因子）と不健康状態に関わるD因子（疾病因子）の大きく2つのパーソナリティ因子の存在が知られている。

　H因子を有する人物は，**アイゼンク・パーソナリティ検査（EPQ）**の神経質傾向（Neuroticism：N）が低く，外向性（extraversion：E）が高い，さらにたくましさを示すタフ性（tough mindedness：P）が高いといった特徴と関係しており，周囲の人々からサポートを受けやすい。他にも，楽観的な思考傾向（optimism）や闘病意欲（fighting spirit），自己効力（self-efficacy）とも関係する概念である。

　一方，D因子を有する人物は，内向性が高く（外向性が低い），情緒不安定（神経質傾向が高い），ソフト傾向（タフ性が低い）との結びつきが強く，健康を促進するパーソナリティとは相対する特徴を持つ。

☐ 冠状動脈性心疾患とタイプAパーソナリティ

　冠状動脈性心疾患（CHD）とは，心臓に血液を供給する冠動脈で血液の流れが悪くなり，心臓に障害が起こる病気の総称である。主なものに急性心筋梗塞があり，何かのはずみで冠状動脈が血のかたまりや動脈硬化のくずれたものなどで詰まってしまい血栓ができて，心筋が壊死に陥ってしまう病気をいう。

　CHDの発生要因は，高血圧，高脂血症，喫煙，タイプA行動パターン，職業ストレス，肥満，高脂肪食，高塩食，低栄養などと考えられている。

　心臓病学者のフリードマン（Friedman, M.）とローゼンマン（Rosenman, R. H.）は，CHDにかかりやすい患者の特徴として，達成意欲，競争心，時間的切迫感，注意・用心深さ，語気の荒さ，緊張性が顕著なことを見出した[15]。彼らは，このCHD患者の特徴をタイプA行動パターンと呼び，その逆の特徴をタイプB行動パターンと呼んで区別した。

☐ 健康行動の社会認知モデル：健康信念モデル

　健康への関心が高く，健康食品を摂取したり，継続的に運動を取り入れたりしながら，健康を維持しようとする人がいる一方で，喫煙や不規則な生活リズムの悪影響を熟知していながら，不健康な生活を続ける人もいる。こうした健康に対する態度や意思決定過程を説明するものに，社会認知モデルがある。その代表的なモデルは，ローゼンストック[16]（Rosenstock, I. M.），やベッカー（Becker M. H.）ら[17]の健康信念モデル（Health Belief Model：HBM）がある。

➡アイゼンク・パーソナリティ検査（EPQ）

アイゼンク夫妻（Eysenck, H. J. & Eysenck, S. B. G.）によって作成されたパーソナリティ検査。モーズレー人格目録（Maudsley personality inventory：MPI）の「外向性—内向性」「神経症傾向」の次元に加えて，虚構性の次元からなる。

図8-3　健康信念モデル

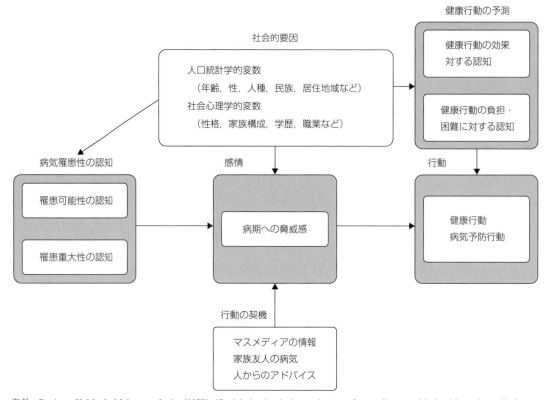

資料：Becker, H. M. & Mainman, L. A.（1975）"Sociobehavioral determinants of compliance with health and medical care recommendation." *Medical Care*, 13, 10-24, を筆者改変.
出所：図8-2に同じ.

　　健康信念モデルでは，罹患可能性と罹患重大性が病気への脅威感を生み出し，行動の有益性と障害を比較，すなわち健康行動の予測を行うことで健康行動につながると考える（**図8-3**）。
① 罹患可能性：現在の健康状態を放置していれば病気になるかもしれないという認知
② 罹患重大性：病気になった時の重大さに関する認知
③ 行動の有益性：健康行動を実践することで病気を回避できる可能性とそれによる利得の認知。行動のプラスの側面
④ 行動の障害：健康行動を実践するうえでの負担や困難さに関する認知。行動のマイナスの側面
　　他にも，健康行動に至るまでの「健康意図」を重視する合理的行為理論（TRA）やそれに主観的統制感を加え拡張した計画的行動理論（TPB）も提唱されている。

③ ソーシャルサポートとヘルスケアシステム

　学校や職場において，人は周囲の人々とかかわりながら勉強や仕事に励んでいる。家庭においても同様に，父親や母親，兄弟や祖父母，といった周囲からの助けや支えがあってこそ，充実した生活を送ることができる。そのことを実感できるのは，特に，あなたが風邪をひいて，健康状態をそこなった場合であろう。

　社会的なつながり（社会的ネットワーク）が人々の健康状態や寿命にまで深く関わっていることを，バークマン（Berkman, L. F.）とサイム（Syme, S. L.）が示している[18]。

　この研究では，カリフォルニア州アラメダ郡在住の30歳から69歳までの男女4725名を調査対象とし，1965年から1974年までの 9 年間にわたり追跡調査を実施した。

　ここでいう社会的ネットワークとは，①結婚したかどうか，②家族や友人との接触の程度はどうか，③教会メンバーであるかどうか，④集団に所属しているかどうか，が人の死亡率とどのように関係しているかを疫学的に検討した。それによると，男女を問わず，どの年代においても，社会的ネットワークが豊かな人ほど死亡率が低いということが見出された（**図 8 - 4**）。

　これ以降，こうした社会的ネットワークの重要性を示す研究から，ソーシャルサポートという概念が提唱されている。

　ソーシャルサポートは，
　①　社会的ネットワーク（個人がもっている人間関係の深さや密度）
　②　知覚サポート（他者が援助してくれるといった期待や予測）
　③　実行サポート（実際に提供された援助）
の 3 つの側面を持つ概念である[19]。

　他にも，ソーシャルサポートの種類は，ハウス（House, J. S.）により 4 つのサポートに分類されている[20]。
　①　情緒的サポート：尊重，愛情，信頼，関心，傾聴
　②　評価的サポート：肯定，フィードバック，社会的比較
　③　情報的サポート：助言，提案，指示，情報
　④　道具的サポート：物資，金銭，労力，時間の提供による助力，
　　　環境の変更
　ソーシャルサポートが注目される領域は，学校や職場内での人間関

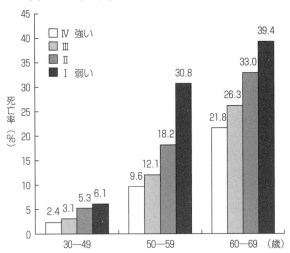

図8-4　社会的ネットワークと死亡率の関係

出所：Berkman, L. F. & Syme, S. L.（1979）"Social networks, host resistance, and mortality：A nine-year follow-up study of Alameda country residents." *American Journal of Epidemiology*, 109, 190, より筆者作成.

係（いじめ），育児ノイローゼ，障害者や要介護者を持つ家族などであって，対人関係が希薄化した現代社会における特有の問題であるといえよう。

④ ストレスマネジメント

▢ 厚生労働省の指針

　2000（平成12）年，日本におけるストレスの蔓延への対策として，厚生労働省は，「事業場における労働者の心の健康づくりのための指針」を策定した。これ以降，日本ではこの指針に基づいたストレス及びメンタルヘルスマネジメントが行われている。なお，厚生労働省がこのような指針を打ち出した理由は，労働者層の**うつ病**や自殺がその他の年齢層よりも多いからである。

　しかし，指針の中で提唱されている4つのケアは，年齢層に関係なく，日本社会におけるストレス及びメンタルヘルスマネジメントを実行するためには，極めて重要な方向性を示している。4つのケアは，簡略化すると，①セルフケア，②ラインケア，③事業場内の専門家によるケア，④事業場外の専門家によるケア，という4段階から構成されている。

➡**うつ病**
気分障害の一種で，精神活動の低下，興味関心の喪失，食欲低下，不眠等の徴候を伴う精神疾患。

①　セルフケア

自分のストレス度の自覚とそのケアを指す。たとえば，自分がどのくらいストレスを抱えているのかという自分のメンタルヘルスの状態を知ることが自覚である。また，ストレス過多な状態だと認識した時点で行われるストレス対処行動等がケアに該当する。

②　ラインケア

事業場内の管理監督者によるケアという意味合いであるが，組織において立場の上の者が下の者に行うケアといえる。

③　事業場内の専門家によるケア

たとえば，企業の担当医や看護師等が行う，従業員のメンタル面のケアがこれに該当する。

④　事業場外の専門家によるケア

精神保健等に関する外部専門機関，病院各科の専門職により行われるケアである。

このように，4つのケアを概観してみると，厚生労働省が，いかに労働者層の精神面のケアを重視しているかがわかる。

☐ ストレスマネジメントの実際

上記の4つのケアは，全年齢層に対するストレス及びメンタルヘルスマネジメントを行うときにも示唆に富む。たとえば，私たちは，軽度のストレスを感じているとき，気晴らしや休息などの自らのストレス対処行動により，ストレスを緩和している。私たちの日常生活において，このようなセルフケアは必要不可欠である。

また，心理的なストレスをセルフケアにより十分に処理しきれない場合等には，ワンステップ上のケアとして，上司や周囲の友人等からのケアを得ることでストレスを和らげる。なお，ストレスフルな出来事が多々あり，頭痛や腹痛等の身体症状等の**ストレス反応**がある場合には，さらにもうワンステップ上のケアとして，専門家によるストレスマネジメントが必要となる。

一般的に，専門家によるストレスマネジメントが必要な場合でも，セルフケアしか行わなかったり，専門家のケアに抵抗を示したりするクライエントが多い。しかし，ストレス反応が身体症状として現れるという事実は，専門家によるストレスマネジメントが必要だという一つの重要な目安となる。そのため，専門機関への橋渡し的な役割を担える人材の輩出も，今の日本社会の課題となっている。

➡ストレス反応
心理的ストレス反応，身体的ストレス反応の2つに大別される。心理的ストレス反応は，不安感，抑うつ感，怒り，無気力感等であり，身体的ストレス反応は，頭，腹部等の器官に表出する痛みや不快感である。

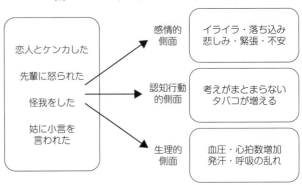

図8-5　ストレッサーとストレス反応

出所：筆者作成.

☐ 心理社会的ストレスモデル

ストレスマネジメントの技法面（後述の「ストレスコーピング」参照）は，現在までにも多様な技法が開発され実際に行われてきており，現在でも日進月歩でさまざまなストレスマネジメント技法が開発されている。これらの技法面を支える理論として最も有名なのが，ラザルス（Lazarus, R. S.）とフォルクマン（Folkman, S.[21]）により提唱された心理社会的ストレスモデルである。この心理社会的ストレスモデルは，現存のストレスマネジメント理論としても極めて重要である。この理論を概観すると，ストレスマネジメントの標的が，**ストレッサー**のコントロールやストレス反応の減弱であることを強調している。

ストレスとなる原因はストレッサー，それにより引き起こされる反応はストレス反応といわれる（**図8-5**）。さらに，ストレスに対処したり乗り越えたりしようとする試みはストレスコーピングといわれ，これもストレスマネジメントでは，非常に重要な概念となっている。たとえば，人間関係が悪いことがストレッサーとなり，それを上手に処理できないことで不安や抑うつ感などのストレス反応が出現する。この場合の人間関係の調整をストレッサーのコントロール，上手なストレスの処理および対処をストレスコーピング，不安や抑うつ感の改善をストレス反応の減弱という。

☐ ストレッサーをうまく退ける

ストレッサーを退けることは，環境調整等とも言い換えられる。つまり，心理・社会・物理的なストレスから逃れることを指す。本章の第1節でも触れたように，ホームズ（Homes, T. H.）とレイ[22]（Rahe, R. H.）は，43種類のストレッサーを点数化した（前掲**表8-1**参照）。人生においてよいと思われる儀式や出来事であっても，心理的なエネル

➡**ストレッサー**

ストレスを与える物事。対人トラブルや欲求不満等のストレッサーは，正確には心理社会的ストレッサーと呼ばれる。この他，物理化学的ストレッサー（騒音，振動，排気ガス等），生理的ストレッサー（飢餓，ウイルス，細菌感染，睡眠不足）がある。

ギーを要する。

　なお，実際のストレッサーのコントロールに関して，日常のすべてのストレッサーから逃れるのは非現実的であり，日常生活下でのストレッサーの縮小を行うというのが現実的である。情報処理モデルにたとえると，ストレッサーは人へのインプットを担い，ストレス反応は人からのアウトプットである。ストレッサーの縮小は，間接的にアウトプットであるストレス反応を減弱させるために行われる。

☐ ストレス反応の減弱

　直接，人のストレス反応に焦点を当ててそれを減弱させるためには，先にストレス反応の**心理アセスメント**➡を行う。ストレス反応とは，心身に表出する症状であり，たとえば，心理的には先に述べた不安や抑うつ感であり，身体的には頭痛や腹痛等である。このようなストレス反応の心理アセスメントには，面接法や質問紙法等が多く利用されている。

　面接法では，たとえば，直接的にクライアントの主訴を問診により明らかにする。質問紙法では，クライアントの各ストレス反応（たとえば，抑うつ感，怒り，不安感，無気力感等）の度合いを基準値と比較して高いか低いかの評価を行う。その後，症状プロフィールに合わせて，介入方法を選択する。ストレス反応に対する代表的な介入方法は，呼吸法やリラクセーション等が有名であり，これらは多様なストレス反応のいずれにも用いられるベーシックな方法である。その他の分化したストレス反応の減弱には，**表 8 - 3** に示す方法等が有効である。

☐ ストレスコーピング

　ストレスコーピングは，先に述べた呼吸法やリラクセーション等のストレス反応の減弱を意味する概念でもあるが，現在では，ストレッサーに対する認知的方略および行動的な方略という意味合いが強い（図 8 - 6）。先に取り上げたストレッサーに対して，自分が置かれている状況において（そのストレッサーが）どのような性質の影響を与え，どのくらい大きなダメージを与えるのかといった評価を，ストレッサーに対する一次評価という。

　一次評価に基づいて，そのストレッサーにどの程度うまく対処できるかという評価が次に行われるが，これを二次評価という。この 2 つの評価を基にして，私たちはストレッサーに対してうまく対処するような努力をする。

　もちろん，ストレスコーピングにより，ストレス反応を減弱するこ

➡**心理アセスメント**
....
心理査定ともいわれる。クライアントの心理行動面を探るために行われる。さまざまな種類のアセスメント技法や用具があるが，大別すると，面接法，心理テスト法，観察法の 3 つに分類される。

表8-3　ストレスマネジメントとして効果が実証されている介入例

介入方法	対象となるストレス反応
① 認知療法	高抑うつ感
② 行動療法	頭痛
③ 認知行動療法	慢性疼痛，高不安感
④ エクスポージャー法	恐怖症
⑤ 集団認知行動療法	社会恐怖
⑥ 系統的脱感作療法	単一恐怖

出所：筆者作成.

図8-6　ストレッサーとストレス反応

出所：筆者作成.

とが重要である。ストレッサーに対する認知的な方略とは，たとえば，人間関係がストレッサーになり，対人関係がうまくいかないといった時，親友や親へ相談しようとする認知的な構え，さらに，それに基づく計画立案自体がこれに該当する。なお，ストレッサーに対する行動的な方略とは，たとえば，家族や友人とのトラブルでいらいらしてしまい，気晴らしに映画を観にいく等の，行動レベルの対処法がこれに該当する。

☐ ストレスマネジメントにおける予防的観点

　近年，ストレスマネジメント領域においても，**予防**という視点が重視されてきた。「ストレスの予防」と言ったとき，それは単にストレッサーのコントロールや，上記の意味でのストレスコーピングを行うことのみを指すわけではない。

　ストレス反応を軽減させるためには，仕事のやり方を調整したり，余暇を上手に過ごしたりすることも有効である。さらに，近年その研究が増えている，**レジリエンス**や**首尾一貫感覚**といった能力についても，ストレスマネジメントを成功させる要因である。また近年，運動や食と心理的なストレス反応との関係も次第に明らかになってきている。たとえば，エアロビクス等の運動は，心理的なストレス反応である抑うつ感を低下させる。また，食行動の異常は，心理的なストレス反応である怒りの感情や無気力感を増長させる。

　つまり，ストレスとは，心のみで生み出される得体の知れないもの

➡ 予防

予防という用語は，医学の中で特に注目されてきた。さまざまな意味を含有するが，特に，疾病の発生を未然に防ぐ行為を示し，身体的・精神的健康度の増進を示唆する概念である。

➡ レジリエンス

精神的回復力のこと。多大なストレスがかかるような状況に適応しようとする個人の能力のこと。

➡ 首尾一貫感覚

物事や出来事をとらえる感覚に一貫性があり，筋道が通っていることを意味する。「把握可能感」「処理可能感」「有意味感」の三要素からなり，これらが高い場合，困難に立ち向かう能力が高いと考えられる。

184

ではなく，食や運動，そして身体とも密接に関連する。したがって，ストレス反応と密接に関連する物事をコントロールすることによって，ストレス反応を抑制するという予防的観点は，ストレスマネジメントにとって今後より重視されるであろう。

○注 ───────

(1)　スタッダード，F. J.・カッツ，C. L.・メリーノ，J. P.／小谷英文監訳，東日本大震災支援合同チーム訳（2014）『最新大災害メンタルヘルスケアガイド──不測の衝撃──大災害に備えて知っておくべきこと』金剛出版，66-74.

(2)　柴田理瑛・平野幹雄・西浦和樹・足立智昭（2016）「ライオンズクラブ心の復興プロジェクト──震災復興心理・教育臨床センター活動報告」『宮城学院女子大学発達科学研究』16, 33-40. ；柴田理瑛・平野幹雄・西浦和樹・足立智昭（2017）「2016年度ライオンズクラブ心の復興プロジェクト──震災復興心理・教育臨床センター活動報告」『宮城学院女子大学発達科学研究』17, 59-62. ；柴田理瑛・平野幹雄・西浦和樹・足立智昭（2018）「保育・教育現場における子どもの攻撃性とその対応について──2017年度ライオンズクラブ心の復興プロジェクト──震災復興心理・教育臨床センター活動報告」『宮城学院女子大学発達科学研究』18, 77-80. ；柴田理瑛・平野幹雄・西浦和樹・足立智昭（2019）「東日本大震災の長期的影響と今求められる支援者支援──一般社団法人東日本大震災子ども・若者支援センター2018年度活動報告」『宮城学院女子大学発達科学研究』19, 8-16.

(3)　鈴木伸一・嶋田洋徳・三浦正江・片柳弘司・右馬埜力也・坂野雄二（1997）「新しい心理的ストレス反応尺度（SRS-18）の開発と信頼性・妥当性の検討」『行動医学研究』4, 22-29.

(4)　Lazarus, R. S. & Folkman, S. (1984) *Stress appraisal and coping*, New York: Springer-Verlag.

(5)　Matheny, K. B., Aycock, D. W. & McCarthy, C. J. (1993) "Stress in school-aged children and youth." *Educational Psychology Review*, 5, 109-134.

(6)　西浦和樹・伊藤利憲・石井力重・田山淳・渡辺諭史（2008）「創造性育成を目指した教育ツールの開発と評価に関する研究──ブレインストーミング法によるストレス軽減効果の検討」『宮城学院女子大学発達科学研究』8, 71-80.

(7)　筆者のタッチケア研究では，背中をゆっくりと「触れる」ことによって，前頭葉におけるα波が活性化されること，施術終了後，後頭葉のα波の速波化が見出されている。詳細は，株式会社日本スウェーデン福祉研究所（JSCI）を参照（https://jsci.jp/）。

(8)　木本明恵（2016）『はじめてのタクティールケア──手で"触れて"痛み・苦しみを緩和する』日本看護協会出版会.

(9)　HIV の患者412名を対象にした研究では，悲観的な人はそうでなかった人よりも，18か月後の追跡調査でウイルスへの感染率が高かった（Milam, J. E., Richardson, J. L., Marks, G., Kemper, C. A., & Mccutchan, A. J. (2004) The roles of dispositional optimism and pessimism in HIV disease progression. *Psychology & Health*, 19, 167-181.）。HIV 養成の同性愛患者について，否定的な出来事に関して自分を責めるタイプの患者は，18か月後の調査で免疫機能を低下させていることが明らかになった（Segerstrom, S. C., Taylor, S. E., Kemeny, M. E., Reed, G. M., & Visscher, B. R. (1996) Causal attributions predict rate of immune decline in HIV seropositive gay men. *Health*

Psychology, 15, 485-493.)。

⑽　Lowe, R., Vedhara, K., Bennett, P., Brookes, E., Gale, L., Munnoch, K., Schreiber-Kounine, C., Fowler, C., Rayter, Z., Sammon, A. & Farndon, J. (2003) Emotion-related primary and secondary appraisals, adjustment and coping : Associations in women awaiting breast disease diagnosis. *British Journal of Health Psychology*, 8, 377-391.

⑾　Kamen-Siegel, L., Rodin, J., Seligman, M. E., & Dwyer, J. (1991) Explanatory style and cell-mediated immunity in elderly men and women. *Health psychology*, 10, 229-235.

⑿　Ader, R. (1981) *Psychoneuroimmunology*, New York : Academic Press.

⒀　Holmes, T. H. & Rahe, R. H. (1967) "The social readjustment rating scale." *Journal of Psychosomatic Research*, 11, 213-218.

⒁　夏目誠 (2008)「出来事のストレス評価」『精神神経学雑誌』110(3), 182-188.

⒂　Friedman, M. & Rosenman, R. H. (1959) "Association of specific overt behavior pattern with blood and cardiovascular findings : Blood cholesterol level, Blood clotting time, incidence of arcus senilis, and clinical coronary artery disease." *Journal of the American Medical Association*, 169, 1286-1296.

⒃　Rosenstock, I. M. (1966) "Why people use health services." *Millbank Memorial Fund Quarterly*, 44, 94-124.

⒄　Becker, M. H. & Mainman, L. A. (1975) "Sociobehavioral determinants of compliance with health and medical care recommendation." *Medical Care*, 13, 10-24.

⒅　Berkman, L. F. & Syme, S. L. (1979) "Social networks, host resistance, and mortality: A nine-year follow-up study of Alameda country residents." *American Journal of Epidemiology*, 109, 186-204.

⒆　Barrera, M., Jr. (1986) "Distinctions between social support concepts, measures, and models." *American Journal of Community Psychology*, 14, 413-445.

⒇　House, J. S. (1981) "Work stress and social support." Reading, MA : Addison Wesley.

㉑　Lazarus, R. S. & Folkman, S. (1984) *Stress appraisal and coping*, Springer publishing Company.

㉒　Holmes, T. H. & Rahe, R. H. (1967) "The social readjustment rating scale." *Journal of Psychosomatic Research*, 11, 213-218.

■第9章■
心理学的アセスメント

人を理解するためのアセスメント

❏ 心理テスト

❏ 心理学的アセスメントとは

　人を理解する方法のひとつとして心理学的アセスメントがある。アセスメントとは評価や評定と訳されることが多く，一般的には**心理テスト**のことをさしている。心理テストとは神秘的な響きを持ったことばであると同時に，なにか怪しげな響きを持ったことばでもある。

　たとえば週刊誌やパンフレットなどに載っている心理テストなるものを考えてみよう。「あなたが恋人に花を贈るとしたら，次のどの花を贈りますか？　Ａ：バラ，Ｂ：ユリ，Ｃ：ひまわり」というようなものである。このテスト結果が，そこそこ自分に当てはまると思う人も多いだろう。このような週刊誌的心理テストを詳細にみると，その結果の導き出し方は象徴的な意味づけをしたものが多く，回答はもっともらしいがそれが本当にその人らしさを測定しているのかどうかははなはだ疑問である［コラム11参照］。

　心理テストが客観的な指標となるためには，標準化という作業を踏まなければならない。標準化とは，そのテスト結果が客観的なものであり，信頼性と妥当性が確立されたものという意味である。

❏ 心理テストの信頼性

　テストにおける信頼性とは，測定結果の安定性のことである。つまりＢさんという人の検査結果は，いつ誰がどこで行っても安定した同じ結果でなければならないということである。もし検査者が違えば結果が違うような検査があるとすれば，それは客観的な評価とはいえなくなる。心理テストの信頼性を確認するためには，同じ検査を同一被験者に２回行ってその一致度をみる方法（再検査法）や，同じ性質の検査を同じ対象者に行って検査結果の相関をみる方法（等価検査法），ひとつの検査を半分に分けてそのふたつを比較する方法（折半法）などいくつかの方法によって確かめられる。また信頼性の度合いは**信頼性係数**という数であらわされることが多く，その値は0.7以上が望ましいといわれている。

❏ 心理学的ものさし

　恋をしているときのことを考えてみよう。その人のどこが好きにな

➡ 心理テスト

テストの語源はラテン語のテスタム（testum）である。テスタムとは，金属を精錬して分析する坩堝（るつぼ）のことであり，それが転じて評価する道具を意味するようになった。心理学ではじめてテストということばを使ったのはキャッテル（Cattell, J. M.）といわれており，1980年頃コロンビア大学で「メンタルテスト」と呼ばれるものを行っている。しかしこのテストは握力や運動速度，反応速度などを測定するものであり，現在の心理テストとはかけ離れたものであった。

➡ 信頼性係数

どのような心理テストであっても個人の行動見本から得られるものである限り，必ず測定誤差が生まれてくる。したがってどのテストも完全に信頼できるものとはならない。信頼性係数とは，その測定誤差が検査結果にどのくらい影響を及ぼすかという程度を示すものであり，この数値は高い方がいい。まったく誤差がないという意味の値は1.0となるが，実際には0.9を超えるものはほとんどない。

ったのだろうか。容姿かもしれないし，その人のやさしさや誠実さ，頼もしさ，頭のよさなどさまざまな面を総合してその人に好意を抱いたのかもしれない。ある人に恋をしたり，あるいは興味を持ったりした場合には，その人のことを色々知りたくなるだろう。

　しかし「あなたのすべてが知りたい」といったところで，その人のすべてを知るすべはない。しかしその人のある側面を知ることは，ある程度可能かもしれない。たとえば，その人の性格は「性格検査」で，あるいは頭のよさは「知能検査」で，ある程度測定することができるだろう。

　しかし性格や知能というものは，重さや長さ，肺活量や血圧などのように器具を使って直接測定できるものではないし，絶対的な目盛りを持つ「はかり」が存在するわけでもない。「君の知能は35.7 cm だから，かなり頭がいいね」とか，「あなたが58.4 g も内向的だなんて思わなかったわ」などのように表現できるものではないのである。

コラム11　🏠　ホンモノの心理テストとニセモノの心理テスト

「あなたは森の中にいます。そしてある動物に出会いました。あなたが出会った動物は次のうちどれでしょう。A：サル。B：ヒツジ。C：ライオン」

　あなたならどれを選ぶだろうか。「A：サル」を選んだ人は非常に頭のいい人ですが，人の利益よりも自分の利益を優先させるずるさを持っています。「B：ヒツジ」を選んだ人は心やさしく，いつも人のことを考えている思いやり深い人です。「C：ライオン」を選んだ人は臆病で疑い深く，人との交際が苦手な人です。

　さて結果はどうだったろう。当たったと思う人もいるかもしれないし，全然違うと思う人もいるかもしれない。また自分にはそんな一面もあったのかと妙に納得してしまう人もいるだろう。信じた人には申し訳ないが，ここに示した心理テストは，まったくいい加減につくられたものであり，何の根拠もない。被検査者に対して，

信頼のおけるテスト結果と偽ってでたらめの性格プロフィールを提示し，どのくらいの人がそれを受け入れるのかを調査した研究がある。その結果は驚くべきことに男性の60％，女性の54.4％が受け入れたのである。なぜこのようなことが起こったのか。これはひとつには「心理テスト」という名前の持つ神秘性によるものと考えられる。また占いと同様に，自分にとって都合のいい情報だけを受け取ってしまうためとも考えられるだろう。テレビや雑誌など私たちの身の回りには興味を引くようなさまざまな心理テストが存在している。しかしこのような怪しげな心理テスト自体がどれくらい信憑性があるのかを考えなければならない。心理学的アセスメントの目的は，心理テストという道具を使ってその人を客観的に理解し，さらにその人の援助に役立てるものでなければならない。そのためには信頼性と妥当性が確認された客観的な標準化テストを用いなければならず，怪しげな心理テストを用いてその人をいたずらに不安に陥れるようなことがあってはならないのである。

□ 実体のないものをはかる

　心理学で扱う「知能」や「性格」などは実体のないものであり,「構成概念」と呼ばれる。心理学的アセスメントとはこの実体のない構成概念を測定しようとするものであり, それを目に見える形であらわそうとする試みでもある。厳密にいえばその人の行動を予測しようとする試みが心理学的アセスメントであるともいえるだろう。ここで考えなければならないのはさまざまな構成概念をどのように的確に測定するかということであり, これが心理テストにおける妥当性の問題である。

コラム12 　見かけの良さも妥当性?

```
                    No. 4 6 4 9

           M G Y T

        [ タ イ プ B 質 問 紙 ]

        MGYT研究所・編




        所 属:

        氏 名:

                    ψ 教育出版
```

```
あなたの
やる気度テスト
(○×記入式)



氏名:_____
```

　ここに載せた「MGYT」と「あなたのやる気度テスト」のどちらが本物の心理テストに見えるだろうか。多くの人は「MGYT」の方が何かちゃんとした検査に見えることだろう。「あなたのやる気度テスト」の質問用紙が, わら半紙に手書きで書いてあり,「MGYT」が厚紙に二色刷りでできあがっているような場合にはこの傾向がもっと著しいものとなるだろう。本物らしく見えるということも心理テストとしての妥当性を考える場合には重要である。本物らしく見えるということは, 被検査者が真面目に検査に取り組むよう動機づけを高めるために有効であり,

見かけが立派なテストの方が真面目に取り組む傾向があるのである。「MGYT」が「みんながんばってやろうテスト」の頭文字であってもかまわず, 4649という数字が「ヨロシク」を意味していてもかまわない。このようにそれを受ける被検査者がもっともらしいと感じるのが表面的妥当性である。この他にも検査の内容が測定しようとしているものをどれだけ的確にとらえるかという内容的妥当性や, 他の基準と比較して妥当性を確認する基準関連妥当性などさまざまな妥当性の検証方法がある。

❏ 心理テストにおける妥当性

心理テストにおける妥当性とは，そのテストが測定しようとしている事柄をどれだけ的確にとらえているかということである。つまり知能テストが本当に「知能」を測定しているのか，あるいは性格検査が本当に「性格」を測定しているのかという問題である。

たとえば知能検査を作成してそれが実は本人の「やる気」を測定していたというものでは，妥当性のある心理検査とはいえない。信頼性の高い心理検査でも妥当性が低いものであっては役に立たないし，逆に妥当性が高くても信頼性が低ければ客観的評価とはいえなくなる。

標準化された心理検査とは，信頼性も妥当性もともに確立されたものでなければならないのである［コラム12参照］。

2 発達検査

❏ 発達検査ではかるもの

「這えば立て，立てば歩めの親心」といわれるように，親はわが子の健やかな成長を願い，子どもの成長に一喜一憂する。親はよその子と自分の子どもを比べて発育が悪いのではないか，ことばが遅いのではないかなど何かと心配するものであり，特に発達の早い子どもと自分の子どもを比べたときには，深刻な悩みになるかもしれない。

発達検査は，一般の乳幼児の平均的な発達段階を基準に，運動や操作などの身体発達だけではなく，言語や理解，生活習慣，社会性などを幅広くとらえることを目的につくられているものが多い。また多くの発達検査はさまざまな能力をプロフィールで表示して比較できるようにつくられており，テストによっては全体的な発達の指標である**発達指数**（DQ：Developmental Quotient）を求めることもできる。人間の発達段階を乳幼児期から高齢期まで分類した場合，この乳幼児期がもっとも個人差の少ない時期であると同時に，もっとも成長の著しい時期でもある。発達検査の目的は，乳幼児期の発達障害を早期に発見することにある。

❏ テスト法と観察法

テスト法は乳幼児に対して直接検査を行う方法であり，乳幼児の発達状況などを直接測定できるという利点がある。しかし被検査者が乳幼児であるということは，テストの導入の難しさや，テスト施行の難

▶ 構成概念妥当性

構成概念とは，「不安」や「達成動機」などのように心理学が扱う実体のない抽象的な概念のことをさす。たとえば心理テストの妥当性を検証するひとつの方法に「内容的妥当性」があるが，これは検査のそれぞれの項目が，測定しようとしているものをくまなくとらえているかということであり，理論的に説明されればよい。これに対して「構成概念妥当性」は，実際にデータを使い，因子分析などの手法を使って実証的に証明されなければならない妥当性の検証方法である。

▶ 発達指数（DQ）

発達指数（Developmental Quotient）は，発達検査において用いられる発達水準を示すひとつの指標であり，知能検査における知能指数（IQ）と同じような考え方である。基本的には検査結果から得られた発達年齢÷生活年齢×100で求められる。したがって発達指数の見方としては，100という値が生活年齢相応に発達しているという意味を持っている。発達検査によっては，全体の発達指数だけでなく，「運動」「言語」「社会性」などの各項目ごとに発達指数を算出できるものもある。

しさなど，成人を対象とした検査とは異なる難しさがある。たとえば
MCCベビーテストなどは純粋なテスト法であり，生後2か月～30か
月の子どもを対象に検査を行なわなければならない。母親から離れたが
らない乳幼児の場合であっても，母親が視界に入らないような状態で
テストを行なわなければならないため，検査者はかなり子どもになれた
熟練した人であることが要求される。

　一方の観察法は，乳幼児を観察してその行動様式をチェックする方
法である。観察法の多くは質問紙を用いたものであり，質問項目に対
してできることは○，できないことは×でチェックしてもらう形式の
ものが多い。具体的には母親などその子どものことをよく知っている
人にチェックしてもらう場合や，問診のような形で質問し，評価者が
チェックする場合もある。観察法の利点は，乳幼児が実際に目の前に

コラム13　KIDS タイプBの発達プロフィール

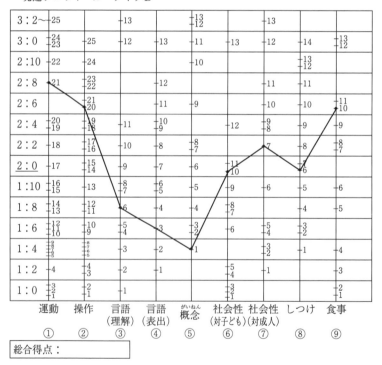

発達プロフィール　タイプB

　これは乳幼児発達スケール（KIDS）のプロフィールである。被検査者が満2歳であるとすると，「運動」「操作」「食事」は発達が早く，「社会性」「しつけ」は平均レベルであるが，「言語理解」「言語表出」「概念」の発達が遅れていることがわかる。このように多くの発達検査では，さまざまな領域の発達の度合いをプロフィールであらわすことができるものが多い。

表9-1　代表的な発達検査

検　査　名	作　成　者	適用年齢範囲
乳幼児精神発達診断法	津守真・稲毛教子	0歳〜7歳
幼児総合発達診断検査	辰見敏夫・余語正一郎	3歳〜6歳
MN式発達スクリーニングテスト	向井幸生	6か月〜6歳
新版K式発達検査	嶋津峯真 他	3か月〜14歳
デンバー式発達スクリーニング検査	フランケンバーグ（Frankenburg, W. K.）と　　　　ドッヅ（Dodds, J. B.）	0か月〜6歳
遠城寺式乳幼児分析的発達診断検査	遠城寺宗徳	0か月〜4歳7か月
ブラゼルトン新生児行動評価法	ブラゼルトン（Brazelton, T. B.）	3日〜1か月
乳幼児発達スケール（KIDS）	三宅和夫 他	1か月〜6歳11か月
日本版ヴァインランド（Vineland）Ⅱ　適応行動尺度	（日本版）辻井正次・村上隆	0歳〜92歳11か月

出所：筆者作成.

いなくても母親のチェックによって評価できること，あるいは母親に対する質問によって評価することができる点にある。しかし母親の情報がどれくらい確実であるかということが結果を大きく左右することにもなる。自分の子どものことであるため，実際の能力よりも過大評価することも考えられ，そのような場合には正確に評価されないことになるため，注意が必要である。

☐ 代表的な発達検査

　日本で用いられる代表的な発達検査のひとつに乳幼児発達スケールがある。通称「三宅式」と呼ばれる乳幼児発達スケール（KIDS）[コラム13参照]は，1989年に三宅和夫らによって作成された観察式の発達スケールである。検査用紙は，年齢別にTYPE-A（1か月〜11か月），TYPE-B（1歳0か月〜2歳11か月），TYPE-C（3歳0か月〜6歳11か月）の3種類があり，1991年には0歳1か月〜6歳11か月すべてをカバーするTYPE-Tが作成されている。KIDSは，評価する領域が年齢別に多少異なるが，TYPE-Tでは，「運動」「操作」「理解言語」「表出言語」「概念」「対子ども・社会性」「しつけ」「食事」の9領域を評価する。また各領域ごとに発達年齢と発達指数を算出することができ，総合発達年齢と総合発達指数が算出できることが特徴である。

　またデンバー式発達スクリーニング検査も比較的多く用いられる。これは1986年にフランケンバーグ（Frankenburg, W. K.）とドッヅ（Dodds, J. B.）によって作成されたものであり，上田礼子によってわが国でも標準化された発達検査である。デンバー式発達スクリーニング検査は，「個人―社会」「微細運動―適応」「言語」「粗大運動」の4領域を測定するものであり，発達の査定に利用される。

　発達検査は，**表9-1**に示すように，0歳から測定されるものが多く，

多くは就学時あたりまでの年齢をカバーするものが多い。

近年ではヴァインランド（Vineland）Ⅱ適応行動尺度のように，適応行動を半構造化面接によって明らかにし，評価していくものもある。

③ 知能検査

☐ 知能検査ではかるもの

「あたまがいい」とか「あたまがわるい」ということばは日常よく使われる用語であり，このことばがほめことばになったり悪口になったりもする。ここでいう頭のよさとは，当然知能が高いということである。知能検査ではかろうとするものは，当然「知能」である。しかし知能とは何かという問題になると，さまざまな考え方がある。知能とは第2章で述べているように広範な概念であり，それらすべてを知能検査で測定することは難しい。IQ🔲 と知能はイコールではない。で

コラム14 🏠 学歴の高い人はやっぱり頭がいいの？

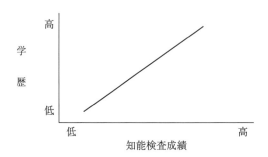

知能テストで好成績を示すことは，ある意味では知能が高いことのひとつの証明であり，一般に高学歴の人は頭がいいと考えられている。高学歴者は頭がいいかどうかは別問題として，高学歴の人は知能テストで好成績を示すことがいくつかの研究で証明されている。この理由はいくつか考えられるだろう。たとえば，もともと知能の高い人が長い期間の教育を受けるチャンスに恵まれたという考えである。あるいは，長期間の教育を受けたことによって結果として知能が向上したという考え方もあるだろう。いずれももっともらしいが，一番大きな理由として考えられるのは，学歴の高い人は検査に慣れているということだろう。知能テストは，さまざまな能力を測定する道具ではあるが，テストとして作成する場合には，どうしてもその人の持っている知識量を国語の試験のような形で質問したり，算数の暗算問題のような形で質問するしかない。高学歴の人は学力を試される試験に慣れているため，好成績を示すと考えられる。知能テストの結果と学歴が相関を示すのは，知能テストの持つ限界であり，宿命でもある。

はIQとは何かというと，知能検査の成績であるという答えになり，知能検査は何かというと知能をはかる道具であるという答えになる。そうするとIQと知能はイコールとなるのだが，実際はそれほど単純なものではない。知能検査で測定できるものは，これまでに獲得してきた能力であり，個人の生まれながらの能力ではない。また個人の持っている潜在能力や創造性などを測定することもできない。このように知能検査による測定には限界があることを忘れてはならない［コラム14参照］。

☐ みんなでやるか，ひとりでやるか

かつて，多くの学校では知能検査が行われていた。それは教室で用紙を配られ，全員が一斉に取り組んだ集団式の知能検査である。集団式知能検査は，ひとりの検査者が大勢の人を対象に検査を行うため，一度に多くの人に対して検査を行うことができる。したがってこのような検査は主に教育場面で用いられることがある。しかし集団式知能検査は，決められた時間内にどれだけの課題をこなせるかという**時間制限法**のものが多く，時間はかかってもよくできる人には不向きである。また被検査者の個人個人の観察ができにくいため，時間を守らないなどの不正があってもわかりにくい。

一方の個別式知能検査は，字のとおり検査者と被検査者が1対1で行うものである。この形式の検査は，主に臨床場面で用いられることが多く，診断や治療計画の補助的手段として用いられる。個人の観察がしやすいという面や，時間制限を設けていない問題も多く含まれているなどの優れた面も多いが，集団式に比べると時間がかかることや，一度に多くの人の検査を行うことができないなどの難点もある。

☐ 代表的な知能検査

集団式知能検査は主に学校などの教育現場で使われることがあるが，臨床場面ではほとんど個別式知能検査が使用される。代表的なものには，ビネー式知能検査と，ウェクスラー式知能検査がある。

わが国で使われている代表的なビネー式の知能検査は，田中ビネー知能検査V（TK式ビネーV）と，鈴木ビネー知能検査であろう。

田中ビネー知能検査は，田中寛一によって1947年に作成されたものであり，その後1954年，1970年，1987年，2003年に改訂されている。これまでのビネー式知能検査では，IQを精神年齢÷生活年齢×100で算出していたが，TK式ビネーVでは，2歳から13歳までは従来どおりのIQの算出方法を用いているものの，14歳以上の被験者には，精

➡ IQ（知能指数）

IQ（Intelligence Quotient）とは，知能検査の結果をあらわすひとつの指標である。知能テストの創始者であるビネー（Binet, A.）は，テストによって得られた精神年齢と実年齢の差を比較していたが，その後ドイツのシュテルンによってその比率を用いることが提案された。実際に取り入れられたのは，ターマン（Terman, L. M.）によってつくられたスタンフォード・ビネーであり，その後ビネー式の知能検査ではIQを精神年齢÷生活年齢×100という公式で算出するようになった。一方ウェクスラー式の知能検査は，個人の成績をその母集団からの偏差をもとに相対的に位置づけた偏差値IQを採用している。

➡ 時間制限法

知能の測定で用いられる方法には，時間制限法と作業制限法がある。時間制限法は決められた時間内にどれだけ多くの課題をこなせるかというものであり，速度テストとも呼ばれる。一方の作業制限法は，課題に対して十分な時間が与えられ，検査を受ける人がどのくらい正答を出せるかという水準をみるもので，力量テストとも呼ばれる。

神年齢を算出せず，偏差値 IQ を算出するようになったのが特徴である。また14歳以上の年齢級では，「結晶性領域」「流動性領域」「記憶領域」「論理推理領域」の４分野でそれぞれ偏差値 IQ を算出することができ，この領域別 IQ と総合 IQ を算出してプロフィールで知能発達の特徴を示すことができるようになった。

　もうひとつの代表的なビネー式知能検査は，鈴木治太郎によって1948年に作成された「実際的個別的知能測定法」であり，一般的には鈴木ビネー知能検査と呼ばれた。鈴木ビネー知能検査は，20年以上の歳月をかけて16,000人以上の個別測定を行って実験検証によって得られたデータをもとに作成されており，そのテストを改訂することを認めなかった。しかし1940年代の検査用具や図版は，現代の社会状況にそぐわないことから，一般に使用されることは減っていったが，2007年に鈴木治太郎の子どもの鈴木治夫の許可を得て，2007年に「改訂版鈴木ビネー知能検査」として半世紀ぶりに改訂された。改訂版鈴木ビネー知能検査では，基本的に旧版の特徴や内容を継承しながら，時代に即した問題内容と尺度を作成したことにあり，図版などの検査用具が一新されている。また問題を76問から72問に減らし，他のテストによくみられる時間制限を旧版同様，むやみに設けていないというところに特徴がある。

　ビネー式知能検査と双璧をなす知能検査にウェクスラー式知能検査がある。現在のウェクスラー知能検査の前身であるウェクスラー・ベルビュー知能検査は，1936年に作成され，その後1949年には児童用のWISC，1955年には成人用の WAIS，1967年には就学前幼児用のWPPSI が作成された。わが国では WISC が1953年に標準化され，その後1958年に WAIS が，1969年に WPPSI がそれぞれ標準化されている。その後 WISC と WAIS は何度か改訂されており，WISC-V，WAIS-IV として広く使用されている。またこの３種類の知能検査を用いることにより，３歳10か月から90歳11か月までをカバーする検査となっている。ウェクスラーの検査は，能力別の下位検査を組み合わせたものとしてつくられており，言語的材料によって評価される「言語性検査」と，言語を使わない材料によって評価される「動作性検査」から構成されている。たとえば WAIS-IV では，「単語問題」「算数問題」などの言語性下位検査と，「積み木問題」「符号問題」などの動作性検査が合計10種類用意してあり，加えて５種類の補助下位検査が用意してある。それぞれの下位検査の粗点が評価点に換算されて下位検査の成績同士を比較することができるため，さまざまな能力を構造的に把握することができる。また全検査 IQ だけではなく，指標得点

表 9 - 2 知能検査

集団式知能検査		
テスト名	適用範囲	検査時間
TK 式田中 AB 式知能検査 （高学年用）	小学校 4 年～ 6 年	約50分
TK 式最新中学用知能検査	中学校 1 年～ 3 年	45分
京大 NX 知能検査	15歳以上の高校生	約50分
TK 式幼児用田中 B 式知能検査	4 歳～ 6 歳	約30分
個別式知能検査		
テスト名	適用範囲	検査時間
田中ビネー知能検査V （TK 式ビネーV）	2 歳～成人	30分～ 1 時間
改訂版鈴木ビネー知能検査	2 歳～18歳11か月	30分～ 1 時間
WPPSI（ウイプシ）	3 歳10か月～ 7 歳 1 か月	1 時間前後
WISC-V（ウイスクV）	5 歳～16歳11か月	1 時間前後
WAIS-Ⅳ（ウエイスⅣ）	16歳～90歳11か月	1 時間前後

出所：筆者作成.

として，「知覚推理指標」「ワーキングメモリー指標」「処理速度指標」が求められることも WAIS-Ⅳの特徴である。

　このほかにも現在日本で使われている代表的な知能検査には，**表 9 - 2** のようなものがある。

 ## 4 認知機能検査

☐ 認知機能検査で測定しようとするもの

　「認知」とはわかるようでわかりにくいことばである。認知に関しては第 2 章で詳細に述べてあるのでここでは深く触れないが，「認知」がわかりにくいのではなく，「認知」という概念があまりにも広範な概念であるためにとらえにくいということである。したがって認知機能検査は「認知」の広範囲の機能をすべて測定できるものではない。認知機能検査で測定しようとするのは，「認知」の機能の一部分である記憶や知覚，言語，操作などの限られた特定の部分であり，脳の高次機能の障害の有無と障害の程度を測定することを目的にしているものが多い。

☐ 記憶に関する検査

　記憶に関する検査で世界的に広く使われているのが改訂ウェクスラーメモリースケール（WMS-R）である。WMS-R は，記憶機能をさまざまな側面から詳細にとらえることができる検査であるが，他の検査

に比べるとやや時間がかかるものであり，被検査者に対する負担が大きい。言語記憶に関する検査として用いられるものとしては，東大脳研式記銘力検査がある。これは対語を提示し，後で片方の単語をいって対語を再生してもらう検査であり，「たばこ—ライター」「鉛筆—消しゴム」などの有関係対語と，「台風—筆箱」「銀行—ライオン」などの無関係対語で構成されている。また MMS 言語記憶検査のように「サラ」「ウミ」など5つの有意味語，「ソシ」「モケ」など5つの無意味語をそれぞれ記銘して再生してもらう検査などもある。言語を介さず，視覚的な記銘力を調べる検査の代表的なものには，ベントン視覚記銘検査がある。これは幾何学図形を提示し，それを記銘して再生してもらう検査であり，提示時間と再生までの時間が何種類か規定してある。

❏ 視覚認知に関する検査

　視覚認知に関する検査の代表的なものにベンダーゲシュタルトテストがある。これはまとまりのよい形態（ゲシュタルト）の図形を模写してもらう検査であり，本来は投影法性格検査としてつくられたが，近年では認知機能検査として使われることの方が多い。また視覚記銘検査であるベントン視覚記銘検査も，視覚認知に関する検査として使われることもある。その他にも立方体の模写などが臨床場面では経験的に使われている。これらの検査はいずれも脳の障害によって起こる視空間認知の障害を検出することを目的に行われる［コラム15参照］。

❏ 言語に関する検査

　言語の障害のアセスメントには，失語症検査が用いられる。失語症検査は，失語症が疑われる人に対して，失語症の有無と具体的な失語症状をとらえるものであり，ただ単に話すことの障害を評価するだけではなく，「聴く」「話す」「読む」「書く」などの能力を総合的にアセ

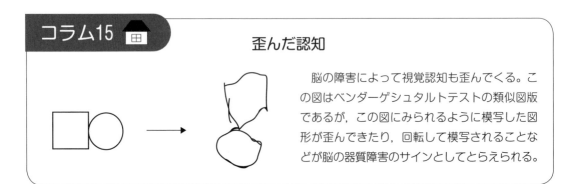

コラム15　　**歪んだ認知**

　脳の障害によって視覚認知も歪んでくる。この図はベンダーゲシュタルトテストの類似図版であるが，この図にみられるように模写した図形が歪んできたり，回転して模写されることなどが脳の器質障害のサインとしてとらえられる。

スメントするのが一般的である。わが国で用いられている代表的な失語症検査にはWABがある。WAB（Western Aphasia Battery）は，「自発語」「話しことばの理解」「復唱」「呼称」「読み」「書字」「行為」「構成」の8つの下位検査，計38の検査項目で構成されている。すべての検査を施行するにはおよそ2～3時間かかる膨大な検査であるため，被検査者に対する負担が大きい。失語症検査は，他の認知機能検査に比べると長時間かかる場合が多く，そのため何度かの休憩をいれたり，何日かに分けて検査する場合もある。そのため，失語症検査では，短縮版を用いて失語症の有無を調べ，その後詳細な検査を行う方法がとられることもある。

□ 認知症に関する認知機能検査

　本格的な高齢社会を迎えた現状で，大きな問題となっているのが認知症の増加である。認知症の診断にはアメリカ精神医学会の診断基準であるDSM-5や，WHOの診断基準であるICD-10などがあるが，診断の補助的手段としてさまざまな認知機能検査が用いられる。認知症の鑑別のための認知機能検査の質問項目には，時間や場所の見当識，短期記憶，数の処理，理解力などが含まれているが，質問項目数は極力抑えられており，5～15分程度で実施できる簡便なものが多い。また病院だけではなく老人保健施設や特別養護老人ホームなどでも用いられることがある。これらの検査は，認知症にみられる認知機能障害

コラム16　どうして半分見えないの？

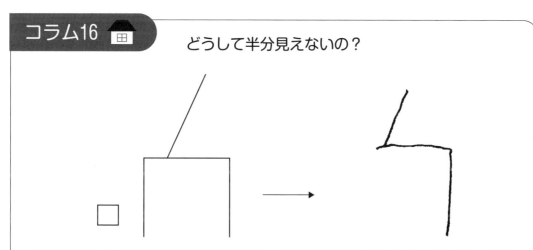

　脳の障害は，さまざまな認知機能障害や動作の障害を生む。たとえば「失行」は，ある動作が要求されているにもかかわらず，その動作と違う行動をしてしまう症状である。また「失認」とは要素的感覚は保たれているにもかかわらず，認知ができないことをいう。図に示してあるのは，左半側空間無視と呼ばれる症状で，左側の視覚刺激を無視してしまう症状である。これは右側の頭頂葉，後頭葉，および側頭葉の接合部の損傷によって起こる。

を測定するのに有効な検査ではあるが，この検査だけで認知症の有無を決定することは危険であり，診断は医師，できれば専門医によって行われなければならない。

☐ 代表的な認知機能検査

① 記憶機能に関する検査
　　改訂ウェクスラーメモリースケール（WMS-R）
　　東大脳研式記銘力検査
　　MMS 言語記憶検査
　　ベントン視覚記銘検査
② 視覚認知に関する検査 [コラム16参照]
　　ベンダーゲシュタルトテスト
　　ベントン視覚記銘検査
③ 言語機能に関する検査
　　WAB 日本版（Western Aphasia Battery）
　　標準失語症検査（SLTA）
　　老研式失語症鑑別診断検査
④ 認知症の認知機能検査
　　改訂長谷川式簡易知能評価スケール（HDS-R）[コラム17参照]

コラム17 　　　一般の人にはできて，認知症の人には難しい

改訂 長谷川式簡易知能評価スケール（HDS-R）

（検査日： 年 月 日）	（検査者： ）
氏名：	生年月日： 年 月 日 年齢： 歳
性別：男／女 教育年数（年数で記入）： 年 検査場所	
DIAG	（備考）

1	お歳はいくつですか？（2年までの誤差は正解）		0 1
2	今日は何年何月何日ですか？ 何曜日ですか？ （年月日，曜日が正解でそれぞれ1点ずつ）	年 月 日 曜日	0 1 0 1 0 1 0 1
3	私たちがいまいるところはどこですか？ （自発的にでれば2点，5秒おいて家ですか？ 病院ですか？ 施設ですか？ のなかから正しい選択をすれば1点）		0 1 2
4	これから言う3つの言葉を言ってみてください．あとでまた聞きますのでよく覚えておいてください． （以下の系列のいずれか1つで，採用した系列に○印をつけておく） 1：a）桜 b）猫 c）電車 2：a）梅 b）犬 c）自動車		0 1 0 1 0 1
5	100から7を順番に引いてください．（100−7は？，それからまた7を引くと？ と質問する．最初の答えが不正解の場合，打ち切る）	（93） （86）	0 1 0 1
6	私がこれから言う数字を逆から言ってください．（6-8-2，3-5-2-9を逆に言ってもらう，3桁逆唱に失敗したら，打ち切る）	2-8-6 9-2-5-3	0 1 0 1
7	先ほど覚えてもらった言葉をもう一度言ってみてください． （自発的に回答があれば各2点，もし回答がない場合以下のヒントを与え正解であれば1点）a）植物 b）動物 c）乗り物		a：0 1 2 b：0 1 2 c：0 1 2
8	これから5つの品物を見せます．それを隠しますのでなにがあったか言ってください． （時計，鍵，タバコ，ペン，硬貨など必ず相互に無関係なもの）		0 1 2 3 4 5
9	知っている野菜の名前をできるだけ多く言ってください．（答えた野菜の名前を右欄に記入する．途中で詰まり，約10秒間待ってもでない場合にはそこで打ち切る）0〜5＝0点，6＝1点，7＝2点，8＝3点，9＝4点，10＝5点	⋮⋮⋮⋮⋮ ⋮⋮⋮⋮⋮ ⋮⋮⋮⋮⋮ ⋮⋮⋮⋮⋮ ⋮⋮⋮⋮⋮ ⋮⋮⋮⋮⋮ ⋮⋮⋮⋮⋮ ⋮⋮⋮⋮⋮	0 1 2 3 4 5
		合計得点	

認知症の診断の補助として日本でもっとも広く用いられているのが，改訂長谷川式簡易知能評価スケール（HDS-R）である。HDS-R は1974年につくられたものを1991年に改訂したものである。質問数は9個と他の検査に比べると少なく，たいていは10分以内で実施できる。得点は30点満点であり，21点以上を「正常」，20点以下を「認知症の疑い」と判定したときにもっとも高い鑑別力を示す。

（参照）　加藤伸司ほか（1991）「改訂 長谷川式簡易知能評価スケール（HDS-R）の作成」『老年精神医学雑誌』1339-1347.

ミニメンタルステート検査（MMSE）

N式精神機能検査

ADAS（Alzheimer's Disease Assessment Scale）

 ## 5　質問紙法性格検査

☐ 性格検査でわかるもの

性格検査とは，一言でいえばその人らしさ，あるいはその人がどういう人なのかを，あらかじめ用意された道具を用いてアセスメントする技法である。ただしその人らしさとは，性格だけではなく，知的機能や個人の持つ創造性，独自性などを含んでおり，性格検査だけでその人らしさのすべてがとらえられるわけではない。性格検査でわかることは「その人らしさ」の一部分にすぎないため，性格検査を万能視したり絶対視したりすることは避けなければならない。

☐ 質問紙とは何か

質問紙とは，読んで字のとおりあらかじめ質問が書いてある紙のことであり，その紙を用いて行う検査が質問紙法性格検査である。具体的には「人前に出ると緊張してしまう方ですか？」などの質問に対して，「はい」「いいえ」で答えるもの（2件法），あるいは「はい」「いいえ」「どちらでもない」で答えるもの（3件法）などが一般的であり，たいていは当てはまるものに○，あるいは当てはまらないものに×をつけるものが多い。質問数は検査によってまちまちであるが，30問程度の簡単なものから，550問という膨大なものまである［コラム18参照］。

☐ 質問紙法性格検査のすぐれたところ

質問紙法性格検査は，あらかじめ作成された質問用紙を使ってマニュアルの指示どおり行えば，それほど難しい知識がなくても施行できるという利点がある。したがって集団で行うことや，被検査者にやり方を説明して自宅でやってもらうこともできる。

また結果の処理法は比較的簡単で，指定された場所の○の数を数えて指定された尺度に印をつけ，線で結べばプロフィールができあがるなど比較的容易である。結果の解釈もいくつかの性格のタイプに分類して解釈する方法や，できあがったプロフィールから分析する方法な

どさまざまなものがあるが，後述する投影法検査に比べるとかなり簡単である。そのため，質問紙法性格検査は，心理学に関する基本的な知識を持っていてある程度トレーニングを積んだ人にとってはそれほど難しいものではない。

□ 質問紙法性格検査の弱点

質問紙法性格検査には優れた面もあれば弱点もある。弱点のひとつとして考えられるのは，1対1で個別に行うことが少ないため，被検査者の観察ができにくいということである。特に自宅に持ち帰ってやってもらったような場合には，どのような状況で検査を行ったかがまったくわからず，極端なことをいえば，他の人に検査をやってもらってもわからないのである。質問紙法性格検査だけに限ったことではないが，検査は本人が真面目に一所懸命取り組んではじめて正確な結果が得られる。

しかし質問紙法性格検査では，その検査に臨む態度がわかりにくく，結果に「うそ」が入っても見破りにくい。たとえば，「私はいつも本当のことをいうとは限らない」という質問があったとする。もしそれに

コラム18　🏠　戦争が育てた質問紙法検査

第一次世界大戦に参戦した多くの国で，軍人の中に神経症患者が多発したことが報告された。また第二次世界大戦においても同様の報告がなされ，朝鮮戦争やベトナム戦争ではその傾向が著しくなっていった。また近代戦では前線だけではなく，後方部隊や補給部隊でも同じような疾患がみられるようになっていった。このような事態に対してアメリカ陸軍は早い時期から心理学的手法を用いて対処しようとした。

ウッドワース（Woodworth, R. S.）は，1917年頃，神経症的性格者の発見のためのアセスメントを開発した。これは精神科医の問診が標準的な方法であったが，あまりの人数の多さに対応しきれず集団的にも実施できる質問紙として工夫され，名称も刺激的なものを避けて「個人資料用紙（Personal Data Sheet）」と呼ばれた。

質問内容の一例は以下のようなものである。

- 偏頭痛があるか
- 14歳から18歳に至る頃まで幸福だったか
- 酒を飲んだとき喧嘩をする癖があるか
- いつも気分がよく，健康だと感じているか
- 今までに何か盗んでみたいという衝動にかられたことがあるか　……etc.

質問項目は当初200項目であったが，最終的に116項目となった。これは質問紙法性格検査の原型となり，その後質問紙法性格検査は発展していくこととなる。アメリカ陸軍の試みは第二次世界大戦でさらに充実したNSA（Neuropsychiatric Screening Adjunct）という検査に発展していった。しかし日本の軍部ではこのような試みはなされず，戦時神経症の存在すらほとんど隠蔽されていたのである。

表9-3　代表的な質問紙法性格検査

検査名	質問数	適用年齢	検査時間
YG性格検査	120（学童用96）	小学校2年～成人	30分～40分
TEG（エゴグラム）	60	特定されていない	15分～30分
MPI	80	16歳以上	約1時間
CMI	男211　女213	14歳以上の成人	約30分
TPI	500	16歳以上	40分～1時間
MMPI新日本版	550	16歳以上	約1時間

出所：筆者作成.

コラム19　　　　　　　　どちらが本物？

　次の性格検査は，ある性格検査の「抑うつ尺度」の問題を抜粋し，一部改編したものである。さて「性格検査A」と「性格検査B」では，どちらが本物の「抑うつ尺度」だろうか。

（性格検査A）

①仲間の中にいても淋しさを感じることがある
②自分がとてもちっぽけな人間に思えることがある
③ときどき過去の失敗をくよくよと考え悩む
④毎日ほとんど疲れた気持ちである
⑤たびたびゆううつになる etc.

（性格検査B）

①涼しくてもすぐに汗をかく
②ゲームなどをするときにはお金を賭けた方が楽しい
③いろいろなことをするときに，はじめがうまくいかない
④一年に一度くらいはお墓参りをする
⑤ときどき生きものをからかうときがある etc.

　多くの人は「性格検査A」こそが本物の「抑うつ尺度」だと思うことだろう。しかし本当はAもBも本物の抑うつ尺度なのである。「性格検査A」はYG性格検査やCMI健康調査表に代表されるように，あらかじめ抑うつ尺度を構成する問題を用意し，配置してある。一方「性格検査B」は，MMPI（ミネソタ多面的人格目録）やTPI（東大式人格目録）などにみられるもので，最初に質問項目をたくさんつくっておいて，後から尺度をつくっていく方法である。つまり膨大な質問をつくっておいて，うつ病の人や抑うつ傾向の強い人が他の人よりも有意に多く回答する質問文を探し，それを集めて「抑うつ尺度」をつくっている。したがって「なぜこれが抑うつをあらわす問題なのか」と聞かれても，「これは統計的手法によってみつけた項目である」と答えるしかない。つまり「性格検査A」は先づけ尺度であり，「性格検査B」は後づけ尺度であるということである。この後づけ尺度の優れた点は，データベースのようになっている質問項目を使って将来的に多くの新尺度をつくることができるということである。現在MMPI原法では約500の追加尺度があり，新日本版でも16の追加尺度が採用されている。したがって今後「MMPI自己中尺度」や「TPIオタク度スケール」などができる可能性もあるのである。

「はい」と答えれば正直な答えかもしれないが，もし「はい」と答えた場合に，自分は正直者と思われないだろうと危惧する人は「いいえ」と回答する可能性がある。特に質問紙法性格検査が企業の採用試験や，

質問紙法性格検査では，でたらめに回答したり自分をよく見せかけようとして故意に回答を歪曲することができる。妥当性尺度は，このようなでたらめ回答や歪曲反応を検出するために挿入された尺度であり，尺度項目は「社会的に望ましいことではあるがほとんどありえない行為」，あるいは「あまり望ましいことではないがよく見られる行為」などの内容で構成されている。でたらめ回答や歪曲反応が多いときは，回答の妥当性が低いと判断して結果の解釈を保留することが多い。

入学試験の適性検査に使われるような場合，自分が不利にならないように，自分を偽っても望ましい答えを書こうとするかもしれない。その結果本人の性格とはかけ離れた性格像となってあらわれることになり，性格検査の意味をなさなくなってしまう。

　ただし，このような弱点を補う工夫がなされている検査もある。たとえば MMPI や TPI などは，一般的に好ましいと思われている行動でも，実際には実行できそうもない種類の質問項目を検査項目に入れて「虚構点」を算出したり，被検査者の不注意や質問項目の理解不足，非協力的態度などを検出する**妥当性尺度**などを取り入れ，質問紙法性格検査の弱点をカバーしている ［コラム19参照］。

❏ 代表的な質問紙法性格検査

　現在作成されている質問紙法性格検査は非常に多いが，日本で実際に使われている検査の代表的なものを**表9-3**に示す。

⑥ 投影法性格検査

❏ 投影法とは何か

　夕焼けの海辺に一組のカップルがいる。ふたりは夕日を見ながら，「なんてロマンチックで素敵な夕焼けなんだろう」と感じている。離れたところにはひとりの男の人がいて夕日を見ながら「バカヤロー」と叫んでいる。この男の人は失恋の痛手を抱え，夕日を見ながら「なんて物悲しい風景だろう」と感じている。同じ夕日であっても見る人のそのときの状況によって感じ方は変わってくる。同じ夕日という刺激でも見る人によって感じ方は違うのである。

　投影法とはこのような現象を利用したものであり，あいまいな刺激を提示し，その反応様式を分析することによってその人の内面を探ろうとする心理テストの技法である。質問紙法とはあらかじめ設定した質問に答えてもらい，その結果を分析していく検査であるが，投影法とは刺激を提示して被検査者のことばで自由な反応をしてもらい，その反応を分析していくという点で質問紙法とは異なる。

❏ 投影法性格検査のすぐれたところ

　投影法性格検査は，インクのしみを見せてそれが何に見えるかを答えてもらったり，絵を見せて物語をつくってもらうような形式の検査

表9-4　代表的な投影法性格検査

テスト名	適用範囲	検査時間
ロールシャッハテスト	幼児〜高齢者	およそ1時間程度
TAT（絵画統覚検査）	児童〜成人	1時間〜2時間程度
描画法	幼児〜高齢者	30分程度
SCT（文章完成法検査）	小学生〜成人	30分〜1時間程度
PFスタディ	児童〜成人	30分〜1時間程度

出所：筆者作成.

であり，刺激に対する自由な反応を求めるものが多い。そのため被検査者がどのような検査かわかりにくく，防衛的態度をとりにくいという利点がある。反応様式を詳細に分析することによって，本人が感じている意識的な部分だけではなく，本人が気づいていないようなかなり深い無意識レベルまでアセスメントできるという優れた面を持っている。

☐ 投影法性格検査の弱点

多くの投影法性格検査は個別式で，本人の反応を検査者が記録するものであり，集団に適用することが難しい。また検査時間は質問紙法性格検査に比べると長く，一度に多くのデータをとることができないという弱点がある。しかし検査の実施法や整理法，結果の解釈法も質問紙法性格検査に比べると格段に難しく，検査に習熟するだけではなく心理学の幅広い知識が要求されるなど，検査者にとってはかなり修得が難しい検査といえるだろう。そのため投影法性格検査を実際に使えるようになるためには，専門家による特別な指導と長期間にわたる訓練が必要になる。

☐ 代表的な投影法性格検査

現在日本で使用されている代表的な投影法性格検査を**表9-4**に示す。

投影法性格検査の代表的なものにロールシャッハテストがある。このテストは，インクのしみを提示してそれが何に見えるか，どのように見えるかについて反応してもらう検査である。図版はロールシャッハ（Rorschach, H.）によってつくられた10枚の世界共通図版を用いる**[コラム20参照]**。結果の整理法や解釈法にはいくつかの種類があり，代表的なものとして「クロッパー法」「ベック法」「片口法」「エクスナー法」などがある。

TAT（絵画統覚検査）はマレー（Murray, H. A.）の欲求圧力理論に基づく検査である。これは人間の行動を決定する要因として，個人の内

的欲求と環境からの圧力を想定したものであり，具体的な検査法としては，31枚の刺激のあいまいな絵を見せて，その物語を語ってもらうものである。TATの仲間としては，児童用のCAT，高齢者用のSATなどがある。もともとは，ハーバード版と呼ばれるマレー原版が用いられているが，わが国でも独自の版が何種類かある。

　描画法は，投影法性格検査でももっとも検査用具の制限の少ないテストであり，基本的には紙と鉛筆があれば施行できる。主なものとしては，「家・木・人」を描いてもらうHTPテスト，「山・道・家」などを描いてもらう風景構成法，「樹木」を描いてもらうバウムテストなどがある。

　投影法でありながら質問紙法のような体裁を持ったテストもある。たとえばSCT（文章完成法検査）は，短い文が刺激語としてあり，その続きを書いてもらうもので，合計60個の文章を完成してもらう検査である［コラム21参照］。またPFスタディは漫画を用いた検査であり，一方の人の発言に対し，もう一方の人が何と答えるか実際の台詞を書いてもらう検査である［コラム22参照］。

コラム20　あなたには何に見えますか？

　ここにのせたインクのしみの模様は何に見えるだろう。ロールシャッハテストはこのような図版が何に見えるか，何と似ているかについて答えてもらう検査である。自由に反応を出してもらう「自由反応段階」と，見えたものがどうしてそのように見えたのかを尋ねる「質問段階」に分けられ，その結果を記号化（スコアリング）して分析する。たとえばこの模様が「ゲロゲロないている黒いイボガエルの顔」と見えた人は，W FM±FC' Adのように記号化され，「2人の黒い服を着た太った女性が汗を流しながらダンスを踊っている」と見えた人は，W M±FC'，m H Pのように記号化される。記号化されたものを集計して分析される「数量分析」の他に「継列分析」「内容分析」などを総合して結果が解釈される。

コラム21　🏠　はなしの続きはあなたが書いて

SCT（文章完成法検査）は，以下に示すような，話のはじめの方のことばだけ書いてある未完成の文章を提示し，その続きを自由に書いてもらう検査である。当初は言語や知的機能を測定しようとしてつくられたものであるが，投影法性格検査として注目されるようになり，その後多くの SCT がつくられるようになっていった。

Part 1
① 小さかったころ私は………＿＿＿＿＿＿
② 私のお母さんは…………＿＿＿＿＿＿
③ 大人になったら私は………＿＿＿＿＿
④ 私が忘れられないのは……＿＿＿＿＿
⑤ 父はよく私に…………＿＿＿＿＿＿
　　　　⋮
㉚ 私が一番欲しかったものは…＿＿＿＿

Part 2
① もし私が………………＿＿＿＿＿＿
② 学校では………………＿＿＿＿＿＿
③ 私が羨ましいと思うのは…＿＿＿＿＿
④ 私が好きなのは…………＿＿＿＿＿
⑤ 私が嫌だと思うのは………
　　　　………＿＿＿＿＿
㉚ 家の人は私を…………＿＿＿＿＿＿

コラム22　🏠　攻撃されたらあなたはどうする？

ここにひとコマの漫画がある。ひとりは「はっきりいってあんたのかいたえあまりうまくないね」といっている。もうひとりは何と答えるだろうか。これは PF スタディという検査であり，児童用であればこのような場面が24用意してある。このテストは「欲求不満攻撃仮説」という理論に基づく検査である。人間は欲求不満状況になると攻撃的な行動に出るという考え方であり，攻撃性の方向を「他罰的」「自責的」「無罰的」の3方向に，攻撃性のタイプを「障害優位型」「自我防御型」「要求固執型」の3タイプに分け，攻撃に対する反応を9つの組合せから判断していくものである。「はっきりいってあんたのかいたえあまりうまくないね」という発言に対する答えが「ごめんなさい。今度は練習してうまく描けるようになります」は自責固執反応，「テメーの子どもなんだからしょうがねえだろう。偉そうに言ってんじゃねえよ」は他罰反応，「まあお母さん，絵だけが人生のすべてじゃないよ」は無罰反応のように分類される。

第10章

カウンセリングの概念と範囲

① カウンセリングの目的・対象・方法

❏ カウンセリングの定義

　カウンセリング（counseling）の定義には，大別して２つの考え方がある。その違いは，内容の対立ではなく，焦点の当て方による違いと考えることができる。具体的には，カウンセリングの過程に力点を置くのか，目標に力点を置くのか，技法に力点を置くのか，態度・姿勢に力点を置くのかによって，違いが出てくると考えられる。

❏ ハーとクレイマーの定義

　アメリカのカウンセリング心理学者のハー（Herr, E. L.）とクレイマー（Cramer, S.）は，多くの定義の共通要素をまとめている。

　「カウンセリングとは，心理学的な専門的援助過程である。そして，それは大部分が言語を通して行われる過程であり，その過程の中で，カウンセリングの専門家である**カウンセラー**と，何らかの問題を解決すべく援助を求めている**クライエント**が**ダイナミックに相互作用**し，カウンセラーはさまざまな援助活動を通して，自分の行動に責任をもつクライエントが自己理解を深め，『よい（積極的・建設的)』意思決定という形で行動が取れるようになるのを援助する。

　そしてこの援助過程を通して，クライエントが自分の**成り得る人間に向かって成長**し，成り得る人になること，つまり，社会の中でその人なりに最高に機能できる自発的で独立した人として自分の人生を歩むようになる事を究極的目標とする。」[1]

　この定義では，カウンセリングはクライエントの悩みをただ聞くだけのものではないし，問題行動や情緒的不適応行動の治療をするだけのものでもない。また，問題解決の情報やアドバイスを与えるだけでもない。ひとりの個性を持つクライエントが，一時的に直面する困難や悩みを克服し，自分らしさをフルに活用しながら生きていけるようになるのを助ける過程である。まとめると，カウンセリングとはクライエントが自力で社会適応し，生きていくのを援助することを目的とした，心理学的な専門的活動である。

➡ **カウンセラー**
援助者，心理学的専門教育を受けた専門家。

➡ **クライエント**
問題を解決すべく援助を求めている人。問題は，人生のさまざまな障害や悩みである。

➡ **ダイナミックな相互作用**
カウンセラーとクライエントの心が交流し合い啓発し合うコミュニケーション。

➡ **「成り得る人」への成長**
人間はよりよく成長しよう，可能性を実現しようとする潜在力を持っているという見方。

❑ 日本カウンセリング学会定義委員会の定義

　2004年9月，日本カウンセリング学会定義委員会から次のような定義が報告された。

　「カウンセリングとは，**カウンセリング心理学**➡等の科学に基づき，クライエント（来談者）が尊重され，意思と感情が自由で豊かに交流する人間関係を基盤として，クライエントが人間的に成長し，自律した人間として充実した社会生活を営むのを援助するとともに，生涯において遭遇する心理的，発達的，健康的，職業的，対人的，対組織的，対社会的問題の予防または解決を援助する。すなわちクライエントの個性や生き方を尊重し，クライエントが自己資源を活用して，自己理解，環境理解，意思決定および行動の自己コントロールなどの環境への適応と対処等の諸能力を向上させることを支援する専門的援助活動である。」[(2)]

　この定義の特徴は，カウンセリングの基本的理論を，人間の発達や成長を促進する科学性に置いている点であり，その中核をなすのがカウンセリング心理学ということになる。カウンセラーからクライエントが人間としての存在を十分に尊重されたうえで築かれる人間関係をもとにカウンセリングが行われ，クライエント自身が持っている自己資源を活用，開発，発展させながら，クライエントが十分にそれを活用できるように援助することが重要なのである。なお，カウンセリングが社会的環境と密接に関係していることから，カウンセラーはクライエントに対する貢献だけにとどまらず，調和のとれた人間関係や集団，組織，社会の維持や改善などの，社会環境の構築にも貢献することになる。

➡**カウンセリング心理学**
カウンセリングという人間関係を研究対象とする心理学。

❑ カウンセリングの目的

　ハーとクレイマーならびに，日本カウンセリング学会定義委員会の定義をもとに，カウンセリングの目的を整理してみると，おおよそ3点に絞られてくるのではないかと思われる。一つ目は，①クライエントの人間的成長への援助，二つ目は，②豊かな社会生活の実現への援助，三つ目が，③生涯において遭遇する諸問題の予防と解決のための援助である。

　① **クライエントの人間的成長への援助**
　② **豊かな社会生活の実現への援助**

　カウンセリングでは，**生涯発達的視点**➡に立ち，クライエントの成長と適応という関係を強調しながら，クライエントが社会環境などに自己資源を効果的に機能させることができるように援助していく。言い

➡**生涯発達的視点**
人間は一生涯発達し続けるという視点。

換えれば，クライエントの自立のための意思決定を重視し，クライエントが持つ個人的・社会的資源と適応への力に焦点づけをしていくことになる。

　クライエントが自己実現をはかり，人間的成長を遂げていくためには，豊かな社会生活が必要になってくる。たとえば，困っているときに，「何かできることはありますか」と，声をかけ合ったり，気持ちを分かち合い，助け合えるような人間関係が存在していることが前提になる。しかし，豊かな社会生活はこれだけでは十分とはいえない。社会生活の中で，仕事や活動をとおして，人間として存在している意味や価値を実感する必要があるのである。自分の日々の営みが人の役に立っているというような実感が得られることが，豊かな生き方ということになる。

　これはつまり，人との関係や社会的活動をとおして，喜び，嬉しさ，楽しさなどを感じながら，幸福感，満足感，充実感などを取り込むことができるように，生きられるということである。このように，クライエントの人間的成長への援助と豊かな社会生活の実現への援助は，切り離すことのできないものである。

③　生涯において遭遇する諸問題の予防と解決のための援助

　エリクソン（Erikson, E. H.）は，人間の一生を生涯発達の観点からライフサイクル（life-cycle）と名づけ，8つの**漸成的発達段階**➡に分けて発達課題を考えた。

　人はエリクソンがいうように，生きている限りいろいろな発達的課題に取り組まなくてはならない。思春期・青年期における，「自分は何者なのか」という問題をはじめ，親子の分離，職業選択，職場の人間関係，恋愛，結婚，育児，嫁姑の問題，中年期の夫婦の危機，リストラ，老後の問題，配偶者の死など，いろいろな問題と発達上の過程において遭遇することになる。

　このように，発達課題と取り組み，自分自身の生き方をどのように見つけていくかが問題となる。そこでは，避けて通れない選択の問題が横たわっている。現代社会は，選択の幅が広がったがゆえに選択に迷うことが多くなったといえる。このため，生涯をとおして，人は生まれてから死ぬまで生き方の選択と自己決定を迫られることになるのである。どのような問題に直面しても解決できるだけの資質を育てておくことが，よりよく生きるために必要であり，予防にもなるのである。

➡ **漸成的発達段階**
漸成的とは，段階ごとに器官が形づくられるという生物学上の概念であり，あるものの上に次が生じるという意味。エリクソンの発達理論は，この概念を取り入れている。

カウンセリングの対象

　カウンセリングの対象は，クライエントと呼ばれ，何らかの心理的，発達的，対人的問題などに悩んでいる人である。カウンセリングでは，悩みを抱え，不安な心理状態にあるクライエントに対して，クライエントが自分をありのまま受け入れられるよう，援助者はまずクライエントの生き方や考え方を理解するように努める。そして，クライエントの短所や弱さも否定することなく，受容していくことがなによりも重要である。安心できる人間関係を援助者との間で経験することにより，クライエントは自分を受け入れ，自分を洞察できるようになり，問題解決への取り組みが可能になる。そのため，援助者はクライエントを理解するための人間観が必要になってくる。

クライエント理解の人間観

　この世にふたりと同じ人は存在しない。それは単に能力の違いや心理的特性だけを意味するものではなく，生き方や物事への取り組み等，すべての面において完全に個々別々の存在である。つまり，すべての人は個性的に存在し，生きる価値を持っているということである。また，人は心理的，社会的，身体的，職業的，文化的等さまざまな側面をもっているが，単なるそれらの集合体ではなく，ひとつの統合された存在である。いろいろな側面が相互に影響し合って一人の人間を形成している。

　人がさまざまな環境との相互関係の中で生きているように，クライエントも，現実の環境の中で生きている個人ということになる。カウンセリングをとおして，クライエントが現実の環境の中で自分らしい生き方ができるように，現実と取り組む視点から，アプローチを考えていかなければならない。

クライエントに向ける姿勢

　カウンセラーはクライエントに対して，首尾一貫徹底して関心を向け続けることが必要である。また，クライエントの判断や行動にともなって起こる感情をしっかりと受け止めることにより，クライエントは，自分の存在や生き方を認めてもらっていると感じることになる。さらに，クライエント自身によるポジティブな面での自己発見が，カウンセラーの積極的なかかわりにより引き出されることになる。その結果，クライエントは「自分ももう少しやれるかもしれない」という希望を持つことができるようになる。

□ カウンセリングの方法

カウンセリングの方法には，さまざまな立場があり，一口にはいえないものである。違いをみていくとき，5つのポイントに焦点を当てて考えると理解しやすいと思われる。それは，①人間観，②パーソナリティ論，③病理論，④目標，⑤カウンセリング関係である。

人間観とは，人間をどのような観点からとらえるかである。具体的には，人間とは何か，人間をどうみるかに集約される。

パーソナリティ論では，パーソナリティをどのようにとらえることができ，それはどう形成されるかという違いをみている。

病理論は，問題行動はどうして起こるのか，発生の機制が何によるものかをみていく。

目標は，「治る」とは何か，健常とは何か，援助の目的は何か，どういう技法を使うかという点である。

カウンセリング関係とは，目標達成のためのカウンセラーとクライエントとの人間関係およびそれぞれの役割をさしている。

□ カウンセリング関係

カウンセリングを行うとき，まずクライエントとの信頼できる関係づくりが必要である。人間関係を大切にする姿勢を持ち，心を開いてもらうかかわりを心がけることが大切である。そして，カウンセラーとしての役割をわきまえた節度ある付き合いが必要になってくる。面接を行う際の態度としてカウンセラーは，素直に，正直に，自分の気持ちを認め，クライエントの受容と**共感的理解**につとめなくてはならない。クライエントと適切なコミュニケーションを行うためには，クライエントの姿勢や，呼吸，話し方などに合わせるようにする**ペーシング**（paysing）を使用する。そして，**積極的傾聴**を行うにあたって，次の6つの技法を理解し，状況に応じた組み合わせをしていく必要がある。

① クライエントが心の葛藤を表現しやすいように，**開かれた質問**に心がける。

② 確かめたい事柄があるときは，**閉ざされた質問**を使う。

③ 相槌やうなずきなどを適切なタイミングで入れる。

④ クライエントの重要なことばをカウンセラーのことばにして返す。

⑤ クライエントの話が長くなったときは要約を行う。

⑥ クライエントの感情にかかわる部分を，フィードバックする。

2 ピアカウンセリングの目的・方法

❏ ピアの意味

　ピア（Peer）とは，「社会的，法的に地位の等しい人，同等（対等）者，同僚，仲間」といった意味がある。生活の中で，同じような環境や立場で生きている同僚や，同じような経験や感情を共有する仲間をさすことばである。医療や福祉の領域では，ピアを「同じ病気を抱えている人や同じ障害を持っている人」と規定し，カウンセリングの理論や方法を導入し，治療成果を上げようとする取り組みが行われてきた。同じ病気，同じ身体障害が同胞意識を強め，大きな治療成果につながっていった。このような活動が，**ピアカウンセリング**のはじまりである。ここで疑問になるのが，同じ病気や障害を持っていないとピアにはなれないのかということである。一人ひとりが抱えている悩みや不安，人生への可能性や期待などを，同じ思いで受けとめ，問題解決への力を支えていくこともピアである。

　ピアの考え方は，年齢が近いといった緩やかな規定の中に存在するものから，同じ病気や障害を持っている同士といったような，特定された既定の中に存在するものまで，その範囲は広いものである。それぞれのカテゴリーにおいて，共通の相互認識のもと，お互いを支援し理解し合う隠された意図や動機のないサポート・システムを，ピアカウンセリングと考えることができる。

❏ ピアカウンセリングの定義

　ピアの定義づけのカテゴリーが違えば，当然ピアカウンセリングの定義も変わってくることになる。仲間同士，友人同士のコミュニケーションを中心とした助け合い，支え合いを基本に，日常生活での情報や悩みなどを気楽に，心を開いて話し合うこともピアカウンセリングである。同時に人間の発達の意味や理論を学び，あわせて心理学の理論と実践を身につけ，積極的傾聴と問題解決のためのスキルを駆使して，年齢，社会的地位，抱えている問題などで，同じ立場にいる人に，ピア意識を持って行うカウンセリングということもできる。別の表現をすれば，人間関係において相互支援的ピア理念のもと，自己成長への力を支え，主体性の獲得や自立を援助するためのさまざまなスキルを駆使して，相談活動を行う方法であるといえる。

➡ **ピアカウンセリング**

アメリカでは，障害を持った人たちの公民権運動や消費者運動などから，ピアカウンセリングが自助運動（セルフヘルプ活動）として発展してきた。

➡️ **カウンセリー**

援助を必要としている人をピアカウンセリングでは，仲間というフレンドリーな感覚と語感を大切にして，カウンセリーと呼んでいる。

➡️ **カタルシス（catharsis）**

抑えつけられている欲求，葛藤などを自由に表現させることによって，心をその重圧から解き放つことをいう。

➡️ **ロジャース（Rogers, C. R.：1902-1987）**

アメリカの心理臨床家。人それぞれに備わっている成長力が発露され，主体的な選択がなされるように，援助者が純粋な気持ちで，受容的・共感的にクライエントの話に耳を傾けることを強調した。

❏ ピアカウンセリングの関係性

　ピアカウンセリングでは，ピアカウンセラーと**カウンセリー**がピア意識のもと，仲間同士として話を聞き，カウンセリーが自分の考えを明確にできたり，選択肢が増えるように手助けをしていく。相手を否定せず，共感しながら話を聞くことで，考えや感情を整理するサポートをしていく。このようなプロセスをとおして，人を支援し，人に支援される関係を，仲間とつくることにより自己成長が促進されることになる。人は，誰かに悩みを話すことにより，感情の**カタルシス**（catharsis）を経験し，問題の整理が可能になる。また，自分自身を客観視することで，自己の再統合をはかることができる。ピアカウンセリングは，ピアカウンセラーとカウンセリー双方にとって，自分の存在に意味や価値を見出すとともに，自分自身を成長させていく働きをする。人との信頼感を高め，人の役に立てる存在であることに気づくことで，充実感を持ち，自己肯定感が生まれるのである。

❏ ピアカウンセリングの基本的人間観

　ピアカウンセリングでは，基本的人間観として，人は機会があれば自分自身の問題を解決する能力を持っていると考えている。**ロジャース**は，来談者中心療法で，独自の人間観として，人間には他の生物と同じように，自らを維持し，強化する方向に自分自身を発展させようとする自己成長の力が備わっており，自律性や自己実現への力が内在していると考えた。このように，ピアカウンセリングの人間観はロジャースの人間観につながっていると考えることができるのである。

　人は自分で問題を解決する力があることを前提にするならば，ピアカウンセラーのカウンセリーへの対し方は自ずと決まってくることになる。カウンセリーの問題を解決するのではなく，自分自身で解決ができるように支援することになる。

　そのために，ピアカウンセラーはカウンセリーが何を考えどう感じているかは自身が一番よくわかっているという立場のもと，カウンセリーに何をすべきかを伝えないし，アドバイスを与えることもしない。ましてや，解釈や診断をすることはないのである。ただ，カウンセリー自身の問題解決能力を信頼し，カウンセリーの存在を尊重しながら，解決のための機会を奪わないことにひたすら徹することになる。そのためには，カウンセリーの話をしっかりと聴けなくてはならない。

❏ 傾聴の意味

　人は人間関係を適切に形成することで，社会の中でよりよく生きることができる。ピアカウンセリグでは，人間関係を築くために，特に**コミュニケーションスキル**■（communication skill）が重要になる。その中でも傾聴の技法を身につけておくことが必要である。

　傾聴■とは，相手の話をじっくり共感的に聴くことである。ピアカウンセラーの価値観や判断にしたがってカウンセリーにアドバイスしたり，環境の調整に走ったりせず，カウンセリー自身が主体的に生きることへの援助を行う技術である。傾聴が重要な意味を持つのは，カウンセリーのものの見方や，感じ方，考え方を理解していくことがなによりも欠かせないことだからである。カウンセリーに注意を集中して，深くかかわっていくと，心の中の体験を聴き取れるようになり，より深い共感が生まれてくるからである。

　ピアカウンセリングでは，ピアな関係性がきわめて重要になる。相互の信頼感が生まれないと，お互いに防衛を強化し，心を開くことができなくなってしまう。積極的な傾聴により，何を話しても，評価されずに受け入れてもらえるという確信を抱いたとき，お互いの本音を交流することが可能になり，強い信頼関係を築けることになる。

❏ 傾聴の基本的態度と効果

　ピアカウンセラーの基本的態度として，ありのまま，純粋に，構えを持たない態度でいることが必要になる。自分の内面の感情をそのまま受けとめていることで，自己一致が生まれ，カウンセリーに誠実で，純粋に対応することが可能になるからである。また，相手を無条件にかけがえのない存在として認めていくことも重要である。この姿勢がカウンセリーを安心させることになるからである。さらに，共感的理解をとおしてカウンセリーの本当にいいたいことが理解できるようになる。このような態度で，カウンセリーに向き合うことにより，相互の内面的変化や成長に大きな効果をもたらすことになる。自己一致・無条件の肯定・共感的理解，この３条件がロジャースのいうカウンセラーの基本的態度である。

　共感的理解がカウンセリーに伝わると，カウンセリーはピアカウンセラーへの信頼を深め，不安や悩みを共有できる人がいるという安心感を抱くことができる。安心感があることにより，より深い自己洞察がすすむことになる。つまり，注意深く話を聴いてくれる存在があることにより，自分の気持ちや考えを正確に伝えようとして，自分への気づきが深まるわけである。

■**コミュニケーションスキル（communication skill）**

コミュニケーションスキルには，言葉や文字による言語的コミュニケーションと表情，動作などによる，非言語的コミュニケーションがある。

■**傾聴**

「きく」には，「訊く」（ask：尋ねる，問う）と，「聞く」（hear：聞こえる，聞いて知る）と，「聴く」（listen：心をこめて聴く），の３種類があり，「きき方」によって，人間関係が違ってくる。

このことにより，新たな視点からの見方ができるようになり，身のまわりの出来事や他人を受け入れることができるようになる。その結果，自己受容がすすみ，自分の解決すべき問題が鮮明になり，自分の責任のもと，問題を引き受けていくことができるようになる。今までのパターンにはまり，問題解決ができなくなっていた自分が変わりはじめ，自己変容につながっていくことになる。

☐ 傾聴の方法

① かかわり行動

　カウンセリーの話を聴くとき，ピアカウンセラーが示す身体的動作や態度が，カウンセリーへのメッセージの役割を果たすことになる。ときには，非言語的なものの方が言語的表現よりも意味を持つことがある。カウンセリーとともにあるという態度を示すことにより，カウンセリーは安心感を抱き，自己開示がしやすくなり，望ましい対人関係のあり方をピアカウンセラーの態度から学ぶことになる。

　具体的には，自然なスタンスでのアイコンタクトが重要である。凝視しすぎることなく，視線をそらしすぎることなくカウンセリーがリラックスできる視線をおくり続けることである。また，違和感のない居心地のよい距離を確保することも大事である。リラックスした姿勢をとり，やや前傾でカウンセリーに関心を示すことである。顔の表情は，ピアカウンセリングの話のすすみ具合や話される内容によって，変わるものと思われる。共感と受容に心がけるとき，カウンセリーの心の動きに沿う形で，顔の表情が表現されてくるものと思われる。

　ピアカウンセリングは，カウンセリーの話に耳を傾けることが重要になるので，途中で話を遮ったりせず，うなずきと相槌を入れながら，カウンセリーのリードに従っていくことになる。そのために，あたたかい表現でかかわり，批判などせず，ありのままを受け止めていくことが大事である。

② 簡単受容

　簡単受容とは，うなずき，相槌，繰り返しなどの応答をいう。カウンセリーが話を続けやすいように，カウンセリーのペースに合わせていくという態度や，話の内容を理解する姿勢をいつも持っていること，また話の重要な部分は，しっかり聴いていることなどをカウンセリーに伝えることになる。

③ 場面構成

　不安な気持ちを抱いているカウンセリーに対して，ピアカウンセリングの場がどのようなものであるか，率直に伝えておいた方がよい場

➡ うなずき
相手の話をこちらが理解したことを伝えるもので，会話の方向を変えるきっかけになることもある。

➡ 相槌
クライエントの反応に対するもっとも単純な応答である。

図 10 - 1　問題解決のプロセス

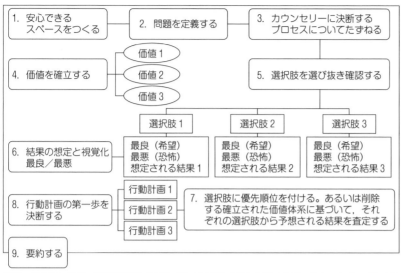

出所：松本清一監修／高橋寿子編（1999）『性の自己決定能力を育てるピアカウンセリング』小学館，115.

合がある。まず，日時や場所を設定し，時間の制限について伝える。それから，ピアカウンセラーとカウンセリーの役割を確認し，守秘義務等についての説明を加えるとよいと思われる。

④　事柄や感情への応答

カウンセリーの話のポイントをおさえ，正確に簡潔に返していくと同時に，感情的な動きにも注意を払い，カウンセリーの内的世界についても返していくことが重要になる。カウンセリーの気づきを促進することになる。

問題解決のスキル

カウンセリーが自分の問題と直面し，問題解決をはかっていくためのプロセスを，鬼塚直樹は図10 - 1のようにまとめている。[3] はじめに受容とサポートが可能な安心のスペースをつくり，問題の提示を求めていく。そのうえで，カウンセリーが問題解決の取り組みへの決断をはかることになる。そして，大事なものの優先順位をつけ，選択肢を確認していく。その結果を想定し，そのうえであらためて選択肢に優先順位をつけ，決断の行動化をしていく。最後に，そのプロセスを振り返ることで終了になる。

③ ブリーフセラピー

ブリーフセラピーは，エリクソンの考え方と技法を発展させた心理療法である。これは，クライエントのポジティブな側面に焦点をあてて，その人にあった問題解決や適応をめざす点で，カウンセリング的ともいえる。代表的なものとして，ひとつは，1968年にアメリカのパロアルトにあるMRI（メンタル・リサーチ・インスティチュート）に創設されたブリーフセラピー・センターを中心としたグループで，問題志向アプローチともいわれる。もうひとつは，アメリカのミルウォーキーの**ド・シェイザー**と**バーグ**夫妻によって1980年代に開発された解決志向アプローチである。[(4)]

☐ MRIの問題志向アプローチ（Problem Oriented Approach）

問題行動に対して本人や周囲が偽解決（解決につながらない対応）を繰り返していることで，悪循環を生じているととらえる。そこで，悪循環のパターンを把握し，対応を柔軟に変える。たとえば，利用者の問題行動が起きたとき，本人がいつどこでどのように行動しているのか，誰がいつどこでどのようにかかわっているのかをよく観察し，聴き取る。そして，本人の行動パターン，場所，時間，順序，かかわる人，かかわり方（見方や対応）を変えてみる。MRI派では，悪循環のパターンと介入を**表10−1**のようにまとめている。

☐ 解決志向アプローチ（SFA: Solution Focused Approach）

問題の原因を知ることが解決につながるとは限らない。そこで，解決に焦点をあてて，解決を構築していく。変化が生じたら，それを広げていく。たとえば，まず問題と感じていることを話してもらい，受容と共感を示し，「利用者・家族のタイプ」のニーズに合わせる。それから，「解決の手がかりを引き出す質問」を用いて，とりあえず問題が良くなったら利用者・家族はどんなことをしているか（目標）を思い描いてもらう。そして，「問題の解決を導く３つの鍵」に基づく行動を勧め，少しでも良いときをつくりだす。次に，少しでも良くなったら，その行動を続けるように勧める。この作業を積み重ねていく。

▶ド・シェイザー
（de Shazer, S.;
1950-2005）

彼らは，問題を羅列する家族に生活の中でまた起こったらいいと思えることに注目してみるように勧めた。２週間後問題が解決していた。このことがきっかけでSFAが生まれた。

▶バーグ（Berg,
I. K.; 1934-2007）

彼女は，クライエントを変えるとは考えずに，クライエントに敬意を持ち，クライエントのことをもっと知りたいという姿勢で質問をし，「人には必ずリソースがある」との信念を持ってクライエントが持つリソースや強さを見つけて焦点を当て活用するときに，クライエントは変化への意欲を持つことを発見した。

▶リソース

資源・資質のこと。内的リソース（能力や趣味・特技，興味・関心など）と外的リソース（家族・友人・ペット・専門家・地域など）があり，それらを活用する。たとえば，日中入浴を嫌がる利用者に温泉好きを活用して「温泉に行きましょう」と誘うなど。エリクソンは，その人の考え，行動，興味，体験，関係性，症状，抵抗までも，軽蔑・非難・拒否したりせず，リソースとして尊重した。

表 10 - 1　悪循環のパターンと介入

	悪循環のパターン	介　入
特殊介入法 (問題別)	①不眠症など：眠ろうとして一生懸命がんばる ②恐怖症など：完全にやろうとする ③主導権争い：一段上の立場をとろうとする ④気のまわしすぎ：相手が自ら気づくのを待つか，遠回しにいう ⑤疑い：否定してもますます疑われ，責められる	①別な行動（床磨きなど）をするように工夫（眠れなかったら床磨きするなど） ②不完全にやるように工夫（故意に失敗するなど） ③一段下の立場をとるように工夫（試しに相手をほめてお願いするなど） ④直接的にいうように工夫（こういう意見もあるというなど） ⑤事実を当てるように工夫（わざと問題の行動もとり，相手にそのときを当ててもらうなど）
一般介入法 (問題に共通)	①急ぎすぎる ②問題さえ解決すれば幸福になれると考えている ③早く良くなりすぎる ④抵抗を示す	①ゆっくり行きなさい（「急がばまわれ」「一歩ずつ」など） ②良くなると困ることが起きる（解決すると夫婦で協力し合わなくなるかもというなど） ③「Uターン」させる（元の問題状態に少し戻すようにいうなど） ④問題を悪化させるには（どんなことをすれば悪くなりますかと質問するなど）

出所：フィッシュ，R.・ウィークランド，J.・シーガル，L.／鈴木浩二・鈴木和子編訳（1987）『変化の技法』金剛出版，をもとに筆者作成.

① 　利用者・家族のタイプ

(1)ビジター（冷やかし）・タイプ

家族や関係者にいわれて相談にきただけで，問題解決の意欲に乏しい。そこで，ほめて，次につなげていく。

(2)コンプレナント（ぼやき屋）・タイプ

不満を訴えるが，すぐれた観察力を持っている。そこで，苦労をねぎらいつつ，観察力をほめ，ときには「よい例外」を見つける観察課題（どんなよいことが起こるか，観察し，報告してもらう）を出す。

(3)カスタマー（上客）・タイプ

何とかしたいという意欲が高い。目標と新たな行動を話し合う。

② 　解決の手がかりを引き出す質問

SFA の面接では，問題についての対話（problem talk）から解決についての対話（solution talk）へと移行していく。その際に，表10-2 に示すような質問がよく使われる。

③ 　問題の解決を導く３つの鍵

(1)リソース（黒字ノート）

利用者の長所，美点，持ち味，売り，得意分野などを把握し，生かせる場を工夫する。その際，関係者で利用者のリソースを出し合うと，利用者についての認識が変化し，かかわりのヒントが得られる。

(2)よい例外

問題が起きやすい状況を回避するとともに，問題が起きていない状

▶黒字ノート

小野は，問題の人の長所・美点を〝顕微鏡〟を使ってでも，さがしだし，メモし，確認することを「黒字ノート」と名づけた[5]。職員間であるいは職員と家族の連絡帳で行うことも効果的である。

▶よい例外

問題が起きていない状況やうまくやれているときのこと。問題に目を奪われていると，一時的部分的に解決が起きても，気がつかないか，気づいても偶然と思って見過ごしてしまう。利用者本人や周囲が関与して起きている例外も多く，何によって，どんな接し方によって，その人のどんな力によって生じているのかを探る。たとえば好きな野球チームが勝ったときに夜にはよく眠れたことから，眠るときには好きなチームが勝った試合を録音して流すなど。

表 10-2 解決の手がかりを引き出す質問

名　称	例
例外を見つける質問	問題が起こっていないときは（少しでも良いときは）どんなときですか。そのときはいつもとどう違いますか。その前に，何を考え，何をしましたか。
タイムマシン・クエスチョン	タイムマシンに乗って，自分の何年後かのある日を見に行ったとしたら，誰とどこで何をして過ごしているでしょうか。
ミラクル・クエスチョン	あなたが眠っている間に奇跡が起きて問題がすっかり解決したと想像してください。目が覚めたとき，これまでとどのような違いから問題が解決したと気づきますか。
スケーリング・クエスチョン	最悪の状態を0点，最良の状態を10点とします。現在の状態は何点でしょうか。もし今より1点（0.5点，0.1点）あがったら，どのようになっているでしょうか。
コーピング・クエスチョン	そんな大変な状況の中で，今までどうやってがんばってやってこられたのでしょうか。

出所：黒沢幸子（2002）『指導援助に役立つスクールカウンセリング・ワークブック』金子書房，をもとに筆者作成.

況を思い出し，そのときの条件や対応を組み入れた状況をつくる。

(3)小さな変化

新たに「何か違ったこと」をする。その際，小さな，容易な，おもしろいものを心がける。

4 カウンセリングとソーシャルワークとの関係

➡小さな変化
小石によってさざ波が広がるように，小さな変化によって大きな変化が生じる（さざ波効果）。小野は，「あれもよし，これもよし（問題行動を認め，新たな行動を加える。徘徊につきあい，お茶に誘うなど）」「パラドックス（徘徊に「行ってらっしゃい」と送り出すなど）」「太陽の魔術（ほめる）」「好意の提供（喜ぶことをする）」「意味のある仕事（洗濯物たたみを手伝ってもらうなど）」「無理しない」「エスケープ（家事を任せて息抜きするなど）」を挙げている[6]。

□ 福祉の時代

　21世紀は心の時代だといわれている。多くの人たちが，日々の生活の中で悩みを抱えもがき苦しんでいる。不登校，いじめ，DV，児童虐待，アルコール・薬物依存，引きこもり，摂食障害など，枚挙にいとまがない。

　このような時代を生き抜くためには，ソーシャルワーカーやカウンセラーの助けが必要になってくる。相談を受けた職種がソーシャルワーカーならば，ソーシャルワーク援助を提供し，カウンセラーならカウンセリングによる援助を提供することになる。援助者が，地域を念頭に置き，活用資源の効果的，効率的援助を提供するためには，機関や専門職種の違いによる援助の目的や方法，目標設定などをしっかりと認識したうえで，利用者のニーズに応じて，協力しながら対応にあたる必要がある。

　相互理解のもと，お互いの専門性を尊重しつつ，どのような協力関係を結んでいくかは，利用者の利得の点からも重要な問題である。

　ここでは，ソーシャルワークとカウンセリングの比較を行い，その独自性と共通性について考えると同時に，対人援助の専門職として，どのような協働が可能かについても考えてみたい。

❑ ソーシャルワークの定義

　2000年にモントリオール国際ソーシャルワーカー連盟（IFSW）総会が提唱したソーシャルワークの定義では，「ソーシャルワーク専門職は，人間の福利（ウェルビーイング）の増進を目指して，社会の変革を進め，人間関係における問題解決を図り，人々のエンパワーメントと解放を促していく。ソーシャルワークは，人間の行動と社会システムに関する理論を利用して，人びとがその環境と相互に影響し合う接点に介入する。人権と社会主義の原理は，ソーシャルワークの拠り所とする基盤である」としている。

　なお，福山和女らは，この定義に「生活者であるクライエントが問題を抱えながら自らの機能を発揮して生きるための取り組みを支援すること」あるいは「人の生き様の社会的側面を証明すること」を付け加えることを主張している。[7]

　この定義では，ソーシャルワークが，人と社会環境との間の相互作用を構成する社会関係に焦点をおいた活動であることがみえてくる。利用者がソーシャルワーカーの力を借りながら，個人の社会機能を高めることをめざしていると思われる。さらに福山らは，利用者を一人の統合された人間としてとらえた。これは主体的生き方を尊重する考え方だといえる。個人の問題解決のために働きかけをするということでは，カウンセリングと共通しているが，社会資源の利用や環境調整といったところが，ソーシャルワークの大きな特徴のひとつと思われる。

❑ ソーシャルワーク専門職のグローバル定義

　社会情勢・状況の変化に伴い，ソーシャルワークの新しい定義として，2014年のIFSW及び国際ソーシャルワーク学校連盟（IASSW）メルボルン総会にて，「ソーシャルワーク専門職のグローバル定義」が採択された。旧来の定義と新定義との比較をしながら，新定義の特徴と概念について説明を行うことにする。

　特徴の一つ目は，「多様性の尊重」である。この定義では，世界やそれぞれの地域・国が独自に育てた文化やそれを取り巻く社会状況に応じたソーシャルワークの展開を認めている。その結果，旧来の普遍性から多様性への転換が図られることになる。二つ目が，近代的・科学的偏重主義から脱却した，「地域民族の固有の知」を重んじる考え方である。今までの個人主義から集団的責任を重んじる方向性が示されている。これは，この地球上に生きている人々が，お互いの関係性並びに環境に対して責任を持つことで相互援助を行い，よりよい世界を

▶ DV

ドメスティック・バイオレンス（Domestic Violence）とは，配偶者や恋人など親密な関係にある者から振るわれる暴力をさす。

▶ 児童虐待

児童虐待には，「身体的虐待」「心理的虐待」「性的虐待」「ネグレクト（養育拒否）」がある。

▶ 協働（collaboration）

協働は，異なる職種，組織などが目的をひとつにして，資源だけではなく，責任や権威などを分け合うことをいう。

構成することを意味している。そして，三つ目は，社会に目を向けた社会変革や社会開発を行うという，マクロ面からの介入を強調したことである。社会が抱える問題として格差・差別・貧困などがあげられる。このような中，よりよい方向での社会変革を目指し社会の安定などに取り組んでいかなくてはならないということである。

❑ カウンセリングの定義

　カウンセリングとは，クライエントが自分の資質をもとに，直面する困難や悩みを克服し，自分らしく生きていけるようになるのを助ける過程であり，クライエントが自力で社会適応し生きていくのを援助することを目的とした，心理学的な専門的活動である。クライエントが人間としての存在を十分に尊重されたうえで築かれる人間関係をもとにカウンセリングが行われる。

　ソーシャルワークが個人の心理的，社会的側面を包括し，社会における生活を営む力や方法に焦点をあてているのに対して，カウンセリングは，援助的人間関係のもと，問題解決やパーソナリティの成長・行動変容に焦点をあてている。

❑ ソーシャルワークの人間観・問題の見方・対処方法

　近年，ソーシャルワークは，個人・家族・小集団などに対応するミクロソーシャルワークから，地域のコミュニティまでを網羅するコミュニティソーシャルワークまで，その領域を拡張しつつある。そのため，いろいろな観点から理論が生み出されてきている。ここでは，ソーシャルワークの心理的・社会的アプローチの観点から，人間観・問題の見方・対処方法について考えることにする。このアプローチは基本的には，個人と生活環境の関係に焦点をあて，両者の間にはどのような相互作用が働いているのかに注目している。そのため，個人の人格形成における発達的課題を取り上げ，それが社会という現実世界にどのような影響を与えているかについて検証し，個人と環境の相互作用をとおして問題の解決を見出そうとする。

　このアプローチにおける人間観は，人は家族や社会環境との相互作用の中で生きているものであり，社会生活を営むにあたって何らかの問題を抱えたとき，その問題と取り組む力を持っているというものである。これは，ピアカウンセリングの基本的人間観とも合致している。

　人が抱える問題は，人の内側からもたらされたものではなく，人と環境の相互作用により生み出されたものであり，個人の生活に混乱をもたらすものである。たとえば，ライフサイクル（life-cycle）のある

ステージ（life-stage）で，結婚や誕生，就職，分離など，本人やその家族が時期特有の問題と取り組まなければならないことが生じる。このようなとき，人はその問題と向き合い，解決していくことになるのであるが，状況や問題の大きさによっては，解決策を見つけることができないものもある。

これらの問題に対処するためには，問題を抱えながらのこれまでの頑張りと取り組みを理解し，問題への現状での対応を，ソーシャルワーカーが一緒に考えていくことで，問題を乗り越えていくことになるのである。そこでのソーシャルワークの考え方は，家族や社会をシステム的にとらえ，個人をそのシステムに影響を与えるもの，もしくは与えられたものとして考え，取り組みの方法や能力を**アセスメント**（assessment）し，対処方法を練っていくことになる。この方法は，広い範囲の社会資源やサポートネットワークなどに焦点を拡大していくことにより，個人や家族に責任を負わせることなく，個人の持っている能力を最大限活用して，問題の解決にあたることができるのである。

> **➡アセスメント（assessment）**
> 援助を適切に行うために，多面的，多角的，総合的に対象者のさまざまな特徴を評価することである。

☐ カウンセリングの人間観・問題の見方・対処方法

カウンセリングの人間観は，この世に二人と同じ人は存在せず，すべての面において完全に個々別々の存在であると考える。つまり，すべてのどんな人も個性的に存在し，生きる価値を持っており，ひとつの統合された存在であるということになる。クライエントは，自己形成のための発達課題と取り組み，自分自身の生き方をどのように見つけていくかが問題となる。このように，生涯をとおして，人は生まれてから死ぬまで生き方の選択と自己決定を迫られることになるのである。そこで，カウンセリングでは，クライエントが現実の環境の中で自分らしい生き方ができるように，現実と取り組む視点から，アプローチを考えていくのである。

☐ ソーシャルワークの目的と効果

ソーシャルワークの目的は，問題を抱えながら自らの機能を発揮して生きるクライエントの取り組みを支援することである。具体的には，クライエントが現在の生活の営みを持続できるようにサポートしたり，さらに強化することをめざしているが，クライエントの人格の変容，パーソナリティの成長，不安の軽減や解消を主たる目的にしているわけではない。ソーシャルワークでは，問題を抱えて生きている人の，問題を取り除くことよりも，問題を抱えながら生きる，その生きざまを支援することが目的である。そして，クライエントが求めている生

活を営むことができるようになり，持続可能になることが援助の効果ということができる。

☐ カウンセリングの目的と効果

　カウンセリングの目的は，おおよそ3点である。一つ目は，クライエントの人間的成長への援助，二つ目は，豊かな社会生活の実現への援助，三つ目が，生涯において遭遇する諸問題の予防と解決のための援助である。クライエントは，遭遇する発達課題と取り組み，自分自身の生き方をどのように見つけていくかが問題となる。

　カウンセリングは，クライエントが自己実現をはかり，人間的成長を遂げていくことを援助し，社会生活の中で，仕事や活動をとおして，人間として存在している意味や価値を実感できるようになることを目的としている。どのような問題に直面しても解決できるだけの資質を育てておくことがよりよく生きるために必要であり，予防にもなるのである。クライエントがカウンセリングをとおして，自分の日々の営みが人の役に立っていることを実感でき，クライエントらしい生き方ができるようになることがカウンセリングの効果ということになる。

☐ ソーシャルワークとカウンセリングの対象

　ソーシャルワークとカウンセリングの人間観・問題の見方・対処方法・目的と効果などの特徴を総合的にみていくと，どのような援助が適切かは，クライエントの**自己の成熟度**と社会資源との関係で決まると考えられる。

　クライエントの自己成熟度が低く，人格変容に限界のある重い障害を抱えて生きている人に対しては，カウンセリングによるアプローチよりは，ソーシャルワークを活用し，その人に生活の営みを援助・支援する方が意味のある方法であると考えられる。

　また，自己成熟度が比較的高く，人格変容の可能性があり，生活意欲も持っていて，現状では，自分の思う生活や生き方ができていない場合，ソーシャルワークもカウンセリングも活用する必要がある。

　さらに，自己成熟度が高く一応の自立がはかられ，生活適応もできている人には，状況や問題に応じて，ソーシャルワークの援助を活用して緊急性に対処し，生活への援助や支援をする場合と，カウンセリングをとおして危機介入をする場合の選択を臨機応変に行い，どちらかもしくは両方を活用して援助していく方法も考えられる。

　このようにクライエントへの的確なアセスメントのもと，ソーシャルワークの活用が有効な対象なのか，カウンセリングの活用が有効な

➡ 自己の成熟度
いろいろな理論があるが，すべての人間に備わっていて，各個人独自の成長と感性をめざす根源的力をさす。

対象なのかが決まってくるのである。

☐ ソーシャルワークとカウンセリングの協働

　福祉領域をはじめ，保健領域，医療領域において，専門家同士がお互いの専門性を提供しあい，協働して人々の包括的サポートを行うことはとても重要なことである。ソーシャルワークもカウンセリングも，個人の社会的機能を高めるために，クライエントが抱えている問題解決を目的に働きかけるという点では一致している。

　しかし，独自性にこだわりすぎるとどうであろうか。たとえば，社会的資源の利用や環境調整だけでは，社会的援助を行っても効果は上がらない可能性の方が大きい。対象となる個人や環境について的確な理解がなければ的はずれな支援になってしまうからである。カウンセリングにおいても，個人の内面ばかりに目を向けると，個人に影響を与えている家族状況や経済状況，地域環境などが見えなくなり，適切なアプローチができなくなる。目前のクライエントのニーズを考えたとき，内面的心理的働きかけと外面的環境調整，社会資源の活用の総合的視点に立った，協働したアプローチが必要なのである。

☐ 福祉心理学の目指すもの

　福祉心理学はすべての人の安全で安心できる生活を援助するための学問である。また，人々の心のあり方がよい状態である well-being を目的に発展してきた経緯がある。社会福祉が対象とする人々に対して心理学的アプローチをはかり，対象者の尊厳や自己実現を目指していくことになる。well-being は，人間関係の中で学習され形成されていく。援助者は当然対象者に対する心理面からの理解を高め，相手の立場に立ち，心の声を聞くかかわり方が求められる。このような状況から，今後「福祉心理学」の考え方と実践に根差したアプローチが重要になることが予測されるのである。ソーシャルワークとカウンセリングの協働とは，福祉と心理学の融合における新しい「福祉心理学」の発展を意味しているのである。

◯注 ─────

⑴　渡辺三枝子（1996）『カウンセリング心理学──変動する社会とカウンセラー』ナカニシヤ出版，15-17.

⑵　下司昌一・井上孝代・田所摂寿編（2005）『今，カウンセリングの専門性を問う──カウンセリングの展望』ブレーン出版，4.

⑶　鬼塚直樹（1999）「ピアカウンセリングとは何か」松本清一監修／高橋寿子編『性の自己決定能力を育てるピアカウンセリング』小学館，115.

⑷　他に，戦略的アプローチ（症状機能志向），エリクソンアプローチ，ナラティブアプローチ，可能性療法，NLP（神経言語プログラミング），コラボレイティブ（協働的）アプローチ，オープンダイアログなどがある。

⑸　小野直広（1999）『107錠のこころの即効薬』日総研.

⑹　同前書.

⑺　井上孝代編（2006）『コミュニティ支援のカウンセリング──社会的心理援助の基礎』川島書店，119.

◯引用・参考文献 ──

[第1節]

川瀬正裕・松本真理子・松本英夫（1996）『心とかかわる臨床心理──基礎・実際・方法』ナカニシヤ出版，92-94.

国分康孝（1996）『カウンセリングの原理』誠信書房，3-24.

田上不二夫・小澤康司（2005）「カウンセリングとは何か」下司昌一・井上孝代・田所摂寿編『今，カウンセリングの専門性を問う──カウンセリングの展望』ブレーン出版，3-15.

渡辺三枝子（1996）『カウンセリング心理学──変動する社会とカウンセラー』ナカニシヤ出版，9-25.

渡部純夫（2004）「心理的援助──心に問題を抱えた人の力になる」今城周造編『福祉の時代の心理学』ぎょうせい，251-258.

[第2節]

ヒューマックス編／木村孝・藤田完二・高橋慶治（2001）『仲間どうしで［聞く・話す］ピア・カウンセリング入門』オーエス出版社，42-102.

鬼塚直樹（1999）「ピアカウンセリングとは何か」松本清一監修／高橋寿子編『性の自己決定能力を育てるピアカウンセリング』小学館，86-118.

滝充（2004）「ピア・サポート・プログラムをはじめるために」滝充編『ピア・サポートではじめる学校づくり──「予防教育的な生徒指導プログラム」の理論と方法』金子書房，32-34.

玉瀬耕治（1998）『カウンセリング技法入門』教育出版，30-76.

渡部純夫（2004）「心理的援助──心に問題を抱えた人の力になる」今城周造編『福祉の時代の心理学』ぎょうせい，251-258.

[第3節]

黒沢幸子（2002）『指導援助に役立つスクールカウンセリング・ワークブック』金子書房.

長谷川啓三（1987）『家族内パラドックス』彩古書房.

フィッシュ，R.・ウィークランド，J.・シーガル，L.／鈴木浩二・鈴木和子編訳（1987）『変化の技法』金剛出版.

皆川州正・渡部純夫・村井則子（2002）「痴呆性高齢者の在宅介護における介護者のストレスに関する研究(3)──ブリーフ・セラピー的アプローチを中心とした対処方略の分類」『高齢者痴呆介護研究・研修仙台センター研究年

　報』2，75-90.

[第4節]

岡田斉責任編集（2006）『臨床に必要な心理学』弘文堂，220-221.

国分康孝（1996）『カウンセリングの原理』誠信書房，8-14.

田上不二夫・小澤康司（2005）「カウンセリングとは何か」下司昌一・井上孝
　　代・田所摂寿編『今，カウンセリングの専門性を問う──カウンセリングの
　　展望』ブレーン出版，3-15.

玉瀬耕治（1998）『カウンセリング技法入門』教育出版，30-76.

村瀬嘉代子（1996）『子どもの心に出会うとき──心理療法の背景と技法』金剛
　　出版，45-54.

福山和女（2006）「ソーシャルワーカーとの連携・協働」井上孝代編『コミュニ
　　ティ支援のカウンセリング──社会的心理援助の基礎』川島書店，117-147.

渡辺三枝子（1996）『カウンセリング心理学──変動する社会とカウンセラー』
　　ナカニシヤ出版，9-25.

■ 第11章 ■

心理療法の概要と実際

① 基本的な技法

本章は心理療法の代表的な技法を紹介しながら，心理療法の概要と実際について解説することを目的としている。本節はその導入として，心理療法とは何か，心理療法にはどのような種類があるのか，を中心に概説する。

☐ 心理療法の定義

心理療法（psychotherapy）とは，対話や活動を通じて，心理的問題や悩みを持つ人の心理（認知，行動，感情，身体感覚）に働きかけ，症状や問題行動の消去もしくは軽減を目的に，臨床心理学や精神医学さらには心理療法の専門的な訓練を受けた治療者（セラピスト）が行う心理的治療の総称である。

セラピストとして心理療法を行う主な専門職は，精神医学や心療内科などを専門とする医師や，公認心理師や臨床心理士などの資格を有する心理職（国家資格である公認心理師に関しては，終章で触れる）である。

特定の人間観を背景とする理論を学問的背景とし，それに基づいて心理的援助実践活動を行う心理療法は，依拠する学問的背景によって種々の療法に分類することができる[1]（**表11-1**）。精神分析のように，大きな枠組みとしては共通しても，依拠する理論と技法の体系の違いから複数の学派に細かく分類されることもある（本章第2節の精神分析を参照）。また，依拠する学問的背景によって，問題の発生機序（問題の原因，背景など問題が起こるメカニズム）や介入の作用機序（介入によって効果が生じるメカニズム）の考え方が異なることもまれではない。

しかしながら，高橋が指摘するように，いずれの心理療法も心理的苦痛の改善やパーソナリティの変化を目的として実施され，その援助に際しては，セラピストとクライエント（来談者，医療では患者に該当。本節ではクライエントと記す）の関係を重視した介入が行われるという点で共通している[3]。

日本では伝統的に，精神科医などの医師が行う psychotherapy を精神療法と呼び，公認心理師や臨床心理士などの心理職が行う psychotherapy を心理療法と呼ぶ。したがって，精神療法と心理療法の内容は同じものと考えてよい。本節では両者は同義語として扱うことにす

➡️ 支持的精神療法

クライエントの持つ内的な葛藤に立ち入ったり，パーソナリティを修正したりしようとするのではなく，クライエントの長所を支持しながらクライエントが直面している現実的な問題を解決することを目的とする療法である[4]。実施形態や作用機序や技法の違いがあっても，心理療法には常に支持的心理療法の要素が含まれるものであり，心理療法におけるセラピストの基本的態度であるともいえる[5]。

➡️ 動機づけ面接

林によると[6]，動機づけ面接は，「変化をしたい気持ちがある一歩いで，できない，もしくは（まだ）したくないという気持ちもある」というアンビバレントな葛藤を抱えるクライエントに働きかけ，行動変化に対する抵抗を減らし，内発的動機づけを高めることでクライエント本人が望む方向に進むこと（変わること）ができるようにする療法である。

➡️ マイクロカウンセリング

マイクロカウンセリングは，アイビイ（Ivey,

表11-1　代表的な心理療法

クライエント（来談者）中心療法，**支持的精神療法**➡，精神分析，精神分析的心理療法（力動的心理療法），対人関係療法，認知行動療法，認知療法，行動療法，**動機づけ面接**➡，ブリーフサイコセラピー，家族療法，心理劇（サイコドラマ），動作療法（動作法），森田療法，内観療法，回想法，ライフレビュー，遊戯療法，箱庭療法，音楽療法，絵画療法，ダンス（舞踏）療法，夢分析，フォーカシング，催眠療法，認知リハビリテーション／神経心理学的リハビリテーション，心理教育，コンサルテーション，**マイクロカウンセリング**など

出所：高橋三保（2013）「心理療法」藤永保監修『最新心理学辞典』平凡社，399-400；西園昌久（1993）「精神療法」加藤正明ほか編『新版精神医学辞典』弘文堂，469-470；大野裕（2018）「精神治療学」尾崎紀夫ほか編『標準精神医学〔第7版〕』医学書院，141-180，をもとに筆者作成.

図11-1　実施形態に基づく心理療法の分類

```
┌─────────────────────────────────┐
│ クライエント・患者の人数           │
├─────────────────────────────────┤
│ ・個人心理療法                     │
│ ・夫婦心理療法                     │
│ ・家族療法                         │
│ ・集団療法（小集団心理療法，大集団心理療法）など │
└─────────────────────────────────┘

┌─────────────────────────────────┐
│ 治療期間                           │
├─────────────────────────────────┤
│ ・短期心理療法                     │
│ ・長期心理療法　など               │
└─────────────────────────────────┘
```

出所：表11-1と同じ.

る。

　なお，日常生活や社会生活（就職，進路，結婚など）における心配事について相談や助言を行う活動はカウンセリングと呼ばれ，訓練を受けたカウンセラーがこれらの活動に従事する。「相談」やカウンセリングは，広い意味では心理療法に含まれるが，心理療法を，治療を意味する活動に限定する場合には，これらは心理療法には含めない。[8] **ソーシャルワーカーによる心理的支援**➡が行われる場合はあるが，これは相談・助言という意味合いが強いことから，カウンセリングの要素を多く含む支援活動であるといえる。

□ 実施形態に基づく心理療法の分類

　実施形態とは，実施の仕方や形式を意味する。**図11-1**に示すように，心理療法は，セラピストが同時に対象にするクライエントあるいは患者の人数や標準的な治療期間など，実施形態によっていくつかの種類に分類することができる。[9][10]

　人数からは，個人心理療法と集団心理療法に大別することができる。個人心理療法は，セラピストが1人のクライエントあるいは患者を治療対象として実施する心理療法である。これに対して，集団心理療法

A.E.）らがそうしたカウンセリングの基本モデルである。カウンセリングのさまざまな理論において提唱されてきた技法等を総点検することによって編み出された技法は，ヒエラルキー（マイクロ技法階層表）に構成されており，学習者は技法を一つひとつ着実に，細密に，そして順番に一歩一歩系統的に学習していく[7]。福原らが作成したマイクロ技法階層表については，以下を参照されたい。
http://www.microcounseling.com/pdf/hierarchy.pdf

➡ソーシャルワーカーによる心理的支援

ソーシャルワーカーによる心理的支援は，本人とその関係者に対する心理的な治療というよりは，これらの人々の心理的問題や悩みを解消するために，それらの背景にある客観的な問題の解決に向けた支援に焦点が当てられる。治療ではなく，相談・助言という意味合いが強いことから，カウンセリングの要素を多く含む支援活動であるといえる。しかし，ソーシャルワーカーは，問題への気づきや，支援の必要性の理解，そして本人・関係者の意思決定に伴う心理的な支援を含むことは少なくない。また，ソーシャルワークにおいて不可欠な問題を把握するためのアセスメントにおいては，心理療法が依拠する理論について学ぶことは，問題の発生機序の理解とそれに基づく支援の方向性を検討する上で，おおいに役立つはずである。

図 11-2 作用機序ならびに技法に基づく心理療法の分類

作用機序に基づく分類

・表現的心理療法
・支持的心理療法
・洞察的心理療法
・訓練療法

技法に基づく分類

・洞察的心理療法
・指示的心理療法
・体験的心理療法

出所：西園昌久（1993）「精神療法」加藤正明ほか編『新版精神医学辞典』弘文堂，469-470；大野裕（2018）「精神科治療学」尾崎紀夫ほか編『標準精神医学〔第7版〕』医学書院，141-180，をもとに筆者が作成.

は，セラピストが複数の人あるいは，複数の人からなるシステムを，治療対象とする心理療法である。集団心理療法の中には，夫婦やカップルを治療対象とする夫婦療法（カップル療法）や，家族や家族システムを治療対象とする家族療法がある。

さらには，複数の参加者（例：クライエントや患者，家族などの関係者）を治療対象とする集団心理療法という形態もある。集団心理療法では，参加者（メンバー）相互作用やピアサポートを治療的に活用できるという点で，個人療法とは異なる作用機序が期待できる。

治療期間からは，短期心理療法と長期心理療法に大別できる。短期心理療法は，短期間で症状の軽減や消失，あるいは問題解決を行うことを目指す（詳しくは本書第10章第3節ブリーフセラピーを参照）。

他方，長期心理療法は，本章の第2節で取り上げる精神分析のように，年単位にわたる治療を行う心理療法をさす。長期心理療法では，クライエントや患者の心理的問題や悩みの背景にある心理的メカニズムの働きかける治療といえる。

◻ 作用機序に基づく心理療法の分類

作用機序とは，治療効果を生じさせるしくみを意味する。ここでは精神療法に関する西園の分類を紹介する[11]。この分類に基づくと，心理療法は，作用機序の観点から，表現的心理療法，支持的心理療法，洞察的心理療法，訓練療法の4つに分類することができる（図11-2）。

表現的心理療法は，セラピストがクライエントの不安や解決困難な出来事に聴き入ることで，出来事に伴う不満，憎しみ，口惜しさなど，感情を発散させる療法である[12]。別名，カタルシス法ともいわれる[13]。西園は，表現的心理療法は「すべての精神療法の出発でもあり，プライ

マリー・ケア水準の保健業務従事者は，次の支持的心理療法とともに日頃実践せねばならない手技である」と指摘している。[14]

　支持的心理療法は，慰め，安心づけ，再保証，説得，励まし，助言など，心理的原因に直接働きかけるのではなく，不適応を起こしている人の自我に力を貸すことで安定を図ろうとする療法である。[15]

　洞察的心理療法は，病因についてクライエント自身が自己の病理性を自己理解し，その結果，人格の構造的変化を生じさせることを目標とする療法である。[16]セラピストとクライエントとの間の相互関係が治療を大きく左右する。セラピストになるには，特別な訓練が必要となる。[17]西園によると，洞察的心理療法には，精神分析，力動的心理療法，ユング派精神分析などが含まれる。[18]

　訓練療法は，新しい学習，再学習，あるいは訓練などの体験を通じて適応性の改善をはかる療法である。[19]治療そのものにセラピストとクライエントの相互関係は大きな問題とならないが，理論と手技を会得するには専門的訓練が必要である。[20]

☐ 技法に基づく心理療法の分類

　技法とはクライエントへの介入手法を意味する。技法に基づいて心理療法を分類すると，洞察的心理療法，指示的心理療法，体験的心理療法に大別できる。[21]

　洞察的心理療法は，無意識的な葛藤を洞察して精神症状を和らげることを目的とする療法である。[22]作用機序に基づく分類で述べた洞察的心理療法と同じく，その代表的な療法は，精神分析や精神分析的心理療法である。

　指示的心理療法は，非適応的な行動をコントロールしたり，脱条件づけたりすることを目的とする療法で，セラピストは専門家として助言を与えながら，クライエントが問題を解決していくのを積極的に応援する。[23]ここには，行動療法，心理教育，認知療法，認知行動療法などが含まれる。[24]

　体験的心理療法は，クライエントの感情表出を促し，その感情体験とセラピストによる共感的理解を体験することによって，うっ積した感情を除反応し，症状の緩和を図る療法である。[25]大野によると，来談者中心療法，芸術療法，遊戯療法，ゲシュタルト療法，心理劇，森田療法，内観療法がここに分類される。[26]

② 精神分析

❏ フロイトと精神分析

フロイト（Freud, S.）[コラム23参照]により創設された神経症に対する治療法を精神分析療法という。精神分析療法には大きく分けて、狭義の精神分析療法と、広義の精神分析的（力動的）精神療法の二つがある。そして、精神分析療法、力動的精神療法に加えて、この治療法の基礎となる心理学的理論を含めて精神分析と呼ぶ。

狭義の精神分析療法は分析者（治療者）と被分析者（患者あるいはクライエント）が治療契約を結び、この契約のもとに作業同盟を築く。そして被分析者の心的葛藤、**抵抗**➡、**転移**➡、**逆転移**➡、それらに対する分析者の介入と解釈により被分析者を洞察に導くことにより治療しようとする。このような治療を毎日（週4回以上）、被分析者は寝椅子（カウチ）に横になり、分析者は被分析者の視界の外に位置し、治療がす

➡**抵抗**
クライエントの葛藤により治療契約に抵抗を示すこと。

➡**転移**
過去の重要な人に向けた感情を治療者に向けること。

➡**逆転移**
治療者がクライエントに向ける転移感情。

コラム23 🏠　　　フロイトと散歩

フロイトがよく散歩をしていたことは有名である。たとえば、フロイトの父ヤコブが亡くなったときも散歩をし、その途中ふと髭が伸びていることに気づき、床屋で髭の手入れをしていて父の葬儀に遅れたというエピソードから、「喪の仕事（mourning work）」の洞察へ進んだといわれている。それではフロイトの散歩とはどんなものだったのだろうか。

フロイトの散歩コースはウィーンの旧市街を一周するリング通りがお決まりのコースで、ときには市内を横切って出版社まで歩き、校正刷りを受け取ったり届けたりすることもあった。しかし、この散歩がリング通りの美しさを愛で、春の花咲く木々を楽しむためののんびりしたそぞろ歩きだと思ったら大間違いで、恐ろしい速さで歩く。フロイトの長男いわく、行進の速さで名高いイタリアの狙撃兵が疾走する歩き方を見たとき、父親そっくりだったという。

また、フロイトは言語に特別の才能を持っていて、英語、フランス語、イタリア語、スペイン語に堪能であった。さらに、ラテン語とギリシャ語も身につけていた。そして、何よりもフロイトは、文章の達人といえよう。故小此木先生は、アンナ・フロイトに父フロイトの原稿を見せてもらったことを振り返り、モーツァルトの楽譜のようにほとんど訂正された跡がなかった、という。文章にするときには完全な形で脳の中にできあがっていたのであろう。その文章であるが、フロイトはタイプライターが好きではなかったらしい。もっとも太い芯の万年筆ですべての原稿を筆記していたという。

（参照）フロイト, M./藤川芳朗訳. (2007)『父フロイトとその時代』白水社, 35.

すめられる。以上のような治療スタイルをとるものを狭義の精神分析という。一方，精神分析の理論を使いながら週１回対面法（90°〜180°の位置関係）により進められる治療を精神分析的（力動的）精神療法と呼ぶ。なお，力動的精神療法に助言，環境調整などを取り入れたものをカウンセリングと呼び，精神分析療法や，力動的精神療法と区別される。

　フロイトは自分の開発した精神分析療法をより広く，人びとの行動や文化，芸術，社会心理，思想の理解，などにあてはめようと試みた。またフロイト以後の精神分析学者の多くも治療技法の工夫や発展を行い，乳幼児観察，遊戯療法に応用した。フロイト自身，精神分析を「解明方法・治療方法などによって得られた心理学的情報に関する新しい科学」と位置づけている。フロイトは精神分析の「分析」ということばを，科学者が化学物質を分析して，この中に含まれる物を分析し，取り出そうとする行動と同じように，患者の病状や病的な現象を分析して本能的な要素を取り出して，それを患者自身に意識化させるように導くこと，としている。フロイトやフロイト以後の精神分析学者は，精神分析治療から導き出された理論を拡大発展させ，精神分析理論は現在，社会学や行動科学といった，人間の行動と関連した分野にも応用されている。

❏ 精神分析のはじまり

　精神分析療法は，女性のヒステリー患者を，催眠下においてその人の無意識を明らかにすることによって治療しようとする試み（催眠浄化法）から発展し，さまざまな修正が加えられてきた。フロイトは，自らの治療経験から，自由連想法を治療技法として用い，患者に無意識の葛藤を理解させることによって症状の改善を試みた。その結果を，**ブロイアー**➡と共著で『ヒステリー研究』として発表し，人の病因が心的外傷にあり，そこに**固着**するとした。その時期を固着点といい，この固着点が後の人生に影響を与えていると考えた。たとえば，父親により拒絶された子どもが，その後の人生において，大人（特に男性）から拒絶されることを恐れる心性をいう。特にエディプス・コンプレックス期［コラム24参照］に固着したために引き起こされた不安症状のために苦しむことになる。

❏ 精神分析の発展

　フロイトは，無意識の**イド**➡（id）と，それを抑制しようとする**超自我**➡（super ego），そしてこの二つを調整する心的装置を**自我**➡（ego）と

➡ **ブロイアー**
（Breuer, J.: 1842-1925）
精神分析の創成期に重大な貢献をしたウィーンの高名な精神科医。フロイトとともに『ヒステリー研究』を著した。この中でアンナ・Oと呼ばれるヒステリー患者を催眠浄化法により心的外傷体験を想起すると症状が改善することを認めた。フロイトはこの追試の過程で自由連想法による精神分析療法を確立した。

➡ **固着**
精神分析のキー概念。発達段階のある時期に固定して，部分的に発達が停止する。

➡ **イド**
心の役割のひとつ。本能エネルギー（攻撃性，性愛性等）を貯えている。

➡ **超自我**
心の役割のひとつで，イドと対立し，抑制的に働く。

➡ **自我**
心の役割のひとつで，イドと超自我を統合する。また，意識される心の装置も自我といってよい。

→ フェダーン
(Federn, P.: 1871-1950)

フロイトに師事した先駆者の一人。1932～33年，古澤平作のスーパーバイザー。1938年にアメリカ亡命してニューヨークで活躍し，このときに自我心理学の体系を完成させた。

→ クライン (Klein, M.: 1882-1960)

ウィーン生まれのユダヤ人。19歳で結婚し，ハンガリーのブダペストへ移住する。そこで抑うつ状態となりフェレンツィ (Ferenczi, S.) に治療を受けた。この治療が後に教育分析となった。さらにアブラハム (Abraham, K.) に教育分析を受け，そこで幼少期の研究を勧められた。このことがきっかけで彼女は，小児期早期の心的世界を研究し，早期発達論を完成させた。1926年ロンドンに移住。以後ロンドンで活躍した。

→ 対象関係論

精神分析理論のひとつ。心の中で自己と対象（相手）の関係を中心に置く理論で，クラインにより発展した。

→ 自己愛

自分自身を愛情の対象とすること。フロイトは病的な（未熟な性本能）としたが，現在では健康な自己愛を認めている。

→ 自己心理学

コフートは，心の中心の欲求を「自己愛」とした。この自己愛を中心においた理論を自己心理学という。

仮定し，イドの本能エネルギーをリビドーと名づけた。このような理論的枠組みによって神経症のみならず，正常者の心理や行動まで説明できるとして，メタ心理学と呼んだ。一方，無意識を中心としたフロイトの理論から，より意識された，あるいは社会適応と防衛を中心に考える自我心理学が，アンナ・フロイト（Freud, A.）や**フェダーン**らによって発展した。また，**クライン**らを中心とした**対象関係論**学派は，精神内界の自己と対象の関係を中心に据え，これらの相互関係が個人の行動を規制していると考えた。アメリカのシカゴで**コフート**は，自我心理学の枠組みの中での**自己愛**の病理から離れ，自己対象転移という概念をとおして自己構造をみていくという**自己心理学**を確立した。

　以上のように，フロイトから自我心理学，対象関係論，そして自己心理学へと発展してきたが，現代の理論としては，これらの理論全体を網羅するような，パイン（Pine, F.）の「欲動，自我，対象，自己」やギャバード（Gabbard, G. O.）の「精神力動的精神医学」等がある。

□ 日本における発展

　日本においては，古澤平作が精神分析訓練のために1932年から1933年にかけてウィーン精神分析研究所に留学した。そこでステルバ（Sterba, R.）の教育分析，フェダーンからスーパービジョンを受けている。そして阿闍世コンプレックスの理論を唱えた［コラム25参照］。1934年から1968年まで東京で精神分析医として開業し，1955年日本精神分析学会を創設し1957年まで会長を務めた。土井健郎，西園昌久，前田重治，武田専，小此木啓吾等の弟子を育成し，現在の精神分析の基礎を築いた。この中の土井健郎は『甘えの構造』を著し，日本的心性である「甘える」という心を精緻に理論化した。現在，自己心理学がアメリカにおいて認められ，「甘え」理論が再評価されている。

→ コフート (Kohut, H.: 1913-1981)

ウィーン生まれのユダヤ人。1938年ウィーン大学医学部卒。学生時代より精神分析を志しアイヒホルン（Aichhorn, A.）に教育分析を受ける。1940年，アメリカのシカゴに亡命。シカゴ精神分析研究所で教育分析を受け，その後，同研究所のスタッフとなる。彼は自己愛を中心とした自己・自己対象関係の理論を確立し，これを「自己心理学」と呼んだ。

コラム24　エディプス・コンプレックス

　重要なキー概念であるエディプス・コンプレックスは，ギリシャ悲劇の中に「エディプス王」の物語に由来する。ギリシャの都市国家テーバイの王ライオスとその妃イオカステは男の子を出産する。しかし預言者テイレスアスは「ライオス王が子孫なしにこの世を去るとしたアポロンの神託に反して生まれた息子エディプスは父親を殺し，母親と結婚するであろう」と予言する。これを聞いたライオス王は子どもを山中に捨てる。エディプスはコリントの羊飼いに命を助けられ，子どもをなくしたばかりのコリントのポリバス王と妃メローペに預けられる。コリントでエディプスは成人し，旅に出るが，街道の交差地点で見知らぬ旅人と揉めごととなり身を守るためにその者を殺してしまう。放浪を続けるエディプスはテーバイにたどり着き，怪獣スフィンクスによって封鎖されている町を救う。人々は彼を歓迎し，独身となっている妃イオカステと結婚することになる。そして結婚から20年が経ち，テーバイにペストが蔓延する。エデ

ィプスが神の神託を求めると「遠い過去にライオス王殺害の災いが原因である」という。エディプスは自分のこととは知らずに預言者テイレスアスにライオス王を殺した犯人を訪ねると「それはあなたです」と告げられる。妃イオカステは恐るべき事実に戦慄し首吊り自殺をしてしまう。エディプスは，自分が街通で殺した旅人がライオス王（父親）であることを悟り，自らの目を潰し盲目となり，ただひとり，娘のアンティゴネンに付き添われ長い放浪の末にアテネ郊外の静かな森に安住の地を見出す。女神エウメニスの慈悲の声を聞きつつ死者の国へ去る。

　以上がエディプスの物語であるが，フロイトは子どもが示す不安の背景に，この物語にある近親姦願望と父親による近親姦の禁止，すなわち去勢の脅しを読み取っている。そしてこれが神経症的不安の根源と考えた。以上のことから，父親を避け，母親に接近しようという心の働きを，エディプス・コンプレックスと呼ぶ。

コラム25　阿闍世コンプレックス理論

　古澤平作（こさわへいさく）（1897-1968）は神奈川県厚木に生まれ，東北大学医学部を卒業。彼が唱えた「阿闍世コンプレックス理論」とは，インドの仏典に登場する王子「阿闍世」の物語である。阿闍世の母は歳をとって夫の愛が失われることを恐れ王子が欲しいと懇願する。その子が阿闍世である。ところが母の不安から阿闍世を殺そうとする。このことを阿闍世は後に知り母を殺そうとする

が，罪悪感のために病気となり，それを看病したのが母親である。しかし，阿闍世は一向によくならない。そのためお釈迦様に救いを求め，自らの葛藤を洞察して看病すると，今度は阿闍世の病が癒え，世に名君とうたわれる王となった，という。この物語から古澤は母親殺しと未生怨のテーマを読み取った。

③ 遊戯療法

□ 遊戯療法の理論

① 遊戯療法とは

　遊戯療法 (play therapy) とは，遊ぶということをとおして行われる心理療法である。言語を媒介とせずに行うことができるという特長から，主として子どもを対象に行われ，臨床現場で広く用いられている。

　遊ぶことがなぜ心理療法になるのか。ひとつには，子どもを相手にした場合には，ことばで話すよりも遊びをとおしてのほうが，お互いの信頼関係を築きやすいという点がある。ふたつには，遊びが持つイメージ性の豊かさにある。日常生活においても現実から少し離れて，現実では表現できないことを遊びの中で展開させることがある。たとえば「両親の死に対する悲しみ」など，明確には意識していない，意識しづらい事柄を遊びの中ではイメージとして扱うことできる。そして，遊ぶことである種のカタルシスを得ることができ，精神的に安定するという面もあるだろう。また，定められた枠の中ではあるが，自由な表現が保障されているという点において，自分が認められているという安心感を与えることもできる。さらに，ごっこ遊びに代表されるように，日常生活などにおけるさまざまな役割が投影されやすいという利点もある。

　遊びは子どもにとっては本質的なものであり，自己表現の手段として最適なものであるといえよう。

② 遊戯療法の共通基盤

　遊戯療法は，フロイト (Freud, S.) の精神分析にはじまりアンナ・フロイト (Freud, A.) やクライン (Klein, M.) に引き継がれていく精神分析的流れ，およびロジャース (Rogers, C. R.) のクライエント中心的な考え方をもとにアクスライン (Axline, V. M.) が発展させていった子ども中心療法的な流れなど，さまざまな理論的立場がある。とはいえ，アクスラインの「8つの基本原理」は流派を超えて，遊戯療法において守られている基本的な原理であるといえる（表11-2）。

□ 援助技法としての遊戯療法

　遊戯療法においてもっとも気をつけなくてはならないことは，遊戯療法の場はただ遊ぶだけの場ではないということである。遊戯療法は，

表11-2　アクスラインの8つの基本原理

①ラポール（rapport）の形成	ラポールとはセラピストと子どもとの間の親密な信頼関係のことを指し，ラポールが形成されることで子どもが不安や緊張を感じることなく，自分を表現できるようになる。
②あるがままの受容	子どもの状態や表現を評価することなく，あるがままに受けいれる。
③許容的な雰囲気	子どもがここでは自由に自分の気持ちを表現しても大丈夫だと感じられるようなおおらかな雰囲気を作るようにする。
④感情の察知と反射	子どもの感情を敏感に察知し，察知した感情を適切な形で子どもに伝える。そのことにより子どもの洞察を促す。
⑤主体性の尊重	子どもの問題解決能力を信頼し，尊重する。
⑥非指示的姿勢	子どもに遊びの主導権を持たせ，こちらがあれこれと指示することはしない。
⑦長いプロセスの認識	治療を進展させることを急がない。
⑧設けられた制限	治療者への身体的攻撃，備品の破壊，社会的に許されない行動など，必要な制限を設ける。子どもとセラピストを守ることにつながる。

出所：アクスライン，V.M.／小林治夫訳（1972）『遊戯療法』岩崎学術出版社，95-96.

セラピストとの安定した援助的関係性や自分に与えられた時間や空間という枠組みの中で行われるものであり，このような非日常的な援助的空間の中で自由に自己表現を行うことで自己の成長力を促すものである。つまり，セラピストはそのような関係性と空間を保証しながら，常に相手を理解しようと努めることが必要である。

　また，遊戯療法が展開していく中で，面談の時間を延長しようとしたり，セラピストに対して攻撃的な対応をとるなどの，制限やぶりの問題が出てくる。セラピストはその行動の意味を考えるとともに，拒否的な態度ではなく，ルールを守るようにうながす必要がある。制限は，セラピストと子どもとの関係の境界を明確にし，子ども自身の自我の統制を強めることにつながる。また，制限によりセラピスト自身が余裕をもって子どもに対応することができる。子ども自身も暴力により相手を傷つけてしまったなどの罪悪感を持たずにすむ。制限は単なる禁止や罰ではない。セラピストは子どもが攻撃的感情を表現するための，代理的な無害な手段を用意し，カタルシスを得るための安全な方法を準備することが重要となる。

④ 行動療法

➡行動療法
....
行動理論を臨床的に応用した心理療法をさす。不適応や心の問題を行動の問題ととらえたうえで、問題行動を引き起こし、維持している環境からの働きかけを調整することで不適応を改善しようとする。

行動療法の理論

　行動療法とは、行動理論の臨床的応用を基礎として発展してきた各種の心理療法の総称である。行動理論とは、人間の行動が形成され変化するしくみを主として「条件づけによる学習」（本書第3章）の枠組みから解明するとともに、その枠組みを応用して望ましい行動を増加させ、望ましくない行動を減少させることで、人の適応を支援していこうとする理論的立場のことをいう。そして、行動理論から人間を理解しようとする心理学を、行動主義の心理学という。

　行動理論や行動主義の心理学は、人の行動の原因を他の心理学のように心や心的機能、意識・無意識などの働きから理解しようとするよりも、その人を取り巻く環境からどのような働きかけがあり、そこでその人がどのような経験をしているかから理解しようとする。行動療法も同様であり、一般の心理療法のように心や意識・無意識への働きかけによって問題を解決するのではなく、その人が抱える問題を生み出し、維持している環境や状況の要因を変化させることを通じて問題を解決することに重きを置くことが特徴である。

　行動療法のもうひとつの特徴は、人の抱える問題や不適応を「行動」という枠組みから分析的にとらえることである。乱暴な子どもがいるとき、私たちはふつうその子どもに「乱暴者」とか「攻撃性が高い」といったラベルを貼ったうえで、「攻撃性」の原因やそれへの対処を考えていく。しかし行動療法ではそうしたラベルを貼るのではなく、その子どもがいつどこで、誰に、どのような攻撃行動をとるのかを考え、その場面・状況で攻撃行動を生み出し維持している環境要因を変化させることで、攻撃行動を減少させようとする。行動療法が解決しようとするのは「心の問題」ではなく、具体的な問題行動なのである。

援助技法としての行動療法

　このように行動療法は、その人の適応や幸福を阻害するような問題行動を、行動理論に基づいて改善することで、適応を支援しようとする。行動療法の基本的な技法は、対象となる行動の性質によって大きくふたつに分かれる。

　特定の対象に対して持つ感情や不安，恐怖などはレスポンデント条件づけを通じて学習される。そこで，恐怖症など感情にかかわる問題行動に対してはレスポンデント条件づけを応用した行動療法が行われる。恐怖症の系統的脱感作療法では，恐怖症を「特定の対象に対して誤って条件づけられ，消去せずに維持されている恐怖感情」という行動ととらえたうえで，その対象に対して恐怖感情と両立しないリラックスの感情を条件づけていくこと（抗条件づけ）を通じて恐怖感情を和らげていく。PTSD やパニック障害などの不安障害の改善にも系統的脱感作の手法が応用できる。また，恐怖対象にやや強制的に接近させて，それに近づいても深刻な事態が起きない経験を繰り返すことを通じて恐怖を軽減していこうとする曝露療法（エクスポージャー）もレスポンデント条件づけに基づく行動療法のひとつである。

　自傷行動や他者への攻撃など自発的な問題行動はオペラント条件づけを通じて学習され，維持されていると考えられるので，オペラント条件づけを応用した行動療法（オペラント療法）が用いられる。オペラント療法では問題行動を強化している環境要因の発見と除去によって問題行動を消去する，問題行動と両立しない適応的な行動を条件づける，問題行動に適切な罰を与えるなどの方法で問題行動を減少させようとする。アルコール依存や喫煙などの嗜好障害の改善にもオペラント療法の考え方が応用されることがある。

☐ 応用行動分析（ABA）

　オペラント条件づけの理論を確立したスキナー（Skinner, B. F.）は，その理論を基礎とした行動の科学を行動分析（Behavior Analysis）と名づけるとともに，行動分析の実験的・基礎的な研究を実験行動分析，そこから得られた理論の社会や臨床への応用を応用行動分析（Applied Behavior Analysis：ABA）と呼んだ。応用行動分析ではオペラント条件づけの原理を教育・医療・福祉から経営や人事管理に及ぶ多様な領域での実践に活用している。

　応用行動分析がもっとも大きな成果を上げているのは特別支援教育の領域である。自閉症や注意欠陥多動性障害（ADHD），学習障害などの発達障害を持つ子どもの問題行動を引き起こしている環境の特性（強化随伴性）を分析し，変化させることを通じて問題行動を減少させるとともに，社会生活や学校生活に必要な行動を形成していくことで，日常生活への適応を支援している。応用行動分析の影響を受けた発達障害児の療育システムとして普及しているものに TEACCH プログラムがある（本書第7章第1節）。

□ 認知行動療法（CBT）

　問題行動が生じる原因としては周囲の環境や状況そのものの影響もあるが，自分を取り巻く環境の認知のしかたや解釈のしかたに偏りがあることが，環境への不適応や問題行動を生み出していることもある。これまで述べた行動療法のように問題行動に直接アプローチするのではなく，不適応や問題行動につながるような個人の認知の特性に注目して，それを修正・改善していくことから問題行動にアプローチしようとするのが認知行動療法（Cognitive Behavior Therapy：CBT）であり，最近広く普及している。

　こうした不適応や問題行動につながるような認知の特性としては，マイナス思考，自尊心や自己評価の低さ，すべてに白黒つけたがる二分法思考，出来事を自分に関係づけて考えやすい傾向などがあり，こうした特性は不適応や問題行動だけでなく，うつ病や不安障害などの精神疾患とも関係している。

　認知行動療法の方法は対象や目的によってさまざまだが，多くの場合はまず面接・カウンセリングや質問紙法のチェックリストなどを用いてクライアントの認知にある特徴や偏りを発見し，それを行動療法的な手続きで修正していくことが多い。どのような方法をとるにしても，認知行動療法ではセラピストが一方的にクライアントの認知を修正するのではなく，クライアント自身が自分の認知の特性に気づき，それを自らの意思で修正していく過程が重視される。

　最近ではマインドフルネス認知療法，アクセプタンス・アンド・コミットメントセラピー（ACT）など第3世代認知行動療法とよばれる療法が発展するとともに，認知行動療法の効果が生じる心理学的な仕組みについての基礎的な研究も大きく進歩しつつある。

⑤ 家族療法

☐ 家族療法とは

　家族療法（family therapy）は，問題を抱えた利用者個人だけに焦点をあてるのではなく，その利用者個人を取り巻く家族をも対象とした，心理療法（psycho therapy）・カウンセリング（counseling）の総称である。家族療法は，家族に対するさまざまな心理・社会的支援の効果に関する研究成果の蓄積を基礎として理論構築し，その理論をもとにした多種の技法を駆使して，実践的支援活動を行うものであるが，その大きな柱のひとつに，一般システム理論（general systems theory）に基づいた**システムズ・アプローチ**➡（systems approach）と呼ばれる家族療法がある。

☐ システムズ・アプローチによる家族療法

　家族療法では，家族を個々の成員（例：父・母・子どもなど）がひとつのまとまりを持ったシステムとみなし，それを家族システムと呼び，支援の対象とする。家族集団には，家族内のコミュニケーションや交流があり，互いに影響を与え合う。特定の家族成員に起こっている問題（例：長男の不登校）は，その他の成員（例：父・母・兄弟姉妹）を含めた家族全体の課題であるととらえる。したがって，ある問題を抱えた家族成員（例：長男）を，それまでのクライエント（client：来談者）という呼び方ではなく，家族全体（例：長男および父・母・兄弟姉妹）の課題を代表して体現している人という意味で，IP（Identified Patient：患者として家族にみなされている人）と呼ぶ。

　家族の中で問題を体現する人，つまりIPが出てくるということは，今までの家族内のコミュニケーションや交流により形成された家族システムの構造（しくみ）では，今後，それが適切に機能（はたらき）しなくなる可能性があるという警告サインなのである。そこで，家族の中で適切に機能しなくなった家族システムの変容をうながすため，対人援助者は，システムズ・アプローチによる家族療法を用いて，家族システムの中に一時的に参加し，家族自体が新たな関係性やパターンの構造を創出し，家族システムを肯定的変容に向かわせるように援助するのである。なお，システムズ・アプローチによる家族療法の代表的な技法として**リフレーミング**➡（reframing）がある。

➡ **システムズ・アプローチ**

システム論の視点より家族を把握し，介入・援助を行う家族療法の理論・技法・実践の総称である。システムとは，互いに影響しあう要素の複合体であるが，家族療法においては，家族システムを構成する個々の家族成員をサブシステムとしてとらえ，その構造（しくみ）と，相互作用における役割，機能（働き）についての検討を行い，家族システムに肯定的変容が生じるように介入・援助を行うのである。

➡ **リフレーミング**

ある枠組み（frame：フレーム）でとらえられている物事の枠組みはずして，違う枠組みでみることをさす。同じ物事でも，人によって見方や感じ方が異なり，ある角度からみたら長所になり，また短所にもなる。たとえば，「夫婦喧嘩」を悲観的にみれば文字どおり，「仲が悪く，離婚の危機」ととらえるかもしれないが，楽観的に考えた場合は「夫婦喧嘩は仲のよい証拠。相手に関心があるから腹が立つ」と思うであろう。

⑥ 心理劇

→ モレノ（Moreno, J. L.：1889-1974）
ルーマニア生まれのユダヤ人。集団心理療法，心理劇，ソシオメトリー，エンカウンターグループの活動などに貢献。1932年にアメリカ精神医学会において心理劇を発表したほか，「集団心理療法」という用語をはじめて紹介したり，ソシオメトリーを発想するなど多大な活躍をしている。1936年には心理劇の実践と研修を目的としたモレノ・サナトリウムを設立。

☐ 心理劇の理論

心理劇（psychodrama）は，モレノによって創始された集団療法のひとつである。心理劇では，ある課題について，その場で参加者がそれぞれ即興的に役割を演じ，協同して解決していくという即興劇の形をとる。

役割を演じることは特別なことではなく，私たちは社会生活の中でさまざまな役割を持っている。モレノは心理劇の中でさまざまな役割を自発的に演じることをロールプレイ（役割演技）と呼び，特に自発性を重視した。それは単に役割をとるという役割取得にとどまらず，自発的に演じ，さらに新しい役割を創造するということを意味している。このような創造的な自発性が生じることで，これまでに経験したような場面や新規場面においても，適応的な行動をとることができるようになる。

☐ 心理劇の基本

心理劇には3つの段階がある。第一の段階はウォーミングアップの段階である。自己表現がしやすいように，集団全体としてエネルギーを活性化していく必要がある。大まかには，身体活動を主とする非言語的ウォーミングアップと言語的ウォーミングアップとに分かれる。第二の段階は実演（enactment）である。実演の目的は，ひとつは解決の手がかりを得ることであり，ふたつには参加者全員の緊張を解放し，カタルシスを得ることである。第三段階は終結の段階であり，シェアリングを行う。シェアリングとは，観客からのフィードバックなどをとおして，参加者全員が主役の感情や課題を分かちあうことである。これによって，参加者それぞれに新たな気づきが生まれる。

心理劇をはじめるには，次の5つの構成要素が必要とされている。

① 監督：治療者が行う場合が多い。主役に必要な状況の設定などを行う

② 補助自我：監督の補助の役割を担いながら，主役の自我を補う。すなわち，主役が表現しにくい感情を，表現できるよう支援する

③ 演者：主役と共演者とがいる。うまく演じることではなく，自分なりに演じることが大事である

④　観客：演者の行う劇を見ることで，演者に共感をする。観客が
いることで，演者は自分を客観的に見ることができる場合がある
⑤　舞台：劇を行う場所。舞台が区切ってあることで，観客から演
者への役割の切り替えがスムーズにいく

❑ 援助技法としての心理劇

①　心理劇における技法

(1)二重自我法（ダブリング）：主に補助自我が主役の斜め後ろに位
置し，主役と同じジェスチャーをとりながら，主役の分身として援助
する方法。主役のことばや行為にならない感情を読み取って表現する。

(2)役割交換法：ふたりの演者がやりとりを行い，その後お互いの
役割を交換する方法。これは相手の役割を理解すると同時に，客観的
な立場から自分の役割を理解し，二者の関係性を理解するのに役立つ。

(3)鏡映法：演者が自分自身を演じられないときに，補助自我がか
わりに演じてみせること。

②　心理劇の応用領域

ロールプレイということばはさまざまな領域で用いられている。た
とえば学校・教育場面においていじめなどを題材に用いられたり，少
年院などの矯正施設において対人関係のつくり直し等を目的として用
いられたりする。精神病院や福祉施設などにおいては，社会生活面の
改善等を目的として，SST（Social Skill Training：社会生活技能訓練）
とともに用いられることが多い。

また，対人援助の専門家が，実際の相談場面の模擬場面を設定して，
他者理解や自己理解のための研修として行うこともある。

7 SST（社会生活技能訓練）

❏ SST の理論

① SST とは何か

SST（ソーシャル・スキル・トレーニング：社会生活技能訓練）は，認知行動療法のひとつとして位置づけられている。技法としては，社会学習理論や行動理論が組み合わされたものである。

人間は，暮らしていく中で，「言いたいことをうまく伝えられない」といった他者との関係の問題や，「電車に乗りたいけど切符の買い方がわからない」といった社会生活上の問題を抱えることがある。SSTの目的は，以下の2点にまとめることができる。[32]

(1)対人行動の選択肢を増やし，適切に選択できること

(2)特定の状況下で適切な行動を選択できること

SST を利用してこれらを学習することで，生活の質（QOL）の向上を目指すのである。

② SST の対象

SST は，1970年代には精神医学の領域を中心として展開された。そのため，統合失調症やうつ病などの患者を対象とすることが多かった。その後，さまざまな臨床分野で利用されるようになり，医療現場・教育現場・刑務所・児童福祉施設などで，大人と子どもの区別なく行われている。特に，近年では，自閉スペクトラム症（ASD）や注意欠如・多動症（ADHD）といった発達障害児の社会生活技能を伸ばすためにSST を利用することに注目が集まっており，特別支援教育の中での使用が広がっている。

❏ 援助技法としての SST

実施方法は対象・場所・実施する援助者によってさまざまである。SST の中心となるのは，ある役割になりきって演じる**ロールプレイ**➡である。メンバーは設定された課題に沿って役割を演じる。その内容について，メンバー全体で話し合いを行うといった方法が典型的である。なお，ロールプレイをともなわず，不適切な行動を描いた絵カードを見て考えるもの，文章で表現されたワークブックを通して適切な行動を学習する SST もある。

➡**ロールプレイ**
ロールプレイは，SST だけではなく，前節で紹介した心理劇においても使用される。役割を演じるという点は同じであるが，目的は大きく異なっている。心理劇では，自分以外の他者の役割を演じることもあり，即興性が重視され，カタルシスが目的とされる。それに対して，SST では，自分の役割を演じることが基本であり，適切な演じ方が重視され，社会生活技能の獲得を目的とする。

図11-3　事前・事後を含んだSST実施の流れ

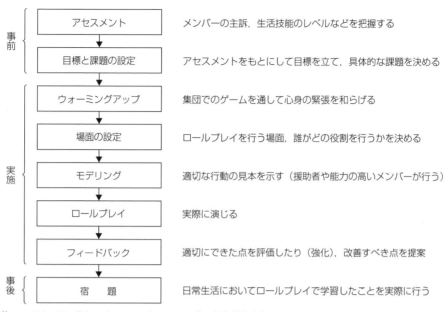

注：モデリングに関しては，フィードバックの後に行う場合もある。
出所：筆者作成．

① SSTの構造

個別に行われる場合もあるが，基本的には集団で行われる（多くても15人程度）。集団で行われる意義は，自分が演じたロールプレイについて，メンバーからさまざまな意見をもらえる点，他のメンバーのロールプレイを見る中で適切な行動を学習できる点である。グループを動かすのは，援助者であるリーダーであり，その他にも複数の援助者が入ることが多い。

② 実際の流れ

図11-3には，SST実施の流れを事前・事後を含めて示した。事前に，個別面接などを通してメンバーの主訴や生活技能レベルを把握することが重要である。生活技能レベルについては，Vineland-Ⅱ適応行動尺度[33]のように一般的な生活能力を測定する尺度もあり，SSTに特化した尺度も複数開発されている[34]。目標は，アセスメントにしたがって，メンバーごとに立案する。目標を立てることによって，メンバー自身が自分の課題を意識することにつながり，グループへの参加の動機づけにもつながる。実施場面の中心は，ロールプレイである。ロールプレイで演じた後に，フィードバックによってメンバーは自分の演じたことにさまざまな気づきを得る。そして，事後には宿題として，学習したことを実際の社会生活の中で実施する。特に，事後はSSTの場で行ったことを生活全体に般化する上で重要である。このような

一連の流れを繰り返すことで，社会生活技能の獲得を目指すのがSSTである。

⑧ 集団療法

☐ 集団療法の理論

① 集団療法の歴史的背景

　集団療法は，1905年にボストンの内科医であるプラット（Pratt, J. H.）の結核患者学級にはじまる。プラットは，結核患者の教育と指導を目的として「結核患者学級」というグループをつくり，情緒的な問題の重要性に関する講義や，集団討論，お互いの体験の分かち合いなど話す機会を週1回の割合で定期的に持っていった。結核患者学級は，もともと複数の患者を同時に治療することによって，治療時間を短縮することが目的であったが，集団で行った効果は高く，結核患者によく見られた孤立と抑うつから患者を救う大きな役割を果たした。これはプラットの指導だけではなく，同じ境遇にある患者が定期的に集まることによって強い連帯感が生まれ，患者同士の励ましによる参加者同士の情緒的な相互作用が治療的効果を生んだためと考えられる。

　その後集団療法は，さまざまな理論的背景を持つ治療法として発展していくことになったが，アメリカでは先に紹介されたモレノ（Moreno, J. L.）の心理劇や精神分析的集団療法を発展させたスラブソン（Slavson, S. R.）などが集団療法の発展に貢献していくことになる。またイギリスでは，ビオン（Bion, R. W.）が第二次世界大戦後に大きな問題となった戦争神経症の患者の治療に集団療法を行い，大きな成果を上げていった。さらにフークス（Foulkes, S. H.）は，これまでの集団療法におけるさまざまな考え方を統合し，現在の集団療法の流れの主流となった。

　現在では，先に述べた精神分析的集団療法や心理劇の他に，ビル（Bill, V.）によってアルコール依存症を対象にはじまった「自助グループ」，教育や心理的成長のためにはじまったTグループや感受性訓練などを含む「成長グループ」，ロジャース（Rogers, C. R.）らによってカウンセラー養成のために行われた「エンカウンターグループ」などがある。

② 個人療法と集団療法

　心理療法には，セラピストとクライエントが1対1で向き合う「個人

療法」と，グループで行う「集団療法」がある。ここでいう集団療法とは，集団で行う治療活動全般をさしており，それぞれの基盤となる理論的背景の違いによって集団心理療法，グループセラピー，グループカウンセリングなどとも呼ばれることもある。集団療法の背景にある理論は，個人療法の理論と同様であり，対象が個人となるか，集団となるかの違いによるものである。したがって集団療法には人格の変容や行動の変容を目的としたものや，人間関係の改善や生活の質の向上をめざしたものまでさまざまなものがあり，その理論的背景の違いによって，目的も，具体的な治療技法も，そのゴールも違ってくる。

　個人療法では，クライエントとセラピストの間で，主に言語をとおしてやりとりが行われ，クライエントの悩みや解決すべき課題，進むべき方向性，課題解決への方法などについて，ふたりの間で治療が展開していく。一方集団療法では，セラピストとクライエントの関係だけではなく，そこに複数のクライエント同士の相互作用が加わり，治療的な効果が生まれることになる。つまり集団は個人に影響を与え，その個人も集団に影響を与えていくことになる。

　今日行われている集団療法の理論には，精神分析的な力動論や，認知行動論，対人関係論，人間学的理論など代表的な心理学理論を背景にしたものと，それらの理論を統合したものなどがある。個人療法では，これらの理論を基盤として独自の治療技法が展開されるが，集団療法では，どのような立場であっても集団理論を共有しているため，共通した基本的な枠組みが存在することになる。

　個人療法では，主にクライエント個人の抱える問題を扱うことが多いが，集団療法では集団における対人関係を扱っていくところに特徴がある。つまり集団療法では，個人の抱える問題が対人関係の病理にあると考え，個人の症状を取り扱うのではなく，小集団での対人病理の展開を扱うことによって問題の解決をはかろうと考えるのである。

☐ 援助技法としての集団療法

① 集団療法の実際

　集団療法を行う場合，メンバーの構成をどうするかという問題は非常に重要である。特に気をつけなければならないのは，まずグループという枠組みが先にあって，その中にメンバーを入れ込むということではなく，固有の問題を抱えたクライエントにとって，どのようなメンバー構成が最適なのかを考えていくという視点を持たなければならないということである。メンバー同士の集まりでグループが構成されるわけであるから，メンバーの組み合わせはある程度同質であること

は大切だが，逆に刺激性も持たなければならず，このバランスが重要である。先に述べたように，集団は個人に影響を与え，個人は集団に影響を与えることになるため，この影響がよい影響であることが大切であり，特定の個人が集団にとって脅威になるような場合には，このメンバーはそのグループに適さないことになる。このような場合には，その特定の個人に適したグループで集団療法を行うことになるが，実際にはグループにとって脅威になるような個人は，集団療法にはあまりなじまず，個人療法において治療効果が生まれてくる場合が多い。

　またその集団療法がどのような人を対象にして，どのような目標を持って行われるかによってグループの構成を考えていく必要もある。たとえば教育的な目標を持つ集団療法であれば，あまり個人のことがグループの中で問題になることはなく，セラピストの指導が中心に行われることになるため，グループは10人以上の中集団でもよい。しかし，より治療的で個人の人格や行動変容を目的とした集団療法となると，治療の過程で個人の問題が集団の中で浮き彫りになってくるため，7人，あるいはそれ以下の小集団で行う必要があるだろう。この場合には，セラピストが指導するというよりも，メンバー相互の関係性や，個人の課題などが集団療法の過程で表出されることになり，セラピストは特定の個人の問題に必要以上に入り込まないようにする工夫も必要になってくる。

　どのような場合であっても，集団療法ではメンバーを変更することなく定期的に開催することが必要である。このことによって個人の居場所と安心感が生まれることになる。

②　集団療法の効果

　集団療法の効果の要因については，ヤーロム（Yalom, I. D.）が**表11-3**に示すような11の基本的因子を挙げており，「いま，ここで」起こっている集団におけるメンバー間の交流をとおし，治療的な変化が生まれると考えられる。また集団療法はセラピストが複数のクライエントを援助するため，効率的であるという点と，クライエントの経済的負担を減らすことができるという利点がある。しかしこの点が強調されすぎると，集団療法は個人療法の補助的手段と短絡的に考えられてしまう可能性がある。多くのセラピストとクライエントたちは，1対1の個人療法を最良のものと思いやすく，集団療法を軽んじやすいが，集団療法は個人療法では扱いきれない問題を担うことができたり，ヤーロムがまとめているような集団療法だから生まれる効果があるという点を考えると，集団療法は，個人療法と対等な立場にある効果的な治療法といえるだろう。

表11-3　集団療法の効果（基本因子）

①希望の注入	集団療法に信頼を置くこと自体に効果があり，メンバーが高い期待を持ち，リーダー自身もその効果を信じている場合にうまれる希望。
②普遍性	自分だけの問題ではないとメンバーが気づくことによって得られる安心感。
③情報の伝達	グループ内での意見交換や情報のやりとりが生む効果。
④愛他主義	自分以外の他のメンバーの存在自体が役立ち，自分は他のメンバーのために役立つという体験。
⑤社会適応技術の発達	メンバーとの関係をとおして適応的な人間関係を学ぶ。
⑥模倣行動	他のメンバーの行動を観察することで，同じような振る舞いや自己表現法などを身につけることができる。
⑦カタルシス	集団療法の場では激しい感情表出も批判されず，その気持ちが受け入れられ，共有され，吟味される。そのことによって歪曲され固定化した感情反応の修正に役立つ。
⑧原初的家族関係の修正的反復	幼少時の家庭内の人間関係を再現し，そのときの問題が明らかになることによって，それを修正する機会となる。
⑨実存的因子	苦しみや死という避けられない問題を認識することで，厳しい現実と折り合いがつけられるようになる。
⑩グループの凝集性	集団から受け入れられることと集団がまとまることには深い関係があり，集団のまとまりをよくすることが集団療法を成功へ導く。
⑪対人学習	集団療法の場面が対人関係の持ち方に対する反省や練習，実行の機会となる。

出所：筆者作成.

注

(1) 高橋三保（2013）「心理療法」藤永保監修『最新心理学辞典』平凡社，399-400.
(2) 同前書.
(3) (1)と同じ.
(4) 大野裕（2018）「精神科治療学」尾崎紀夫ほか編『標準精神医学〔第7版〕』医学書院，141-180.
(5) 松浪克文（1998）「精神療法」松下正明・広瀬徹也編『TEXT精神医学』南山堂，170-187.
(6) 林潤一郎（2019）「動機づけ面接」下山晴彦ら編『公認心理師技法ガイド——臨床の場で役立つ実践のすべて』文光堂，363-367.
(7) 冨安玲子（2002）「カウンセリング学習におけるマイクロカウンセリングの意義——マイクロカウンセリングの学習過程を通して」『愛知淑徳大学論集文学部文学研究科篇』」第27号，61-71.
(8) 中村伸一（1999）「精神療法」中島義明ほか編『心理学辞典』有斐閣，495-496.
(9) 西園昌久（1993）「精神療法」加藤正明ほか編『新版精神医学辞典』弘文堂，469-470；大野裕（2018）「精神科治療学」尾崎紀夫・三村將・水野雅文・村井俊哉編『標準精神医学〔第7版〕』医学書院，141-180.
(10) (4)と同じ.
(11) 西園昌久（1993）「精神療法」加藤正明ほか編『新版精神医学辞典』弘文堂，469-470.
(12) 同前書.
(13) 同前書.
(14) 同前書.
(15) 同前書.

⑯　同前書.

⑰　同前書.

⑱　同前書.

⑲　同前書.

⑳　同前書.

㉑　(4)と同じ.

㉒　同前書.

㉓　同前書.

㉔　同前書.

㉕　同前書.

㉖　同前書.

㉗　アクスライン, V. M.／小林治夫訳（1972）『遊戯療法』岩崎学術出版社.

㉘　安村直己（1992）「家族療法」氏原寛・小川捷之・東山紘久・村瀬孝雄・山中康裕編『心理臨床大事典』培風館, 338-343.

㉙　村上健（1997）「一般システム論／システムズアプローチ」狩野力八郎監修『患者理解のための心理学用語』文化放送ブレーン, 88-89.

㉚　村上健（1997）「IP（アイ・ピー）」狩野力八郎監修『患者理解のための心理学用語』文化放送ブレーン, 88.

㉛　石川元（1992）「システム論的家族療法」氏原寛・小川捷之・東山紘久・村瀬孝雄・山中康裕編『心理臨床大事典』培風館, 343.

㉜　福島喜代子（2004）『ソーシャルワークにおける SST の方法』相川書房, 8-10.

㉝　Vineland-Ⅱ適応行動尺度は, アメリカで開発された日常生活上の適応行動を評価する尺度である。「コミュニケーション」「日常生活スキル」「社会性」「運動スキル」「不適応行動」といった5領域から構成されている。

㉞　生活技能レベルを測定する尺度は, メンバーが自己評価をする形式のもの, 援助者が評価するものなどがある。上野一彦・岡田智編著（2006）『実践ソーシャルスキルマニュアル』明治図書, を参考にするとよい。

◯参考文献

［第1節］

中村伸一（1999）「精神療法」中島義明ほか編『心理学辞典』有斐閣, 495-496.

西園昌久（1993）「精神療法」加藤正明ほか編『新版精神医学辞典』弘文堂, 469-470.

高橋三保（2013）「心理療法」藤永保監修『最新心理学辞典』平凡社, 399-400.

［第3節］

飽田典子（1999）『遊戯法──子どもの心理臨床入門』新曜社.

弘中正美（2003）「遊戯療法」田嶌誠一編『臨床心理面接技法2』誠信書房.

日本遊戯療法研究会（2000）『遊戯療法の研究』誠信書房.

［第6節］

台利夫（2003）『ロールプレイング』日本文化科学社.

■終　章■

心理的支援の課題と展望

本章では，心理の専門職と多職種協働による心理支援について概説する。社会福祉士・精神保健福祉士として実践を行う際に連携・協働する他職種は多いが，その一つである心理の専門職の職責・役割・専門性について理解することが本章の目的である。

① 心理の専門職

❑ 心理専門職の資格

ソーシャルワーカーの専門職として仕事をする人の大部分は，社会福祉士もしくは精神保健福祉士という国家資格を有しているはずである。これらの資格を取得するには，カリキュラムを修了後，国家試験に受験し合格することが必要である。

では心理の専門職はどうだろうか。心理の専門職に関しては，ようやく国家資格である公認心理師制度が開始され，2018年に最初の国家試験が行われたばかりである。他の職種の中には，公認心理師の職責や専門性，あるいは，そもそも名称そのものについても耳新しい人がいるかもしれない。もしかしたら，社会福祉の現場では，心理の専門職といえば，従来から活躍してきた臨床心理士の名称を思い浮かべる人も少なくないかもしれない。臨床心理士は，公益財団法人日本臨床心理士資格認定協会の資格試験に合格することで取得可能な資格である。資格は更新制であり，5年間に所定の条件を満たせなかったものは資格を更新することができない。臨床心理士は，国家資格である公認心理師とは異なり，民間資格ではあるが，後述するように資格取得には指定された大学院を修了して所定の条件を充足しなければならないなど，高度な専門性を有する資格である。

❑ 臨床心理士

臨床心理士（Certified Clinical Psychologist）は，臨床心理学にもとづく知識や技術を用いて，人間の“心”の問題にアプローチする“心の専門家”である。資格取得のためには先に述べたように，公益財団法人日本臨床心理士資格認定協会が実施する試験に合格し，認定を受けなければならない。同協会が設立され，臨床心理士の資格認定がスタートしたのは1988年である。資格を取得するためには，同協会の資格試験（筆記試験と口述面接試験）に合格しなければならず，そのための受験資格を得るためには所定の要件を満たす必要がある。主な受験資

図終-1　臨床心理士の専門業務

1. 臨床心理査定

・種々の心理テストや観察面接を通じて，個々人の独自性，個別性の固有な特徴や問題点の所在を明らかにし，心の問題で悩む人々をどのような方法で援助するのが望ましいか明らかにすること。

2. 臨床心理面接

・来談する人の特徴に応じて，さまざまな臨床心理学的技法を用いて，クライエントの心の支援を行うこと。

3. 臨床心理的地域援助

・専門的に特定の個人を対象とするだけでなく，地域住民や学校，職場に所属する人々（コミュニティ）の心の健康や地域住民の被害の支援活動を行うこと。

4. 調査・研究

・心の問題への援助を行っていくうえで，技術的な手法や知識を確実なものにするために，基礎となる臨床心理的調査や研究活動を行うこと。

出所：日本臨床心理士資格認定協会（http://fjcbcp.or.jp/rinshou/gyoumu/）.

格は以下である。指定された大学院を修了するなど，高度な教育が必要とされる。

- 指定大学院（1種・2種）を修了し，所定の条件を充足している者
- 臨床心理士養成に関する専門職大学院を修了した者
- 諸外国で指定大学院と同等以上の教育歴があり，修了後の日本国内における心理臨床経験2年以上を有する者
- 医師免許取得者で，取得後，心理臨床経験2年以上を有する者
  など

　同協会によると，2021年4月1日現在で38,397名の「臨床心理士」が認定され，教育，医療，保健，福祉，司法，産業などの領域で心の専門職として活躍している。特に，教育の領域では，1995年以降，文部科学省の実施する全国公立中学校や小学校に臨床心理士がスクールカウンセラーとして任用（派遣）されるなど，大いに活躍している。その他，医療や産業などの領域でも，臨床心理査定や臨床心理面接などの専門業務を行う専門職として活躍している。

　臨床心理士の専門業務は，臨床心理査定，臨床心理面接，臨床心理的地域援助，これらに関する調査・研究である（**図終-1**）。

　臨床心理士による「査定」（assessment）は，医師が行う「診断」（diagnosis）とは異なる側面がある。同協会によると，診断は，診断する人の立場から対象の特徴を評価するが，「査定」は査定（診断）される人の立場から，その人の特徴を評価する。そして，査定結果は，単にクライエントの心理状態を評価するだけでなく，どのような援助の

方法が必要かを判断するうえでも必要不可欠な情報となる。

　臨床心理面接は，本書の第11章で取り上げた心理療法の各技法を用いた援助を意味する。同協会は，臨床心理面接を，臨床心理士とクライエントとの人間関係が構築される過程で，「共感」「納得」「理解」「再生」といった心情が生まれる貴重な心的空間であると述べている。

　臨床心理的地域援助では，コミュニティーを援助する業務である。この業務にはコミュニティを構成する多くの人や団体が関与することがある。他の職種の連携・協働も必要となる。それゆえ，これらの業務では，個人のプライバシーを守りながらコミュニティに働きかけることが求められる。

　また，地域援助には，一般的な生活環境の健全な発展に資する心理的情報の提供や提言を行う活動も含まれる。調査・研究は，臨床心理査定，臨床心理面接，臨床心理的地域援助にかかわる調査・研究を行う活動をさす。この活動は，高度専門職業人として自らの専門資質の維持・発展に資する重要な自己研鑽の機会となる。特に，事例研究の体験学習は，臨床心理士に求められる大切な専門業務と直結するとされている。

☐ 公認心理師

　公認心理師（Professional Psychologist / Certified Public Psychologist）は，2017年9月に施行された公認心理師法を根拠とする日本初の心理職の国家資格である。公認心理師法の目的は，「公認心理師の資格を定めて，その業務の適正を図り，もって国民の心の健康の保持増進に寄与すること」（第1条）である。

　公認心理師になるには，公認心理師資格に合格して公認心理師となる資格を取得した者が，公認心理師登録簿に所定の事項の登録を受けなければならない。公認心理士法第7条（受験資格）によると，試験を受けられるのは，①大学で心理学その他の公認心理師となるために必要な科目として定めるものを修めて卒業し，かつ，大学院で所定の科目を修めてその課程を修了した者その他その者に準ずるものとして文部科学省令・厚生労働省令で定める者。あるいは，②大学で心理学その他の公認心理師となるために必要な科目として定めるものを修めて卒業した者その他その者に準ずるものとして省令で定める者で，所定の施設で所定の業務を所定の期間以上従事した者。あるいは，③文部科学大臣及び厚生労働大臣が，これらに掲げる者と同等以上の知識及び技能を有すると認定した者のいずれかとされている。なお，経過措置期間は，受験資格の特例がある。

図 終 - 2　公認心理師の行為

1.　心理アセスメント
・心理に関する支援を要する者の心理状態を観察し，その結果を分析すること

2.　要心理支援者への援助
・心理に関する支援を要する者に対し，その心理に関する相談に応じ，助言，指導その他の援助を行うこと

3.　関係者への援助
・心理に関する支援を要する者の関係者に対し，その相談に応じ，助言，指導その他の援助を行うこと

4.　心の健康に関する教育・情報提供
・心の健康に関する知識の普及を図るための教育及び情報の提供を行うこと

出所：公認心理師法（https://hourei.net/law/427AC0000000068）.

　公認心理師は，名称独占の資格であり，資格を持つ者だけが，公認心理師の名称を用いて，保健医療，福祉，教育，司法・犯罪，産業・労働などの諸領域において，さまざまな関係者と連携しながら，専門的な行為を行うことができる。その行為は，心理に関する支援を必要とする人（以下，要心理支援者）の心理状態の観察とその結果の分析（心理アセスメント），要心理支援者への援助，要心理支援者の関係者への援助，心の健康に関する教育・情報提供の４つである（図終 - 2）

　心理アセスメントは臨床心理士の臨床心理査定，要心理支援者ならびに関係者への援助は，臨床心理士の臨床心理面接と臨床心理地域援助に，それぞれ対応する業務とみなすことができる。臨床心理士の調査・研究は公認心理師法第２条で定める公認心理師の行為には明記されていないが，同法第43条（資質向上の責務）にあるように，公認心理師は，国民の心の健康を取り巻く環境の変化による業務の内容の変化に適応するため，第２条に掲げる行為に関する知識及び技能の向上に努めなければならず，勉強の機会（例，職場内外で開催される勉強会や研修会への参加）を得ることはもちろんだが，最新の学問的知見を得るための学会参加や研究発表の機会を得ることも，資質向上には不可欠であり，臨床における実践活動と研究活動を車の両輪ととらえて自己研鑽に邁進する必要がある。

② 多職種協働による心理的支援

　臨床心理士や公認心理師といった心理の専門職と，社会福祉士・精神保健福祉士に代表されるソーシャルワークの専門職とは，互いに連携・協力しながら，要心理支援者ならびにその関係者を援助することが必要である。臨床心理士においても他職種との連携・協働，チームアプローチの重要性は叫ばれてきたが，公認心理師法では他の分野の専門職との連携の重要性がより強調された。

　この点について，公認心理師法第42条（連携等）には，①「公認心理師は，その業務を行うに当たっては，その担当する者に対し，保健医療，福祉，教育等が密接な連携の下で総合的かつ適切に提供されるよう，これらを提供する者その他の関係者等との連携を保たなければならない」，②「公認心理師は，その業務を行うに当たって心理に関する支援を要する者に当該支援に係る主治の医師があるときは，その指示を受けなければならない」と記載されている。

　他職種との連携，多職種協働，チームアプローチの重要性が浸透した医療では，医師を中心に，看護，介護，リハビリ，栄養・調理，ソーシャルワーカー，事務（クラーク）にかかわる専門職が協力して日々の診療に当たっている。特に，精神科や小児科などでは心理の専門職が心理アセスメントや心理面の援助に従事しながら，他職種と協力して患者の治療や支援にかかわる業務に従事している。子どもへの援助では，スクールカウンセラーや教育相談期間の心理相談員として，スクールソーシャルワーカーと協働で，虐待，貧困，いじめ，発達障害，異文化などの問題に取り組んだり，児童養護施設の心理判定員などとして子どもたちの支援に社会福祉の専門職と共に業務を行ったりしている。高齢者への援助では，認知機能のアセスメント，回想法や認知活性化療法などの心理療法的アプローチ，家族に対する心理教育やカウンセリングなどで，心理職の専門性を生かしながら，他の職種とともに高齢者の QOL の維持・向上に取り組んでいる。

　国家資格である公認心理師は，医療・保健，教育，福祉，産業・労働，司法・犯罪など，複数の領域にまたがる汎用資格であり，資格取得のためには，大学・大学院において心理学関係の科目はもちろんだが，福祉，障害児（者），関係法規，人体構造と機能及び疾病など，社会福祉士・精神保健福祉士カリキュラムと同様に，多彩な領域の科目

を修めることが求められている。これまで，心理の専門職の中には，「自分は子どもが専門なので高齢者のことはわからない」とか，「自分は精神分析しか学んでいないのでそれ以外の心理療法の技法は使いたくない」とか，「パーソナリティ検査はできるが，知能検査はよく知らない」という人が少なからずいた。諸領域での活躍が期待される公認心理師は，臨床心理学の専門性を重視した臨床心理士に比べて，臨床心理学の知識と技能の習得が広く浅くなっているのではないかとの意見もあろうが，幅広い領域について一定程度学ぶことのできる公認心理師は，他領域の専門職と同じことばで要心理支援者の援助について議論できる心理職となるかもしれない。

　臨床心理士養成を行っていた大学・大学院では，公認心理師カリキュラムにも対応するように教育体制を整備したところが多い。その結果，大学4年間と大学院2年間の計6年間の教育で，臨床心理士試験と公認心理師試験の受験資格を同時に取得可能なカリキュラムを備える大学・大学院が少なくない。両方の資格を持った心理の専門職が社会福祉をはじめとする諸領域で活躍する時代の幕開けである。

◯注

(1)　日本臨床心理士資格認定協会（http://fjcbcp.or.jp/rinshou/juken/）.

◯引用・参考文献

日本心理研修センター「受験資格ルート」（http://shinri-kenshu.jp/support/examination.html#exam_001_anchor_03）（2020. 12. 25）.

日本臨床心理士資格認定協会「受験資格」（http://fjcbcp.or.jp/rinshou/juken/）（2020. 12. 25）.

日本臨床心理士資格認定協会「臨床心理士の専門業務」（http://fjcbcp.or.jp/rinshou/gyoumu/）（2020. 12. 25）.

日本臨床心理士資格認定協会「臨床心理士の支援活動の特徴」（http://fjcbcp.or.jp/rinshou/katsudou/）（2021. 4. 6）.

日本臨床心理士資格認定協会「臨床心理士とは」（http://fjcbcp.or.jp/rinshou/katsudou/）（2021. 4. 6）.

公認心理師法（https://hourei.net/law/427AC0000000068）（2020. 12. 23）.

さくいん

監修者 （50音順）

岩崎　晋也（法政大学現代福祉学部教授）
いわさき　しんや

白澤　政和（国際医療福祉大学大学院教授）
しらさわ　まさかず

和気　純子（東京都立大学人文社会学部教授）
わけ　じゅんこ

執筆者紹介 （所属：分担，執筆順，＊印は編著者）

＊加藤　伸司（編著者紹介参照：序章，第1章，第6章第4節，第7章第6節，第9章，
かとう　しんじ　　第11章第8節）

齋藤　慈子（上智大学総合人間科学部准教授：第2章）
さいとう　あつこ

田山　淳（早稲田大学人間科学学術院准教授：第3章第1節，第8章第4節）
たやま　じゅん

西浦　和樹（宮城学院女子大学教育学部教授：第3章第2・3節，第8章第1-3節）
にしうら　かずき

松尾浩一郎（福山市立大学教育学部教授：第3章第4節）
まつお こういちろう

内藤佳津雄（日本大学文理学部教授：第4章）
ないとう かつお

渡邊　芳之（帯広畜産大学人間科学研究部門教授：第5章，第11章第4節）
わたなべ　よしゆき

鹿嶋　達哉（広島国際大学健康科学部准教授：第6章第1-3節）
かしま　たつや

橋本　創一（東京学芸大学特別支援教育・教育臨床サポートセンター教授：第6章第5節）
はしもと　そういち

吉田　友子（千代田クリニック院長，iPEC所長：第7章第1節）
よしだ　ゆうこ

浅野　弘毅（東北福祉大学せんだんホスピタル名誉院長：第7章第2節）
あさの　ひろたけ

鶴田　一郎（広島国際大学健康科学部准教授：第7章第3・4節，第11章第5節）
つるた　いちろう

吉川　悠貴（東北福祉大学総合福祉学部准教授：第7章第5節）
よしかわ　ゆうき

渡部　純夫（東北福祉大学総合福祉学部教授：第10章第1・2・4節）
わたなべ　すみお

皆川　州正（東北福祉大学名誉教授：第10章第3節）
みなかわ　しゅうせい

＊松田　修（編著者紹介参照：第11章第1節，終章）
まつだ　おさむ

二宮　正人（相模原協同病院精神科部長：第11章第2節）
にのみや　まさと

福田みのり（山口東京理科大学共通教育センター准教授：第11章第3・6節）
ふくだ

廣澤　満之（白梅学園大学子ども学部准教授：第11章第7節）
ひろさわ　みつゆき

編著者紹介（50音順）

加藤　伸司（かとう・しんじ）

1979年　日本大学文理学部心理学科卒業。

現　在　東北福祉大学総合福祉学部福祉心理学科教授。
　　　　認知症介護研究・研修仙台センターセンター長。

主　著　『発達と老化の理解』〔編著〕（2010）ミネルヴァ書房。
　　　　『認知症の人を知る』（2014）ワールドプランニング。
　　　　『改訂長谷川式簡易知能評価スケールの手引き』〔共著〕（2020）中央法規出版。

松田　修（まつだ・おさむ）

1996年　東京大学大学院医学系研究科博士課程修了。

現　在　上智大学総合人間科学部心理学科教授。博士（保健学）。

主　著　『最新老年心理学——老年精神医学に求められる心理学とは』〔編著〕（2018）ワールド
　　　　プランニング。
　　　　『公認心理師のための基礎から学ぶ神経心理学——理論からアセスメント・介入の実
　　　　践例まで』）〔共編著〕（2019）ミネルヴァ書房。

新・MINERVA社会福祉士養成テキストブック⑰

心理学と心理的支援

2022年6月30日　初版第1刷発行　　　　　　　〈検印省略〉

定価はカバーに
表示しています

監 修 者	岩白和	崎澤気	晋政純	也和子
編 著 者	加松	藤田	伸	司修
発 行 者	杉田		啓	三
印 刷 者	田中		雅	博

発行所　株式会社　ミネルヴァ書房

607-8494　京都市山科区日ノ岡堤谷町1
電話代表　(075)581-5191
振替口座　01020-0-8076

ISBN978-4-623-09429-5
Printed in Japan

岩崎晋也・白澤政和・和気純子 監修

新・MINERVA 社会福祉士養成テキストブック

全18巻
Ｂ５判・各巻220〜280頁
順次刊行予定

① 社会福祉の原理と政策
岩崎晋也・金子光一・木原活信 編著

② 権利擁護を支える法制度
秋元美世・西田和弘・平野隆之 編著

③ 社会保障
木下武徳・嵯峨嘉子・所道彦 編著

④ ソーシャルワークの基盤と専門職
空閑浩人・白澤政和・和気純子 編著

⑤ ソーシャルワークの理論と方法Ⅰ
空閑浩人・白澤政和・和気純子 編著

⑥ ソーシャルワークの理論と方法Ⅱ
空閑浩人・白澤政和・和気純子 編著

⑦ 社会福祉調査の基礎
潮谷有二・杉澤秀博・武田丈 編著

⑧ 福祉サービスの組織と経営
千葉正展・早瀬昇 編著

⑨ 地域福祉と包括的支援体制
川島ゆり子・小松理佐子・原田正樹・藤井博志 編著

⑩ 高齢者福祉
大和三重・岡田進一・斉藤雅茂 編著

⑪ 障害者福祉
岩崎香・小澤温・與那嶺司 編著

⑫ 児童・家庭福祉
林浩康・山本真実・湯澤直美 編著

⑬ 貧困に対する支援
岩永理恵・後藤広史・山田壮志郎 編著

⑭ 保健医療と福祉
小原眞知子・今野広紀・竹本与志人 編著

⑮ 刑事司法と福祉
蛯原正敏・清水義悳・羽間京子 編著

⑯ 医学概論
黒田研二・鶴岡浩樹 編著

⑰ 心理学と心理的支援
加藤伸司・松田修 編著

⑱ 社会学と社会システム
高野和良・武川正吾・田渕六郎 編著

＊編著者名50音順

━━━ミネルヴァ書房━━━
https://www.minervashobo.co.jp/